걸어서 성경 속으로

걸어서 성경 속으로 Walking into the Bible

2015년 3월 2일 초판 1쇄 인쇄
2015년 3월 6일 초판 1쇄 발행

지은이	이재옥
펴낸이	김영애
펴낸곳	SniFactory
기 획	김태훈
디자인	우진(宇珍)
등 록	제2013-000163호(2013년 6월 3일)
주 소	서울시 강남구 삼성동 157-8 엘지트윈텔1차 1402호
	www.snifactory.com / dahal@dahal.co.kr
연락처	Tel. 02-517-9385 / Fax. 02-517-9386
ISBN	979-11-86306-05-5 03230

ⓒ 2015, 이재옥   값 15,000원

그의 발자취를 따라가면 성경이 보인다

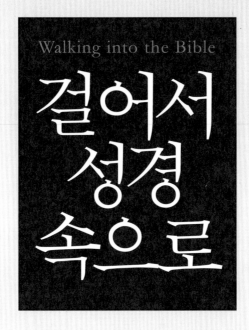

Walking into the Bible

걸어서
성경
속으로

이재옥 지음

다홀미디어

진리의 말씀 본고장으로

대전에서 개척교회를 시작할 때 디모데후서 2장 15절의 말씀을 하나님의 선물로 받았다. "너는 진리의 말씀을 옳게 분별하며 부끄러울 것이 없는 일꾼으로 인정된 자로 자신을 하나님 앞에 드리기를 힘쓰라." 그 후 '진리의 말씀'의 본고장 이스라엘을 찾아 태권도 선교를 떠나게 되었다. 이스라엘에서 올림픽 국가대표 태권도팀을 가르치는 기술위원장으로 활동하면서 틈틈이 가족과 함께 이스라엘 곳곳에 많은 성지를 탐방하였다. 이스라엘에서의 태권도 선교는 생각보다 문화와 언어의 장벽으로 여러 가지 난관에 부딪히곤 했다.

태권도 선교의 임무가 끝나갈 무렵 작정기도를 시작했다. 겟세마네 동산 앞에서 밤마다 30일을 작정하여 기도했다. 기도하기 전에는 한국으로 돌아갈 준비를 했으나 여리고에 사는 한 사업가가 미국으로 갈 수 있도록 길잡이를 해 주어 뜻밖에 미국으로 가게 되었다. 하나님의 특별하신 은혜였다. 이후 아무 연고도 없는 미국으로 건너가 우여곡절 끝에 하나님의 은혜로 미국에서 신학대학원을 다니면서 목회활동을 시작했다.

대학원에 다닐 때 여러 서점에서 이스라엘 성지에 관한 자료들을 발견했다. 마치 성령에 이끌림을 받듯이 성경 지명에 관한 서적들을 집중적으로 모으기 시작했고, 조금씩 번역 작업에도 관심을 갖게 되었다. 그러다 보니 어느덧 성지 지명에 대한 공부는 필자의 인생을 완전히 바꾸어 놓을 만큼 커다란 전환점이 되었다. 성지를 공부하면서 성경에 나오는 지명과 그 지역에 대한 역사 연구에 수년간 몰두해 오면서 동시에 주옥같이 귀한 내용을 보다 쉽고 심층적으로 다루어 한국 정서에 맞게 번역하고 일목요연하게 정리했다.

이 책에서는 가급적 어려운 부분들을 쉽게 설명하려고 노력했다. 하지만 방대한 자료와 지식을 정리하는 데 시간과 노력의 한계가 있었음을 고백한다. 이 책을 통하여 성경의 역사적 진실 여부를 학문적 사실성 여부로 접근해 보았다. 특히 이 책에서 역점을 두고자 하는 것은 전반적인 예수님의 구속사적인 관점에서 지명과 관련된 역사·문화·시대적 배경, 신약과 구약의 관계성에 중점을 두었다.

〈1부 베들레헴Bethlehem, 기독교의 요람〉에서는 주님의 구속사적救贖史的인 의의가 무엇이며, 메시아의 기름부음의 의미, 하스모니안 왕조의 배경, 크리스마스의 기원, 동방박사의 출현 등을 다루었다. 〈2부 나사렛 Nazareth, 이새의 줄기에서 난 싹〉에서는 나사렛 예수 이름의 권세, 요셉과 마리아의 출생지, 그리고 지역과 관련된 다양한 사건들, 주님이 구속 사역을 어떻게 준비하셨는지 그 준비 과정들을 소개하고자 노력했다. 〈3

부 가버나움Capernaum, 구속사역의 시작〉에서는 주님의 구속사적인 사역使役의 시작으로 많은 제자들을 부르시는 모습들과 고대 가옥의 구조, 회당의 기원, 회당이 주는 영적의미 등을 알아보았다. 〈4부 가이사랴 빌립보Caesarea Philppi, 이 반석 위에 교회를 세우리니〉에서는 다양한 신전들의 배경과 베드로의 위대한 신앙고백을 시작으로 전 세계에 복음을 선포한 내용을 다루면서 교회의 기원을 살펴보았다. 〈5부 여리고Jericho, 가나안의 첫 관문〉에서는 구약시대와 신약시대의 구속사적인 관련성과 다양한 학자들의 발굴 과정들을 살펴보면서 성경과 관련된 역사들을 찾아냈다. 끝으로 〈6부 예루살렘 성묘교회Holy Sepulcher, 죽음으로 완성한 구원〉에서는 예수님의 무덤에 관한 역사와 십자가 사건의 실체를 구체적으로 파헤치면서 구속사의 완성을 중심으로 내용을 전개했다.

책이 출간될 수 있도록 밤낮으로 기도해 준 아내와 아들 평화, 그리고 필자가 섬기고 있는 생명의 양식교회Bread of Life Church의 모든 목사님들과 특히 부치 꼰데Caesar Butch L. Conde 담임 목사님과 지나Regina Atencio 목사님께 감사드린다. 바쁜 중에도 힘을 다해 도와주신 문명상 전도사님께는 어떤 말로도 충분히 감사드리지 못할 것이다. 또한 피드백Feedback을 해주신 많은 목사님들과 성도님들께 심심한 감사의 말씀을 드리며, 이 책의 출판을 위해 수고를 아끼지 않으신 에스앤아이팩토리 편집부 직원 분들께도 깊은 감사의 말씀을 전하고 싶다.

지은이　이 재 옥

성경을 올바로 이해하기 위해서는

어떤 국가나 지역의 역사와 문화, 그리고 정치와 경제는 그 곳의 지리적 환경과 매우 밀접한 관계를 가지고 있습니다. 영국의 역사가 토인비의 주장대로 어쩌면 인간의 역사는 환경에 대한 끊임없는 도전의 과정인지도 모릅니다.

성경에는 셀 수 없이 많은 지명이 등장합니다. 성경을 여러 번 정독한 사람도 전혀 기억하지 못하는 지명들이 있는가 하면 성경을 모르는 비기독교 인들도 다 알고 있는 지명도 있습니다. 지명에 대한 지식 또는 지리적 환경에 대한 이해는 성경을 이해하는 데 매우 중요한 역할을 합니다. 모세가 애굽에서 종노릇하던 이스라엘 백성들을 이끌고 40년간을 헤매었던 풀 한 포기 자라기 힘든 광야는 성경에서 무슨 의미를 갖는 것일까요? 또 감람나무와 비옥한 포도산지는 예수님의 사역과 어떤 연관이 있는 것일까요?

성경을 이해함에 있어서 성경 시대의 중요한 지명들에 대한 지리·환경적 지식은 필수 조건이라 해도 과언이 아닙니다. 그럼에도 불구하고 성경의 지명만을 전문적으로 다룬 도서가 거의 전무한 것이 현실입니다. 이번에 출간된 이재옥 목사님의 『걸어서 성경 속으로』는 기독교계가 기다려 왔던 역작이라 해도 무리가 없을 것입니다.

이 목사님은 5년이라는 짧지 않은 기간을 이스라엘에 거주하며 성경에 기록된 역사현장을 탐방하고, 10여 년에 걸쳐 성경의 지명을 연구하며 이 책의 집필을 준비해 왔습니다. 이 책은 성경 시대의 주요 도시들에 대한 지리적·환경적 설명과 역사적 의미를 살펴보고, 예수님의 구속사적인 사역 또는 성경에 등장하는 주요 인물들과의 관계 등을 상세히 소개하고 있습니다. 명실공히 기독교계 전체 — 목회자, 선교사, 신학도, 일반 신자 등 — 에게 많은 도움을 줄 것이라 확신합니다.

아무쪼록, 이 책이 하나님 나라를 꿈꾸며 오늘도 예수님 가신 길을 따르려 애쓰고 있는 수많은 기독교도들에게 영적이며 지적인 양식이 되길 기대합니다. 끝으로 이 목사의 선교와 사역에 하나님의 크신 사랑과 은혜가 충만하길 기원합니다.

명성교회 목사 김 삼 환

목차

Walking
into the Bible

1

בית לחם

베들레헴 Bethlehem,
기독교의 요람

베들레헴은 인류를 구원하기 위해 이 땅에 오신 예수님의 탄생지이며 기독교 문명의 요람지이다. 예수님의 탄생을 기점으로 구약시대 파란의 역사가 지나가고 신약시대의 새로운 역사가 시작된다. 베들레헴에서 시작된 주님의 구속사역은 여리고를 지나 예루살렘에 있는 예수님의 무덤, 성묘교회까지 이어진다.

지금부터 예수님의 사역지를 따라 그의 발자취를 따라가 보자. 주님이 행하신 사역을 따라 성지를 여행하다 보면 그의 모든 사역이 구약시대와 깊은 관련이 있음을 알게 될 것이다.

Part 1
베들레헴 이야기

Bethlehem

예루살렘에서 남서쪽으로 약 9.7km(6마일) 정도 내려가면 베들레헴이 나오는데, 예루살렘에서 가려면 중앙산맥을 따라 이동해야 한다. 아브라함, 이삭, 야곱, 요셉이 가나안 땅을 개척하고 그곳에 정착하기 위해 다니던 역사가 깃든 행로이기에 예로부터 이 길은 '족장의 길'이라 불리었다. 이곳의 높이는 해발 약 775m(2,543피트)로, 사해의 해수면으로부터 약 1,080m(3,543피트)다. 예루살렘 성전이 있었던 산을 기준으로 약 30m(98피트) 더 높은 곳에 위치하고 있다.

예수님 탄생 이전의 베들레헴은 예로부터 기후 환경이 좋아 넓은 보리밭, 밀밭, 포도원에서 풍족한 작물을 취할 수 있었다. 과수로는 감람나무Olive Tree, 무화과, 아몬드가 주종을 이루었다. 또한 푸른 초원을 이루어 양과 염소의 먹이가 풍족했던 곳이다.

현재 베들레헴은 고대에 비하여 자원이 거의 없는 편이다. 눈에 띌 만한 자체 생산품도 없다. 하지만 수공예품 만큼은 순례객의 눈길을 사로잡는다. 이러한 수공예 기술은 11세기에 십자군으로부터 전수받은 자개기술로 인하여 크게 발달하게 되었다.

지명의 유래

'베들레헴'이라는 이름은 〈창세기〉 35장 16절에서 "그들(야곱의 가족)이 벧엘에서 길을 떠나 에브랏"으로 옮기는 과정에서 처음 등장한다. 가장 오래된 이름 중 또 다른 명칭은 '에브라다Ephrathah'이며, 이는 '비옥' 또는 '다산'의 의미를 갖고 있다. '베들레헴 에브라다', '베들레헴 유다'라는 이름도 성경에 기록되어 있다.

이는 예루살렘에서부터 북서쪽으로 약 115km(71마일) 위에 있는 나사렛 베들레헴과 구별하기 위한 것이다. 나사렛 베들레헴은 현재 영지주의자들이 예수님의 탄생지로 주장하는 곳이지만, 그들의 주장은 역사적인 근거가 부족하다.

〈미가서〉 5장 2절에 '베들레헴 에브라다'로 소개되면서 보다 정확한 이름이 나타나기 시작했지만, 베들레헴이라는 이름이 무엇을 뜻하고 있는지 정확한 의미를 알 수는 없다. 다만, 베들레헴Bethlehem의 언어학적인 의미를 살펴보면 '베들'은 '베드Beth' 또는 '베이트Beit'에서 파생된 것으로 '집House'을 의미한다. '레헴'은 아랍어로 '라헴Lachem'이라고 하여

'고기'를 뜻하고, 히브리어로 '레헴Lehem'은 '빵'을 의미한다. 그러므로 이 단어들을 합치면 '고기집' 또는 '빵집'이라는 의미를 가지게 된다.

일반적으로 '떡집House of Bread'으로 표현하기도 하지만, 보다 명확한 의미는 다분히 신앙적인 뉘앙스를 포함하고 있다. '베들Bethel'은 '엘El'을 상징하는 의미로 '엘의 집House of El' 또는 '하나님의 집House of God'이라 할 수 있다. '베이트Beit'라는 단어도 '신의 집'을 의미하는 지명으로 많이 쓰인다. 역사학자 유세비우스Eusebius of Caesarea(주후 263~339)가 쓴『초대교회사』에서도 베들레헴을 '주의 집Lord's house'으로 기록한 내용이 있다.

가나안 시대인 주전 14세기에 고대 이집트인이 남긴『아마르나Amarna』라는 고문서에서도 베들레헴에 관한 내용이 언급되어 있다. 가장 오래된 외교문서 중 하나로 꼽히고 있는 이 문서에 베들레헴에 대한 기록이 나오는데, 이집트가 예루살렘과 베들레헴을 통치하던 시기에 베들레헴의 또 다른 이름인 '빗 라흐미Bit Lahmi'에 대해 언급한 내용이 기록되어 있다.

문서의 주된 내용은 이 지역을 다스리는 이집트 제후(영주)가 영토 문제를 놓고 불평하는 사건으로서, 예루살렘과 베들레헴의 행정구역 경계에 대한 불평이다. 경계선이 분명하지 않아 일어난 사건으로, 집 없고 가난한 유목민들이 예루살렘으로 밀려들어 생긴 갈등이 사회적인 문제로까지 야기된 것이었다.

베들레헴의 신앙적 의미를 종합해 보면, 첫째,'생명의 양식'을 뜻한다. 이는 예수님이 자신을 가리켜 "나는 곧 생명의 떡이다(요 6:48)"라고 말씀하신 내용과도 일치한다. 둘째, '하나님의 집'을 뜻한다. 예수님 자신이 곧

목자들의 들판교회 입구

하나님이시다. 하나님의 성전이 예루살렘에 있었지만 주님이 베들레헴에서 탄생하셨으므로 신약시대 영적인 하나님의 집은 베들레헴을 의미할 수 있다.

지금까지 베들레헴의 전반적인 의미를 살펴보았으나 그 이름의 뜻을 단 하나로 정의할 수는 없다. 다만 떡집 또는 빵집이라는 의미를 지닌 베들레헴은 오늘날에도 케이크Cake와 빵이 맛있기로 소문난 곳이다.

들판교회 내부의 성화

야생 동물들의 서식지

베들레헴에는 초기 선사시대부터 원시 토착민이 거
주했었다. 또한 아프리카 등지에서 볼 수 있는 각종 야생동물들이 서식한
것으로 추정된다. 다윗 시대만 해도 이 주변에는 야생동물이 많았을 것으
로 보인다.

이를 입증할 만한 자료가 1934년 고고학자들에 의해 밝혀졌다. 아
프리카에서나 볼 수 있는 수만 개의 동물의 뼈들이 베들레헴 주변에서

발견된 것이다. 사자나 곰은 물론이요, 코끼리, 하마, 기린, 영양 등의 뼈 들까지 포함되어 있어 세상의 이목을 집중시켰다. 『Bethlehem』(Arab Educational Institute, 1999)

지금은 거의 반사막이 되어 버린 베들레헴에서 이처럼 많은 야생동물 의 뼈가 발견될 줄은 아무도 예상하지 못했다. 이는 당시의 기후 상황이 지금과는 많이 다르다는 것을 증명하는 중요한 단서들이다.

다윗 시대에 얼마나 다양한 동물들이 있었기에 이처럼 많은 뼈들 이 베들레헴 주변에서 발견될 수 있었는지 궁금하다. 〈사무엘상〉 17장 34-35절을 살펴보자. "다윗이 사울에게 말하되, 주의 종이 아버지의 양 을 지킬 때에 사자나 곰이 와서 양떼에서 새끼를 물어 가면 내가 따라가 서 그것을 치고 그 입에서 새끼를 건져내었고."

몇 줄 안 되는 짧막한 말씀이지만 시사하는 바가 크다. 특히 현재 사 자는 아프리카 중부와 아시아의 인도 평원이나 사바나 기후 지역에서 주 로 서식하고 있는 점 등을 감안할 때, 다윗 시대와 비교하면 현재의 베들 레헴에는 많은 변화가 있었다는 것을 알 수 있다.

〈시편〉 23편의 내용 중에 "그가 나를 푸른 풀밭에 누이시며 쉴 만한 물가로 인도하시는도다."라는 말씀은 다윗이 홀로 상상히여 꾸며낸 이 야기가 아니다. 그 당시만 해도 푸른 초원이 베들레헴 주변을 감싸고 있 었다.

다윗은 야생동물들이 많은 지역에서 어린 시절을 보냈다. 그래서인지 자연을 통해 얻은 풍부하고 서정적인 감수성을 지니고 있었다. 게다가 독 실한 신앙까지 겸비한 그는 훗날 불후의 명작을 노래하고 기록할 수 있 었다.

이곳에서 남쪽으로 조금 벗어나면 유대 광야가 시작되는 곳이 나온다. 현재 목자들의 들판교회가 위치한 이 지역은 고대 베들레헴 경계선의 기준이 되었으며, 유대 광야가 시작되는 기점이 되기도 했다. 이러한 경계선을 분기점으로 형성된 이곳은 계단식 논밭이 층을 이루었다. 그 주변은 보리와 밀농사를 할 수 있는 요건을 갖추었다(룻 1:22, 2:2).

이렇게 작고 조용한 마을이 예수님을 탄생시킨 극적인 역사를 만들면서 그 이름이 온 세상에 알려지기 시작했다.

마리아와 요셉의 여정

드디어 어느 날, 베들레헴에 인류 역사의 대전환점을 가져다 줄 위대한 사건이 발생했다. 그 사건의 태동은 지금으로부터 약 2,000년 전 로마제국의 황제가 내린 인구조사령과 깊은 관련이 있다.

당시 로마는 이스라엘을 비롯한 지중해 일대와 서방 세계를 지배하고 있었고, 로마 황제들은 주기적으로 각 속국에 인구조사령을 내리고 있었다. 이 때문에 조용했던 베들레헴에 일시에 사람들이 몰려들기 시작했다.

그 중에는 베들레헴에 호적을 둔 다윗의 자손 요셉과 마리아도 포함되어 있었다. 본래 요셉과 마리아는 갈릴리 지역인 나사렛에 거주하고 있었으나, 이들이 인구조사를 위해 베들레헴으로 가게 되면서 인류 역사상 가장 큰 사건이 시작된다.

팍스 로마나Pax Romana라고 하는 로마제국 초대 황제 아우구스투스 Caesar Augustus(재위 주전 27~주후 14) 시대는 로마사에서 유례가 드문 태평

성대였다. 하지만 이러한 태평성대에도 크고 작은 사건들은 곳곳에서 끊임없이 일어나고 있었다.

황제는 자신에게 도전하는 모든 저항 세력을 과감하게 진압하고 소국들에게는 과다한 세금을 부과했다. 또한 정기적으로 모든 식민지에 인구조사령을 내렸는데, 이는 전쟁으로 인해 손실된 인력의 보강, 세금 포탈 방지, 반란 제압이라는 황제의 정치적 계략이 숨어 있었다.

요셉은 로마 황제의 칙령에 따라 마리아와 함께 나사렛에서 다윗의 고향 베들레헴으로 가게 되었다(눅 2:1-7). 나사렛에서 베들레헴까지의 거리는 약 116Km(72마일)로 대부분 산길과 와디Wadi가 형성되어 있었다. 와디란, 우기에는 빗물이 모여 계곡을 이루고, 건기에는 사람들이 다닐 수 있는 길을 말한다. 게다가 이런 산길이나 와디에는 곳곳에 예상하지 못한 위험이 도사리고 있었다.

교통 수단이 부족했던 그 시대에 홀로 먼 거리를 여행한다는 것은 그 자체만으로도 어렵고 위험한 일이기에 여행객들은 대부분 무리를 지어 다녀야만 했다. 그렇지 않으면 강도들이나 야생동물들로부터 위협을 받을 수 있었기 때문이다. 이처럼 혼자 먼 길을 여행한다는 것은 매우 위험한 일로서, 보통 단체로 다니는 것이 일반적이었다.

거칠게 형성된 이런 노선을 단체 여행객Caravan들이 나귀나 낙타를 타고 간다면, 하루에 약 32km(20마일)쯤 이동할 수 있다. 이럴 경우 약 4일 정도가 소요되지만 요셉과 마리아는 약 7일에 걸쳐 이동한 것으로 추측된다. 당시 마리아는 해산이 임박한 만삭의 몸으로, 급하게 이동하는 여행객들을 따라가기란 결코 쉬운 일이 아니었다. 비록 나귀를 타고 여행한다 하지만, 언제 해산할지 모르는 상태였던 것이다. 따라서 그들은 안전하게 이동할 수 있는 방법을 선택한 것으로 보인다.

나사렛에서 베들레헴으로 내려오는 길은 크게 세 곳으로 나눠진다. 첫 번째 길은 지중해를 따라 내려가는 가장 긴 해안 길이다. 두 번째 길은 최단 거리로 사마리아, 세겜, 벧엘을 따라 내려오는 중앙 산맥을 지나는 길이다. 세 번째 길은 중앙 산맥보다는 안전한 길로 요르단 계곡을 따라 내려오는 길이다.

이 중 가장 빨리 도착할 수 있는 방법은 최단 거리인 두 번째, 나사렛에서 사마리아 지역을 지나가는 중앙 산맥의 길을 선택하는 것이었다. 하지만 이 당시 유대인과 사마리아인 사이에는 깊은 적대감이 있어 유대인들은 이 길을 꺼려했다.

이러한 분위기 속에서 사마리아 지역을 따라 내려오는 것은 많은 위험을 감수해야 하는 일이었다. 여행 도중에 숙소를 찾기가 어려웠을 뿐만 아니라 사마리아인들에게 봉변을 당할 수도 있었다. 따라서 요셉과 마리아가 이 노선을 택했을 가능성은 매우 희박하다.

보다 먼 길이지만, 제일 안전한 방법은 벧산을 지나 요르단 계곡을 따라 가는 길이었고, 이 길은 여리고를 통과하여 예루살렘으로 연결되어 있었다. 베들레헴으로 이어진 이 노선이 가장 좋은 선택이었을 것이고, 요셉과 마리아는 가장 안전한 요르단 계곡을 따라 베들레헴으로 이동한 것으로 보인다.

여행자들의 안식처 캐러반서리Caravansary

　　베들레헴은 유대 산지에서 가장 높은 지역 중 하나이다. 이곳은 헤브론과 가자로 가는 길목이었으며 여관Inn 또는 캐러반서리Caravansary가 있는 지역이었다(눅 2:7). 사막이나 광야를 여행하는 단체를 캐러반Caravan이라 하는데, 이런 단체객들이 보다 안전하게 쉬어 갈수 있는 곳이 바로 캐러반서리라는 여관이었다.

　　캐러반서리는 사람들이 자연스럽게 모여 서로의 정보를 주고받는 여행객들의 사랑방 같은 곳으로, 먼 거리를 여행하는 사람들은 이러한 여관이 필요했다. 편히 쉬어 갈 수도 있고 다음 목적지를 향한 준비를 하기에 적당한 곳이었기 때문이다.

　　여관은 2층 건물과 넓은 뜰로 구성되어 있었다. 돌담으로 둘러쳐진 넓은 뜰은 우리나라 시골집의 앞마당을 연상케 한다. 무더운 여름밤에 멍석을 깔고 누워 별을 세며 담소를 나누던 것처럼 여행객들은 맨바닥에 자리를 깔고 자유롭게 쉬거나 잠을 잘 수 있었고, 또 다른 쪽 마당에는 말이나 낙타와 같은 가축들을 위한 공간으로 활용되었다. 이곳은 단체로 여행하는 캐러반이나 순례객들이 잠시 쉬어 가기에는 안성맞춤이었다.

　　갑작스럽게 내리는 소나기나 우기철에 대피소로 활용할 수 있도록 1층 건물 곳곳에는 대피 및 휴식 공간이 있었고, 2층에는 방들이 좁은 복도를 따라 연결되어 있었다. 2층으로 올라가는 계단 주변의 베란다는 사람들이 담요나 천을 깔고 잘 수도 있고, 천막으로 햇빛을 가리고 휴식을 취하기도 했다. 2층은 아래층에 비해 숙박 비용이 더 들었지만 편의 시설이 많았다. 특히 밖에서 떠드는 시끄러운 소리와 가축들의 지독한 냄새를 피할 수 있었다.

이런 편의 시설을 갖춘 여관이 있었을지라도 뒤늦게 도착한 요셉과 마리아는 숙소를 구할 수조차 없었다. 호적 신고를 하기 위해 각 지역에서 몰려든 무리들이 그 주변을 가득 메우고 있었기 때문이다. 교통의 삼각지인 베들레헴은 잘 정돈된 도로와 대규모 숙박 시설들이 갖추어진 곳이었지만, 요셉은 만삭의 마리아와 함께 다른 곳으로 옮길 수밖에 없었다.

교통의 중심지 베들레헴

베들레헴은 교통의 중심지로도 그 역할이 컸다. 이곳에는 지중해 쪽의 가자 지역, 북쪽의 세겜, 남쪽의 헤브론으로 연결된 교차로가 있었고, 남동쪽으로는 헤롯의 궁전인 헤로디움Herodium으로 가는 길이 있었다. 베들레헴에서 약 6.4km(4마일) 떨어진 곳으로, 최근 이곳에서 헤롯의 무덤이 발굴되기도 했다.

헤롯 왕이 만든 궁전은 지금도 옛 모습의 일부가 잘 보전되어 있다. 그 당시 헤로디움은 서방세계에서 세 번째로 큰 규모의 궁전이었으며, 군사적으로도 매우 중요한 전략적 요충지였다. 고대에는 커다란 반사경이 설치되어 우리의 봉화대 같은 역할을 했던 곳이다. 적들이 남쪽에서 침입해 올 때 반사경을 이용하여 위급한 상황을 예루살렘에 알리곤 했다.

성경은 베들레헴에 대해 다양한 사건들을 다루고 있다. 이곳은 창세기부터 신약에 이르기까지 드라마틱한 역사로 점철되었다. 수많은 역사 가운데 구약시대의 전쟁과 관련된 내용만을 간단히 정리해 보면, 다윗 시대에는 블레셋이 이 지역을 점령하여 영채를 세웠고(삼하 23:14-16), 르호보암 시대에는 유대 땅을 방비하는 성읍을 이곳에 건축하였다(대하 11:5-6).

예레미야 시대에는 일부 유대인이 애굽으로 가기 전 잠시 머물렀던 곳으로 소개되었고(렘 41:17), 페르시아의 고레스 왕 시대에는 123명의 유대인들이 바벨론에서 이곳으로 돌아온 기록이 있다(스 2:21). 느헤미야 시대에는 베들레헴 사람과 느도바 사람 188명의 포로들이 이곳으로 돌아왔다(느 7:26).

신약시대 베들레헴은 하나님께서 실현하고자 하신 예수님의 구속사가 시작된 곳이다. 구세주의 탄생은 구약의 선지자들이 예언한 말씀과 천사의 기쁜 소식에서 흘러나왔다. 온유하게 흘러나오는 천사의 목소리는 흑암에 잠든 백성들에게 소망의 빛을 밝혀 주었고, 황폐한 유대 땅에 구원의 메아리가 되어 울려 퍼졌다.

그러나 주님의 원대한 계획은 헤롯의 폭정으로 인해 잠시 어둠 속에 묻히는 듯했다. 당시에 헤롯은 메시아의 탄생이 왕권을 위협할지도 모른다는 망상에 사로잡혀 있었다. 그는 아기예수의 탄생 시점에 맞추어 두 살 아래의 사내아이들을 모두 살해하고 만다. 참으로 잔혹한 범죄 행위였다. 이곳은 불과 얼마 전만 해도 인구 조사로 북새통을 이루었던 곳이었으나, 순간 피비린내 나는 참혹한 현장으로 돌변하고 말았다. 요셉의 온 가족은 헤롯의 무자비한 유아 살해 폭정에 목숨이 위태로운 상황에서 신속히 헤롯의 손에서 벗어나야만 했다. 이후 신약성경은 베들레헴에 대한 어떠한 기사도 싣지 않았다.

Part 2
아기예수의 탄생과 크리스마스

아기예수가 탄생한 장소

아기예수가 누우신 구유Manger는 언어적 의미와 더불어 영적인 의미를 갖는다. 헬라어에서의 언어적 의미는 '긴 여물통' 또는 '동물들의 우리'를 뜻하며, 영적인 의미로는 가장 낮고 비천한 것을 상징적으로 뜻한다. 또한 이는 동물들의 생명을 존속하게 하는 여물을 담는 그릇, 즉 생명의 끈을 이어 주는 원천을 의미하고 있다.

마리아가 출산할 당시의 보편적인 가옥의 형태는 대부분 천연 석회암 동굴을 개조한 것이었다. 출입문은 나무나 천으로 엮었고, 돌을 이용하여 문틀을 만들기도 했다. 안쪽으로 들어가면 몇 평 안 되는 작은 공간이 있었다. 땅에서 무릎 높이만큼 올린 돌바닥은 거주 공간으로 사용했다. 이곳은 잠을 자거나 곡식과 과일들을 건조시켜 쌓아 두는 용도로 사용되었다. 거주 공간 아래 땅바닥에는 집에서 기르는 가축들과 구유, 건초, 난로, 부엌 등으로 공간을 조밀하게 메웠다.

따라서 이곳 거주민들에게는 가축과 같은 공간에서 함께 생활하는 것이 일상화되어 있었다. 우리나라와 같이 사람과 짐승의 주거 공간이 따로 분리된 것이 아니라 가축의 우리가 위치한 안뜰 또는 안마당은 같은 공간 안에 있었다.

따라서 예수님이 탄생한 장소는 가축이 따로 분리된 말이나 소가 있는 말구유 또는 소외양간이 아니라, 사람과 가축이 함께 공존하는 장소에서 탄생하셨다. 이러한 견해가 보다 전통적이며 문화나 시대적으로 올바른 해석이다. 이처럼 단순한 가옥을 형성하고 있는 베들레헴의 주거 환경은 그 당시 어디서나 쉽게 찾아볼 수 있는 일반적인 가옥의 한 구조였다.

예수님가 탄생한 계절

크리스마스의 기원과 탄생은 다양하고 복잡하다. 예수님 탄생 당시 베들레헴 언덕 주변에는 곰, 표범, 자칼, 하이에나 같은 사나운 들짐승들과 약탈자들이 잔뜩 도사리고 있었다.

들판에서 양을 치는 목자들은 이런 포식자들과 도둑떼로부터 자신의 양무리를 밤이 새도록 지켜야 했다. 양치기들은 자신의 가축들을 지키려고 물매(삼상 17:49-50), 부싯돌 또는 못을 박은 긴 지팡이를 방어 무기로

자연 동굴을 개조한 가옥

사용했으며, 때로는 야생동물과 도둑떼에 맞서 싸우다가 다치거나 죽는 일들도 있었다.

이들은 들판에서 양을 치다가 저녁이 되면 빈 동굴을 찾아야 했다. 동굴에서 하룻밤을 보내거나 아예 우리를 짓고 며칠 간 머물면서 생활하곤 했다. 빈 동굴에 양우리를 만들 때에는 주변에 있는 돌들로 입구를 높이 쌓아 올렸고, 그 위에는 가시나무 덩굴을 덮어씌워 도둑으로부터 가축을 보호했다. 양들이 출입할 수 있는 문은 목자 자신의 몸을 이용하여 만든 작은 출입구뿐이었다. 〈누가복음〉은 양을 치는 목자들이 한밤중에 양을 지키고 있을 때 천사들이 출현한 모습을 묘사하고 있다.

"그 지역에 목자들이 밤에 밖에서 자기 양떼를 지키더니 주의 사자가 곁에 서고 주의 영광이 그들을 두루 비추매 크게 무서워하는지라(눅 2:8-9)."

자연 동굴을 개조한 가옥

목자들이 양을 지키기 위해 밤에 들판에 있었다는 것은 그 당시의 시간적 정보를 파악할 수 있는 중요한 단서이다. 양치기들의 활동 기간은 한겨울을 제외하고 언제나 가능한 일이었다. 특히 이스라엘 지역은 국토 절반이 사막, 광야, 반사막으로 구성되어 있다. 이러한 지역들은 강우량이 부족할 뿐 아니라 가축들의 먹이를 구하는 것도 여간 힘든 일이 아니다.

족장들 시대 야곱이 남쪽의 헤브론에서 살고 있을 때 그의 아들들이 헤브론 골짜기에서 양을 몰고 북쪽 세겜을 지나다녔다. 때로는 더 멀리 도단까지 오가며 양을 치던 일이 창세기 37장 14-17절에 기록되어 있다. 이 구절은 이스라엘 지형을 설명하는 동시에 그 지역의 강수량에 대한 정보를 제공해 준다.

이스라엘은 북쪽으로 갈수록 강수량이 풍부하여 유목 활동이 용이하다. 베들레헴 북쪽에 위치한 갈릴리 지역은 삼모작이 가능할 정도로 풍요롭고 항상 푸른 초원을 유지하고 있다. 그러나 이스라엘에서 유목이 가능한 기간은 지역에 따라 많은 차이가 있었는데, 다른 지역에 비해 베들레헴은 곡식의 씨를 뿌려 싹을 틔우는 한겨울의 우기를 제외하고는 언제든지 유목이 가능했다.

이스라엘의 겨울은 11월에서 2월까지다. 이때는 곡식의 싹을 보호하기 위하여 들에서 가축을 칠 수 없도록 법적으로 제한되어 있었다. 목자들이 들판에서 밤에 양을 지키고 있었다는 말씀을 기초로 예수님의 탄생일을 계산한다면 분명히 12월은 아니었을 것이다.

일반적으로 예수님의 탄생일을 12월로 알고 있으나 이는 사실과 다르다. 그 이유 중 하나는 베들레헴 지역의 자연환경에서 찾아볼 수 있다. 예수님 당시 이곳의 겨울철엔 주로 밀과 보리를 심었고, 12월쯤 되면 곡식들의 싹이 돋아난다.

따라서 이 기간에는 어떤 가축이든 밭에 나가는 것이 금지되어 있었다. 우기를 맞아 성장하기 시작하는 곡식의 어린 새싹이 잘못하면 가축의 먹이가 될 수 있기 때문이다. 가축들을 잘 보살피지 못하면 싹이 짓밟혀 곡식들이 잘 자라지 못한다.

가난했던 그 시절엔 주민들도 양식이 부족했다. 이러한 상황에 짐승들이 곡식의 싹을 뜯어 먹게 놓아둔다는 것은 상상하기 어려운 일이다. 가축들에게 먹이를 허용할 수 있는 기간은 밀과 보리의 수확이 끝난 후에야 가능했다. 특히 베들레헴 주변에서 방목하는 염소나 양들은 겨울철 수확이 끝난 후 밭에 남아 있는 그루터기를 먹이로 허용했다. 반#광야 같은 예루살렘 주변은 농사를 짓지 않기 때문에 겨울철에 가축들을 방목할 수 있었다. 반면 베들레헴 같은 농경 지역에서는 겨울철에 가축을 방목할 수 없었다.

크리스마스 제정에 숨겨진 배경

크리스마스는 주후 336년 콘스탄틴 황제가 로마를 통치하고 있을 때 처음으로 시작되었는데, 최초의 크리스마스 기원은 다음과 같다.

매년 12월 17~24일은 고대 로마인들의 가장 큰 축제인 사투르날리아Saturnalia가 열렸는데, 이 기간은 매우 특별한 주간이었다. 농경신 사투르누스새턴Saturn를 기리는 이 기간 동안에는 시장은 물론이요 학교나 관공서도 쉬었으며, 심지어 전쟁도 잠시 휴전하였다. 비록 일시적이지만, 노예들에게도 자신들이 원하는 대로 말하고 행동하는 자유가 주어졌으며 도덕적인 규제도 완화되었다.

토요일은 영어로 Saturday라틴어로는 Saturni dies인데, 이 단어의 어원은 농경신 '사투르누스'에서 유래한 것이다. 이날에는 시민 모두가 먹고, 놀고, 춤추며 마음껏 즐겼다. 24일에 모든 축제가 끝나고 다음 날 25일은 또 다른 축제를 시작했다. 고대 로마에서 12월 25일은 일 년 중 낮이 가장 짧고 밤이 가장 긴 동짓날로 여겼다.

고대 조로아스터교페르시아교에서도 12월 25일을 태양신의 탄신일으로 여겼다. 조로아스터 또는 미트라태양의 탄신일로 정하고 신성한 날로 섬겼던 것이다. 주후 274년 12월 25일에 로마 아우렐리아누스Aurelianus(재위 주후 270~275) 황제는 태양신미트라을 제국의 수호신으로 선포했고, 로마의 마르티우스Martius 광장에 있는 신전을 미트라신에게 바쳤다.

고대 로마인들이 12월 25일을 특별히 기념하는 또 다른 이유는 이날을 봄이 다가오는 첫 날로 여겼기 때문이다. 12월 25일을 기점으로 겨울 철에 잠자고 있던 만물이 땅속에서 싹을 내며 새로운 생명이 움튼다고 믿었다. 이 말은 근동 지역의 이스라엘 목자들이 12월에는 들에서 양을 치지 않은 이유와 맞물리기도 한다. 즉, 12월 이전에 이미 곡식의 씨앗을 밭에 뿌렸기에 새싹이 돋아나고 있다는 뜻이다.

이러한 이유로 고대 로마인들은 12월 25일을 가장 큰 축제일로 정했는데, 콘스탄틴 황제는 이러한 명절을 예수님의 탄생일로 선포해 버렸다. 진정한 태양신은 예수이며, 그분이 곧 가장 위대한 신의 아들이라는 것이다. 로마에서 가장 큰 농경신 사투르날리아의 축제와 페르시아의 미트라 신을 섬기던 겨울 축제가 이때부터 사라지고, 대신 크리스마스가 하루아침에 새롭게 탄생하게 되었다.

이처럼 최초의 크리스마스는 로마 황제의 정치적 의도와 종교적 철학에서 비롯되었다. 콘스탄틴 황제는 예수님의 탄생에는 만물이 소생하고, 종교적으로도 새로운 영적 탄생을 의미하고 있다고 여겼다. 이러한 의도는 종교로서 정치적인 통합을 모색한 황제의 정치적인 전략이었다. 321년 3월 7일에 최초로 일요일을 주님의 날로 정하고 휴업령을 선언했던 황제 콘스탄틴은 324년에 기독교를 국교로 선포했다.

그로부터 약 12년 후인 336년에 크리스마스가 탄생되었다. 주후 350년 크리스마스가 로마 달력에 12월 25일로 정해지게 되었고, 이때부터 12월 25일이 공식적인 예수님 탄신일로 자리매김하게 되었다. 그 밖에 그리스 정교회, 아르미니안 교회, 시리아 정교회에서 주장하는 크리스마스의 기원은 이와는 또 다르다. 심지어 유대인의 축제인 하누카를 크리스마스의 기원으로 보는 학자들도 있다.

다양한 크리스마스 기원과 더불어 빼놓을 수 없는 사건이 하나 더 있다. 바로 그 사건은 아기예수를 경배하기 위해 찾아온 동방박사들에 대한 이야기이다.

동방박사의 경배

사도 마태는 아기예수가 탄생하는 모습을 소개할 때 여러 인물들을 등장시킨다. 요셉, 마리아, 천사의 출현, 들에서 양을 치는 목자, 정치인과 동방박사에 이르기까지 다양하다. 마태는 다른 복음서와 달리 예수님을 경배하기 위해 찾아온 동방박사들을 다루고 있다.

동방박사들의 등장은 크리스마스 계절에 결코 빠질 수 없는 주된 인물이 되었다. 동방박사들의 사건은 〈마태복음〉 2장에서 절반 이상을 차지한다. 마태가 동방박사들을 강조한 데에는 특별한 이유가 있는 것 같다(마 2:1).

〈마태복음〉 2장에는 동방박사들의 다양한 이야기로 가득 차 있다. 이 중 핵심적인 내용들을 검토해 보면, 동방박사들이 예루살렘으로 가서 갓 태어난 유대인의 왕을 찾는 모습, 헤롯 왕에게 유아 살해의 원인을 제공하는 모습, 천체의 기이한 변화, 꿈에 나타난 천사들의 인도를 받는 내용 등이 줄지어 기록되어 있다. 또한 이들이 하나님께서 보낸 천사의 말을 듣고 순종하는 모습이 〈마태복음〉에만 기록되어 있다(마 2:1-16). 이러한 현상들은 박사들이 이전에 체험할 수 없었던 신비한 일들이었다.

특히 유아 학살의 원인 제공은 근본적으로 박사들의 실수로 생각된다. 천문학을 연구한 학자들이라면 세밀한 관찰을 통해 베들레헴으로 직접 아기예수를 찾아왔어야 했다. 하지만 이들은 예루살렘성에 있는 헤롯에게 가는 우를 범하고 말았다.

왕자는 궁 안에서만 탄생한다는 고정관념으로 인해 헤롯을 찾아간 것 같다. 이는 정신착란으로 시달리고 있던 헤롯 대왕에게 유아 학살의 동기를 제공한 결과가 되었다. 뒤늦게 천체의 변화를 발견한 박사들은 별의 움직임에 따라 베들레헴으로 발걸음을 옮겼지만, 이미 헤롯에게 유아 학살의 빌미를 준 후였다.

동방박사들은 종교와 문화가 다른 메소포타미아에서 왔다. 하늘의 별이 인도하는 대로 유대인의 왕을 경배하기 위해 이스라엘을 찾아온 이방인 학자들이다. 그런데 이들은 아기예수를 찾는 과정에서 지금까지 겪지 못했던 신비한 경험들을 하게 된다.

〈마태복음〉에서는 탄생하신 예수님을 경배하고 돌아간 동방박사들의 뒷얘기들을 더 이상 다루고 있지 않다. 그러나 이들은 모두 예수를 믿고 복음을 위하여 헌신했다는 설이 있다.

동방박사를 연구한 미국 작가 스티픈Stephen Williamson은 동방박사가 이방인으로서 최초의 복음을 전하는 선교사 역할을 했을 가능성이 높다고 언급했다. 현재 달라스 신학대학의 교수인 다니엘Daniel B. Wallace 박사도 동방박사들이 예수를 자신들의 구세주로 믿었다고 언급하고 있다.

이방인인 동방박사가 하나님을 믿었다는 것은 쉽게 믿기지 않는다. 그러나 성경에서는 이방인이나 부정한 여인이라도 하나님을 믿고 구원받은 기록을 찾을 수 있다. 심지어 그들은 예수의 족보에까지 당당하게 등재되고 있다. 이는 선택된 민족이라는 유대인뿐 아니라 이방인이라도 구원받을 수 있다는 하나님의 구속사가 구약시대부터 이루어지고 있었다는 증거이다.

예수님께서 이 땅에 오신 목적은 세계 모든 민족에게 빛과 생명을 주는 것이다. 뿐만 아니라, 더 나아가 모든 백성을 영원한 생명으로 구원하시기 위함이다. 만백성을 구원하시려는 하나님의 계획은 태초부터 시작되었다.

이는 구약의 수많은 사건들을 통하여 설명하고 있다. "예수 그리스도의 계보"에 기록된 네 명의 여인들 이야기는 구속사의 한 본질을 보여 주는 좋은 사례이다. 유다의 며느리 다말(창 38:13-26), 여리고의 기생 라합(수 2:1), 모압 여인 룻(룻기 1:4), 다윗의 아내 밧세바(삼하1 2:24) 등이 그들이다.

마태는 동방박사를 소개하기 전에 이들이 아브라함 족보에 들어간 사건을 먼저 다루고 있다(마 1:1-6). 아브라함의 족보가 예수님으로 이어지면서 이방인인 동방박사들을 등장시킨다. 이 사건들로 인하여 아브라함의 고향인 메소포타미아 지역을 다시 한번 상기하게 된다. 동방박사들도 다름 아닌 메소포타미아 지역에서 왔기 때문이다.

이렇게 네 명의 이방 여인들을 구약에 기록하고 이방인인 동방박사를 신약에 등장시켜 아기예수의 탄생 사건을 다룬 것은 하나님의 구속사적인 계획을 느낄 수 있도록 암시한다.

창세기에서 등장하는 아브라함과 〈마태복음〉에서 등장하는 동방박사들 얘기는 구약과 신약의 관계성을 보여주는 첫 번째 사건이다. 이스라엘 조상인 아브라함이 고대 근동 지역에서 출발하여 가나안 땅에 왔듯이 동방박사들도 같은 근동지역에서 예루살렘을 향해 출발했다. 공교롭게도 이들은 같은 메소포타미아 지역에서 시작한다. 아브라함은 이라크의 우르Ur에서, 동방박사들은 이란에서 왔다.

현재 이란에 있는 도시 우루미에는 마리아 교회가 있다. 교회를 증축하던 중 교회 밑바닥에서 이상한 비문을 발견했다. 비문을 해독한 결과 동방박사들의 이야기가 담긴 내용이었다. 동방박사들에 관한 비문이 교회 자리에서 발견된 것이다. 비문이 발견되면서 한 가지 더 놀라운 사건은, 이 교회 터는 본래 동방박사들의 묘지였다는 사실도 이때야 비로소 알게 되었다.

이곳은 오래전에 조로아스터교의 신전 터로서 박사들이 묻히게 되었다는 것이다. 이곳에서 발견된 비문은 구 소련(러시아)에서 가져갔으나 현재는 우크라이나 키에프 박물관에 소장되어 있다. 이 지역의 구전口傳에 따르면, 아기예수를 경배하기 위해 떠난 동방박사들은 모두 네 명이었다고 한다.

이 중 한 명은 여행 중에 가난한 사람들을 돌보다가 다른 길로 들어섰다고 한다. 길을 잘못 들어서는 바람에 결국 탄생하신 예수님을 찾아뵙지 못했다고 전한다. 다른 세 명의 동방박사들은 별자리의 움직임을 잘못 이해하여 예루살렘 성을 찾아갔다.

다시 〈마태복음〉 2장의 사건들을 살펴보자. 동방에서 온 박사들은 천문학에 관하여 전문 지식을 소유한 학자들이었다. 하지만 이들의 전문적인 천체에 대한 예상은 크게 빗나갔다. 베들레헴으로 가야 했던 이들은 예루살렘 궁전을 찾아갔다. 왕의 아들이 태어날 곳은 궁전밖에 없다고 여겼기 때문일지도 모른다. 하지만 성안에는 아기예수가 계신 것이 아니라 미치광이 폭군이 있었을 뿐이었다.

이들은 헤롯 왕의 말을 듣고 베들레헴으로 내려가는 길목에 발을 내

디뎠다. 이때 문득 그전에 보았던 별이 나타나 박사들이 가야 할 길을 인도하기 시작했다. 별은 아기예수가 있는 곳에서 멈추었다. 박사들은 아기예수를 보는 순간 자신들이 소중하게 간직한 예물을 드리며 아기예수께 엎드려 경배했다. 기나긴 여정이 끝나는 순간이었다.

아기예수를 만나 이들은 모든 일정을 마치고 다시 왔던 길을 따라 돌아가는 일만 남았다. 헤롯에게 가서 보고를 하든지, 아니면 오랜 역사를 자랑하고 있는 예루살렘 성에 들어가 진귀한 보물들을 구매하여 돌아가든지, 모든 것은 자유였다. 하지만 긴 여행에 지친 이들은 깊은 잠에 빠지고 만다. 잠에 빠진 이들에겐 예상치 못한 또 다른 경험이 기다리고 있었다.

주님의 천사가 나타나 헤롯에게 돌아가지 말고 조국으로 직접 가라고 안내해 준 것이다. 이렇듯 박사들이 여행 중에 경험한 사건들은 초자연적인 사건들로 가득 차 있었다. 예수님이 단지 유대인의 왕으로 오신 것이 아니라 인류의 구세주로 오셨다는 것을 암시라도 하듯, 신비로운 사건의 연속이었다. 조국으로 돌아간 박사들은 자신들이 경험한 사건들을 비문에 남겼다.

희생양 예수가 이 땅에 오신 구속사적인 목적

예수님은 "의인을 부르러 온 것이 아니요 죄인을 불러 회개시키러" 이 땅에 오셨다(눅 5:32). 이 복된 소식은 천한 신분을 가진 목자들에게 가장 먼저 나타났다. 권력을 잡고 있는 왕이나 종교 지도자에게 나타나지 않고 비천한 양치기들에게 나타난 사건은 매우 이례적인 일이 아닐 수 없다.

예수님 당시 목자들은 도둑이나 강도와 같은 취급을 당하고 있었다. 목자들이 혐오를 받거나 천한 대우를 받았던 것에는 그럴 만한 이유가 있었다. 그 당시 직업의 특성과 이스라엘의 문화를 살펴보면, 목자들은 일주일 내내 양을 돌봐야만 했다. 따라서 유대의 율법인 안식일을 제대로 지킬 수가 없었고, 기초 교육조차 받지 못해 하층 노동자와 같은 취급을 받았다. 그러다 보니 목자들 자신도 주어진 환경에 순응하며 하루하루를 빈곤하게 보내곤 하였다. 심지어 이들은 모세의 율법조차도 잘 알지 못했다. 따라서 유대인들 사이에서 더더욱 천대를 받아오고 있었다.

기후 환경이 다양한 이스라엘에는 풍요로운 곳이 있는가 하면, 황폐한 사막과 광야도 있다. 나쁜 환경에서 양을 치는 목자들은 거칠고 사나워서 때로는 강도와 도둑으로 돌변하는 반면, 좋은 환경에서 양을 치는 목자들 중에는 나태하고 게을러서 품삯만을 바라는 삯꾼 목자들도 있었다. 예수님의 탄생 시에는 일반인뿐 아니라 종교인들까지도 목자들에 대한 인식이 좋지 않았던 이유가 바로 여기에 있다.

인류를 구원하시려는 하나님의 구속사적인 계획은 이렇게 비천하고 낮은 신분인 목자로부터 시작되었다. 이것은 메시아의 탄생이 가져다 준 획기적인 새로운 혁명이 아닐 수 없다. 우리는 교만하여 세상에서 소외된 자들을 비판하거나 쉽게 폄하하는 습관을 가지고 있다. 때로는 일방적인 편견 때문에 좋은 것조차도 나쁜 것처럼 취급하는 경향이 있으며, 잘못된 편견과 고정관념으로 건전한 신앙생활을 해치는 경우도 있다.

들판에서 양을 치는 목자들이 환경에 따라 도둑과 강도로 변하여 남에게 해를 끼치기도 했지만, 그렇다고 모든 목자들이 그랬던 것은 아니다. 오히려, 그 당시 목자들을 바라보는 사회제도나 편견이 그들을 나쁜 무리로 정죄했을지도 모른다. 예수님이 탄생하면서 일어난 사건 중 하나는 오래도록 비천하고 악하게 비쳐진 목자들의 이미지를 새롭게 개선하는 기회가 되었다.

예수를 잉태한 동정녀 마리아도 왕후장상王侯將相 같은 귀족 신분이 아니었다. 마리아는 〈누가복음〉 1장 46-48절에서 자신의 신분을 겸허하게 낮추며 하나님을 찬양하는 내용이 기록되어 있다. "마리아가 이르되, 내 영혼이 주를 찬양하며 내 마음이 하나님 내 구주를 기뻐하였음은 그 여종의 비천함을 돌아보셨음이라. 보라, 이제 후로는 만세에 나를 복이 있다 일컬으리로다."

마리아가 엔 케렘Ein Karem(포도원의 샘)에 살고 있는 그녀의 친척 엘리사벳을 방문하고 있을 때 부른 노래다. 이는 비천한 계집종으로 자신을 낮추고 있는 모습으로 사회적인 신분과 겸손한 성품을 동시에 보여 주고 있다.

예수님의 탄생은 인류를 구원할 뿐 아니라 하층 신분에게도 눈길을 돌려 관심을 갖게 했다. 그들도 구원의 대상이라는 신분 변화를 가져다 주는 깊은 의미를 담고 있다. 이것은 인류 평등의 사상을 보여 주고 있는 하나님의 속성이라 생각된다.

갈보리 언덕에서 완성된 구속사의 시작은 작은 마을 베들레헴에서 이렇게 시작되었다. 예수님의 구속사적인 사역은 그의 이름 속에 보다 구체적으로 표현되어 있다.

기름부음을 받은 자, 예수

예수라는 이름의 어원을 알면, 구속사의 속성을 보다 깊게 파악할 수 있을 것이다. 예수는 히브리어로 '여호수아Joshua' 또는 '예수아Yeshua' 라고 하는데 '야훼는 구원이시다Yahweh is Salvation'를 의미한다. 헬라어로는 '그리스도Christ : Χριστός(Khristós)'라고 하는데 그리스도에 대한 히브리어인 '메시아Messiah'는 '기름부음을 받는 자'를 총칭하는 말이다. 기름부음을 받는 것을 영어로 표현할 때는 '스미어smear' 또는 '어노인트anoint'라고 한다. '스미어'의 뜻은 '문지르다'이며, '어노인트'는 '기름을 붓다'의 뜻이다.

전통적인 유대인의 관습에 따라 기름붓는 의식을 행할 때에는 올리브(감람) 기름을 머리에 붓고 이마를 십자가형으로 문지른다. 기름부음을 받는다는 것은 '하나님의 영이 함께한다'는 약속이며 '하나님께서 사환使喚으로 삼았다'는 뜻을 담고 있다.

초기 또는 중세 기독교 화가들은 말과 소와 같은 가축을 소재로 예수 탄생 장소의 배경을 그렸다. 이 배경 때문에 가축이 있는 축사가 예수님의 탄생 장소로 알려지게 되었고, 많은 기독교인들은 아직도 예수님께서 소외양간이나 말구유에서 탄생하신 것으로 믿고 있다. 그러나 예수님이 탄생한 장소는 주거 공간 옆에 있던 안마당 또는 안뜰로 보는 것이 더 옳은 견해이다.

성경은 화가들과는 달리 문화적 배경과 주변 환경을 자세하게 언급하지 않았다. 성경의 저자들은 주로 영적인 말씀과 하나님의 섭리, 인류를 구원할 메시아에 초점을 두고 있다. 그러므로 화가들이 그린 소나 말을 소재로 한 그림의 배경과 같은 고정관념에서 벗어나 영적인 탄생의 올바른 뜻을 생각해야 한다.

예수님이 이 땅에 오신 참된 뜻은 죄에 사로잡혀 있는 인류를 구원하기 위함이다. 성경에 나타난 예수님의 구속사적인 모습은 언제나 하나님의 어린양, 자신의 몸을 바칠 속죄양, 유월절에 드려질 희생양으로 묘사되어 있다. 이러한 모습은 창세 때부터 아브라함을 통하여 계시한 바 있다.

하나님께서는 아브라함을 시험하기 위해 외아들 이삭을 모리아산에서 희생 제물로 바치라고 명하셨고, 이는 아브라함을 열방의 조상으로 삼고자 했던 마지막 시험과도 같았다. 이삭을 제물삼아 번제를 드리고자 할 때 하나님은 이삭을 위해 숫양을 준비시켜 놓으셨다(창 22:13-14). 이때 준비된 숫양은 예수를 상징하며, 모리아산은 그의 제단을 상징하고 있다. 모리아산에서 시작한 희생 제단은 솔로몬이 세운 성전을 통해 형체가 들어났고, 예수 그리스도의 희생 제물로 완성하셨다(히 9:12).

이사야 선지자는 "여호와께서는 우리 모두의 죄악을 그에게 담당시키셨도다(사 53:6)."라고 예언했으며, 신약시대에 사도 요한은 예수님을 "세상 죄를 지고 가는 하나님의 어린양(요 1:29)"으로 묘사했다. 구약의 율법과 인류의 구속사의 완성은 예수님의 죽음으로 이렇게 종결되었다.

종결된 실체를 보다 명확하게 증명할 수 있는 방법이 있다. 그 중 하나는 제사장, 예언자선지자, 왕의 의미를 살펴보고 기름부음의 뜻을 기리는 것이다. 그러면 속죄의 어린양 예수와 기름부음과 메시아의 뜻이 어떤 관련성이 있는지 더욱 명백하게 밝혀질 것이다.

Part 3
기름부음이란 무엇인가?

구약시대에 기름부음을 받는다는 것은 하나님으로부터 그 소임에 대한 권세와 권능을 부여받았다는 것을 의미한다. 이는 오직 하나님으로부터 선택받은 제사장, 예언자^{선지자}와 왕들에게만 내려지는 특별한 권위의 상징이었다.

제사장의 직분은 〈출애굽기〉 29장 4-7절에 "아론과 그의 아들들에게 관유를 가져다가 그 머리에 부어 바르고 제사장 직분을 맡겨 영원한 규례가 되게 하라."는 말씀에 따라 아론의 후손들은 대대로 제사장 직분을 유업으로 물려받았다. 이때 그들의 머리에 반드시 기름을 부었다.

선지자^{예언자} 또한 "엘리사에게 기름을 부어 너를 대신하여 선지자가 되게 하라(왕상 19:16)."는 성경의 말씀에 따라 선지자들도 제사장같이 기름부음을 받았다.(한글 성경은 예언자와 선지자의 의미를 따로 구분하고 있지만 히브리어 원문에는 같은 의미로 사용되고 있기 때문에 이 책에서는 선지자와 예언자를 따로 분리하지 않았다)

이스라엘 초대 왕 사울도 기름부음을 받아 왕권을 부여받게 된다. "이에 사무엘이 기름병을 가져다가 사울의 머리에 붓고 입 맞추며 이르되 여호와께서 네게 기름을 부으사 그의 기업의 지도자로 삼지 아니하셨느냐(삼상 10:1)."

신약시대에도 구약시대와 같이 제사장, 선지자, 왕이 기름부음을 받았다. 하지만 예수님이 탄생하면서 세 가지의 직분이 하나로 통합된다. 예수라는 이름의 어원에서 언급했듯이, 예수는 히브리어로 '메시아' 즉 '기름부음을 받은 자'를 통칭한다.

예수님 자신이 메시아로 이 땅에 오셔서 제사장, 선지자, 왕을 대신하여 기름부음을 받으셨다는 뜻과 일치한다. 공교롭게도 예수님이 탄생한 이후 이스라엘에는 제사장과 선지자, 왕들이 시대적으로 점차 사라지는 모습을 발견하게 될 것이다.

첫째, 제사장의 기원과 그들의 종말

분열된 그리스의 네 왕국

모세의 형인 아론으로부터 시작된 제사장 직분은 신약시대까지 그 혈통으로 이어지고 있었다. 그런데 언제부터인가 아론 계系가 아닌 다른 계보로 이어져 내려가고 있었다. 예수님 시대에 대제사장은 가야바였다. 성경은 그에 대하여 구체적으로 다루진 않았지만, 그는 아론의 후손은 아니었다. 가야바는 전임 대제사장 안나스의 사위였다.

그는 로마 집정관에 의해 주후 18~36년에 유대의 대제사장 직책을 맡았던 사두개인Sadducee 人이었다. 그는 예수님을 끝까지 적대시했다. 예수님을 죄인으로 몰아붙이고 주님을 로마 총독 빌라도에게 보내 십자가에 못 박히게 한 장본인이다(마 26:66). 가야바와 같이 아론의 혈통이 아닌 사람이 어떻게 대제사장의 계보를 이을 수 있었을까? 구체적으로 알아볼 필요가 있으나 그전에 먼저 이스라엘 역사를 살펴봐야 한다.

구약의 말라기가 끝나고 신약이 시작되기 직전까지 400여 년간은 성경의 기록이 없다. 이 공백 기간을 소위 신학적으로 '신구약 중간사'라고 한다. 이때를 '암흑기' 또는 '침묵기'란 용어를 쓴다. 북이스라엘은 주전 722년 앗시리아에게 멸망당했다. 남유다는 주전 586년에 바벨론에게 약 47년간 지배를 받게 된다.

이후 바벨론이 몰락하면서 주전 539년부터 330년까지 약 200년 동안 페르시아의 지배를 받는다. 그러다가 주전 330년부터 63년까지 약 267년간은 그리스인들의 통치 시대로 바뀌게 되며, 이때 이스라엘의 하스모니안 왕조가 탄생하게 된다.

그리스의 알렉산더 대왕이 페르시아 제국을 정복하였다. 그의 원정대는 페르시아가 지배하고 있던 이스라엘까지 무혈로 손에 넣게 된다. 주전 323년경 알렉산더 대왕은 후손을 남기기 않고 젊은 나이에 갑자기 요절하였고, 이후 그리스 제국은 수하 장군들에 의해 크게 넷으로 나누어졌다.

첫 번째 프톨레미우스Ptolemies 왕조는(주전 312~30) 초창기부터 가장 강력한 군사력을 바탕으로 세력을 확장하여 주전 약 30년까지 그 역사가 유지되었다. 이들이 통치한 지역은 이집트, 이스라엘, 시리아 해안 쪽에 있는 안디옥까지 이어졌다. 마지막 왕조가 클레오파트라Cleopatra VII Philopator(재위 주전 51~30) 일가이다. 프톨레미우스 왕조는 셀레우쿠스 왕조보다 먼저 이스라엘을 지배했다. 그들은 이스라엘을 비롯한 여러 속국에 고유 종교를 인정하는 유화정책을 썼다. 두 번째 셀레우쿠스Seleucus 왕조(주전 312~주후 63)는 시리아, 바벨론, 북쪽 이스라엘의 일부를 통치하였고, 이들 또한 막강한 군사력을 소유하고 있었다. 세 번째 안티고누스 Antigonus 왕조는 메케도니아와 그리스를 지배했다. 네 번째 리시마쿠스 Lysimachus 왕조는 북서 그리스와 소아시아(터키)를 지배하게 되었다. 이와 같이 4명의 알렉산더 대왕의 수하 장군들은 각각 저마다의 왕조를 탄생시키며 분리되어 갔다.

이 중에 이스라엘에 가장 많은 영향을 끼친 왕조는 프톨레미우스와 셀레우쿠스이다. 이스라엘 지역은 프톨레미우스와 셀레우쿠스의 접경 지대에 속해 있었다. 따라서 자신의 의지와는 상관없이 거대한 세력의 변화에 따라 그 지배 왕조가 바뀔 수밖에 없었다.

이 네 국가들의 분쟁은 프톨레미우스와 셀레우쿠스 두 왕조 사이에서 가장 치열하게 나타났다. 특히 이스라엘의 지배권을 장악하기 위한 이들 사이의 다툼은 주전 301년에서 198년까지 약 100여 년 동안이나 지속되었다. 수차례에 걸쳐 치러진 이들의 전쟁은 마침내 시리아의 셀레우쿠스 왕조가 이집트의 프톨레미우스 왕조를 물리치고 승리하면서 종결된다.

셀레우쿠스의 6번째 군주인 안티오쿠스 3세Antiochus III(재위 주전

222~187)는 알렉산더 대왕 이후에 제국의 영토를 가장 크게 확장한 왕으로, 다른 어느 나라보다 강력한 그리스 제국을 이룩해 내면서 대왕이라는 칭호를 얻었다.

이때 비로소 이스라엘은 본격적으로 셀레우쿠스 왕조의 지배를 받게 되었다. 안티오쿠스 3세는 지배국에 헬레니즘화 정책을 실시했다. 그의 초기 헬레니즘화 정책은 지배국의 각기 다른 종교와 문화를 인정했었지만 헬레니즘을 권장하는 정도의 온건한 문화동화 정책에 불과한 것이었다.

안티오쿠스 3세가 주전 190년에 마그네시아Magnesia 전투에서 로마에게 대패하면서 온건주의 정책은 새로운 국면으로 접어든다. 전쟁 패배의 후유증은 컸다. 로마에 막대한 전쟁 배상금을 물어야 했으며, 자신의 셋째 아들 안티오쿠스 4세 에피파네스Antiochus IV Epiphanes(재위 주전 175~164)를 인질로 보내야 하는 상황에 이르렀다.

안티오쿠스 3세는 피폐한 국가의 재정과 전쟁 배상금을 확보할 목적으로 지배국들에게 막대한 세금을 강요하기 시작했다. 한편 안티오쿠스 3세가 전쟁의 패배로 힘이 약화되자 이란 고원의 속국들은 가혹한 세금 납부를 거부하며 반기를 들었다.

그들이 하나둘씩 독립의 목소리를 높여 나가자 이에 격분한 안티오쿠스 3세는 떨어진 국가의 위상과 제국의 명예 회복을 위하여 또 다시 동방 원정을 떠난다. 그러나 이 원정이 그의 마지막 길이었다. 원정 도중 이란 남서부 수시Shush의 바알 신전에서 자객들에게 습격을 받아 피살되어 그의 원정 계획은 수포로 돌아가고 말았다.

안티오쿠스 3세가 졸지에 암살당하자 그의 차남인 셀레우쿠스 4세

필로파토르Seleucus IV Philopator(재위 주전 187~175)가 왕위에 올랐다. 그는 왕이 된 후 동생 안티오쿠스 4세의 인질 교환을 위하여 자신의 친아들을 로마에 인질로 보냈다. 로마에 인질로 잡혀 있던 동생은 이러한 형의 도움을 받고 풀려날 수 있었다.

그 후 얼마 뒤 필로파토르는 자신의 부하 장수인 헬리오도루스Heliodorus에게 암살당한다. 헬리오도루스는 자신의 주군을 살해하고 스스로 왕위에 오르고자 했다. 그러나 약 14년간의 인질생활에서 벗어난 동생 안티오쿠스 4세가 형의 원수를 갚기 위해 헬리오도루스를 진압했다.

역모를 진압한 안티오쿠스 4세는 형의 아들들 대신 스스로 셀레우쿠스 제국의 제8번째 왕이 된다. 역모를 진압한 업적을 명분으로 조카들을 외면한 채 왕위를 가로채고 만 것이다.

왕권을 가로챈 셀레오쿠스 4세는 제국이 처한 난국을 이끌어 갈 특별한 대책이 필요했다. 그는 군사력을 키워 중동과 지중해 지역에 강력한 군사 방어벽을 구축한다. 그리고 부족한 전쟁 배상금의 충당과 점령국의 지배력을 높이기 위하여 노력했다. 또한, 각 지배국들의 종교를 탄압하고 가혹한 세금을 물려 재정의 압박을 가하기 시작했다. 이스라엘이 종교 탄압과 핍박을 받게 된 것이 이 무렵이다.

갈수록 심화된 종교 탄압은 유대인들을 죽음의 길로 몰고 갔다. 셀레오쿠스 4세는 유대인들에게 우상 숭배를 비롯하여 안식일을 폐하고 유대인의 전통 제사제도를 바꾸어 버렸다. 그는 모든 유대인이 제우스(주피터) 신전 앞에서 제사를 지내도록 했으며, 그들이 지시하는 제사법을 따르게 했다. 심지어 토라를 불사르고, 할례를 금지시켰으며, 유대의 풍습이나 제사 관습까지 통제하였다.

이보다 더 심한 것은 유대인이 부정하게 여기는 돼지고기를 제물로 쓰고 난 후 먹도록 한 것이었다. 또한 전국에 제사 때 쓰는 양의 피를 돼지의 피로 바꾸어 제단에 뿌리라는 명을 내렸고, 이 명령이 지켜지고 있는지 확인하기 위해 감독관을 파견하여 일일이 제사를 감시하였다. 이러한 셀레우쿠스 4세의 만행은 유대인들의 공분을 일으켰고, 점차 분노는 하늘을 찔렀다. 그러나 유대인들은 저항할 방법이 없었고, 울분을 삭히며 속수무책으로 당해야만 했다.

하스모니안 왕조의 탄생 배경

이 무렵 맛디아(마따디아)Mattathias ben Johanan(혁명지휘 주전 167-166)라는 인물이 등장한다. 그는 예루살렘 제사장 출신으로 요하립 가문의 사제인 시므온의 손자이고 요한의 아들이었다. 맛디아는 오래전 예루살렘 성전의 제사장직을 사임하고 본고향인 모데인Modein에 돌아와 살고 있었다.

현재 모데인은 지중해 욥바에서 동남쪽으로 약 18km(11마일) 정도 떨어진 곳에 있다. 그에겐 다섯 명의 아들이 있었다. 그들의 이름은 엘르아잘Eleazar, 시므온(시몬)Simon, 유다(마카비)Maccabaeus, 요한John, 그리고 요나단Jonathan이었다.

그 당시 셀레우쿠스 왕조의 종교 탄압과 우상숭배는 이스라엘 전역에 걸쳐 이루어졌다. 심지어 이동식 제우스 신상을 만들어 전국을 순회하기도 했다. 맛디아가 살고 있는 모데인 지역까지 이동식 제우스 신상은 어김없이 찾아왔다. 마을 주민들을 그리스인들의 제사법에 따라 강제로 한

곳에 집결되었다. 겁에 질린 주민들은 목숨을 부지하기 위해 제우스 신상 앞에 절을 해야만 했다.

맛디아는 제사장 출신으로서 유대 율법에 어긋나는 우상숭배와 제사법을 따를 수는 없었다. 우상을 숭배하거나 그 앞에 절하는 행위는 십계명을 범하는 행위였다. 더 나아가 부정한 제물인 돼지고기와 돼지피로 제사를 드리는 것은 하나님에게 씻지 못할 죄를 짓는 일이었다.

칼과 창 앞에 무서워 떨며 우상을 숭배하는 주민들을 바라보고 있던 맛디아는 마음속에 감출 수 없는 분노가 솟아났다. 자신의 감정을 억제할 수 없던 그는 제사를 강요하며 감독하는 사신과 이에 동조하는 유대인들을 살해하고 가족들과 산으로 긴급히 도피했다. 이 사건은 이후 자신에게 동조하는 세력을 모아 혁명을 일으키게 된 동기가 되었다.

그러나 그는 자신의 뜻을 다 이루기도 전에 세상을 떠나고 만다. 맛디아는 임종하기 전에 자신의 군사지휘권을 셋째 아들 유다Judas(혁명지휘 주전 166~160)에게 넘겨주었다. 이것이 하스모니안Hasmonean 왕조 역사 초기에 있었던 마카비 혁명의 계기가 된 사건이다.

맛디아의 후계자들

마카비 혁명의 '마카비'는 맛디아의 아들 유다가 셀레우쿠스 왕조를 상대로 전쟁의 승리가 이어지자 유대의 이름을 '마카비'라고 부른 것에 유래되었다. 마카비는 '쇠망치' 또는 '하나님의 망치'를 의미한다. 그의 무쇠 같은 의지와 뛰어난 통솔력을 두고 하는 말이었다.

의분에 못 이겨 시작한 마카비 혁명은 유다의 탁월한 지도력으로 마침내 유대 민족의 독립운동으로 확산되었고, 약 3년간 지속된 저항은 큰 성과를 거두었다. 그들은 예루살렘의 성전을 돌려받고 종교의 자유를 쟁취하기에 이르렀다. 주전 164년경에 성전을 회복한 유대 민족은 그렇게 학수고대하던 성전의 불을 밝히게 되었다.

이방인들의 지독한 고난과 박해 속에서도 유대인들은 성전의 불 Napten을 꺼뜨리지 않고 보살피고 있었는데, 이후 유다가 성전을 회복하였을 때 이 불로 예루살렘 성전을 밝히게 된다. 유대인들에게는 성전의 불은 꺼뜨리거나 사용하는 기름을 다른 기름과 섞지 않는 관습이 엄격하게 지켜지고 있었다. 그러나 오랫동안 이방인들의 지배를 받아 왔던 탓에 유대인들은 한동안 성전을 밝히는 거룩한 기름을 외부로부터 공급받지 못하고 있었다.

당시 성전 불을 밝힐 올리브 기름이 하루치밖에 없었다. 기름을 조달하려면 적어도 8일이 걸려야 했다. 그런데 단 하루치 기름으로 8일간 불을 밝히는 기적이 일어났다. 신기한 이적을 체험한 유대인들은 이때부터 이날을 '수전절The Day of purification'이라 부르며 '하누카(봉헌) 축제'로 기념하게 되었다.

이때 비로소 이방인의 제사법으로 더럽혀진 성전을 깨끗하게 회복할 수 있었다. 이날은 돼지의 피로 얼룩진 성전을 청소하고 소독하는 날이기도 했다. 따라서 이날을 '성전 정화의 날'이라고도 불렀다. 이때가 유대력으로는 기슬레브Kislev월 즉 9월 25일이었으며 태양력으로는 12월 25일이었다. 3년 전에 그리스의 제우스 신상이 성전산에 세워졌던 바로 그날이기도 했다. 이것이 유대의 수전절이 탄생하게 된 배경이다(요 10:22).

현재 이스라엘은 물론이고 전 세계 유대인들이 사는 공동체에서는 12월에 하누카가 시작된다. 이 축제의 특이한 점은 길가에 9개의 하누카 촛대를 설치하고 그 중에 첫 번째만 불을 밝혀 놓는 것이다. 그리고 이미 밝혀진 첫 번째 불로 매일 하나씩 8일간 불을 밝혀 가는 모습을 볼 수 있다.

유다는 조국을 헬라인들의 통치로부터 해방시키고자 온갖 힘을 쏟았다. 그러나 그의 힘만으로는 강력한 셀레우쿠스의 군대를 물리치기란 역부족이었다. 결국 그는 뵈레아 지역에서 전투하던 중 적의 속임수에 빠져 장렬하게 전사하고 만다.

유다를 따르던 혁명 동지들과 추종자들은 그의 죽음을 몹시 애석하게 여겼다. 그러나 마냥 좌절할 수만은 없었다. 전시 중에 있던 백성들은 유다의 후계자로 그의 동생 요나단(역임 주전 160~143)을 지명하여 총독으로 추대했다.

대제사장직의 매매

총독이 된 요나단은 유다와는 달리 대제사장직까지 겸직하게 된다. 이것은 뜻밖의 사건이었으며, 다른 한편으로는 대단히 위험한 시도였다. 대제사장직은 함부로 결정할 일이 아니었다. 제사장 가문의 아들로서 그의 아버지 맛디아에 이어 제사장직을 계승하는 것은 자연스런 일이었으나 대제사장의 경우는 달랐다. 여기서 우리는 요나단이 스스로 대제사장직을 겸직하게 된 이유를 잠시 살펴봐야 한다. 그에게는 나름대로 대제사장직을 겸직하게 된 이유가 있었다.

수년 전 레위지파 사독의 계열에 있던 대제사장 오니아스 3세Onias III(역임 주전 198-175)가 안티오쿠스 4세로부터 대제사장직을 박탈당하는 일이 벌어진다. 당시의 시대 상황이 이집트의 프톨레마이우스 왕조가 시리아의 셀레우쿠스 왕조로 이양되는 과도기였다. 프톨레미우스 왕조와 친분이 있던 대제사장 오니아스 3세는 셀레우쿠스 왕조에게 미움을 받게 된다.

오니아스 3세가 대제사장직을 박탈당하자 그의 동생 여호수아는 대제사장직을 되찾기 위해 노력했다. 그는 그리스인들에게 잘 보이기 위하여 이름도 그리스식인 야손Jason(역임 주전 174~171)으로 바꿨다. 그리고 엄청난 돈을 들고 안티오쿠스 4세를 찾아갔다. 이것이 누구나 돈만 있으면 대제사장직을 살 수 있다는 빌미를 준 계기가 되고 말았다(주전 175).

야손은 시리아 안티오쿠스 4세에게 대제사장직 유지를 위하여 일정한 금액을 정기적으로 바쳤다. 그는 한 해에 은銀 360달란트의 엄청난 거액의 돈을 상납했다. 이를 현재 가치로 환산하면 원화로 약 20억 원에 해당하는 금액이었다.

오니아스 3세가 안디옥에서 살해당하던 주전 171년에 야손은 다른 때와 마찬가지로 거액의 상납금을 보내기 위해 메넬라우스Menelaus(역임 주전 171~161)라는 자에게 심부름을 시켰다. 메넬라우스는 대제사장이었던 오니아스 3세의 삼촌이었으며 헬레니즘 추종자였다.

메넬라우스 역시 오래전부터 대제사장직에 대한 남다른 욕심을 갖고 있었다. 그는 기회를 놓칠세라 야손이 보낸 돈보다 은 300달란트 더 많은 660달란트를 주고 대제사장 자리를 밀거래로 빼앗았다. 그 후 대제사장직은 우여곡절 끝에 알키무스Alcimus(역임 주전 161~159)가 그 직책을 맡게 된다.

그는 아론의 후예이나 오니아스처럼 대제사장 가문의 혈통은 아니었고, 대제사장이 된 후 자신의 권력을 이용하여 온갖 악행을 저질렀다.

그가 유대인들에게 저지른 악행은 이방인들도 고개를 저을 정도로 잔인했다. 또한 그는 셀레우쿠스 왕 데메트리우스 1세Demetrius I(재위 주전 161~150)에게 충성을 다하기 위해 마카비의 추종자들을 색출하여 처단하기도 했다.

그러던 주전 159년 어느 날 알키무스는 선조들에 의해 세워진 거룩한 성전의 내벽을 무너뜨릴 계획을 하고 있다가 갑자기 쓰러지고 만다. 쓰러진 충격에 의해 말문이 막히는 등 심한 고통에 시달리다가 결국은 죽고 말았다. 대제사장직을 맡은 지 약 2년 만에 사망한 것이다.

그가 죽은 후 대제사장직은 주전 159년에서 주152년까지 공백상태가 되었고, 이 기간에 셀레우쿠스 왕조는 정권 쟁탈전에 시달리고 있었다. 안티오쿠스 4세인 에피파네스 아들 알렉산더 발라스Alexander Balas(재위 주전 150~146)와 에피파네스의 형인 셀레우쿠스 4세 필로파토르의 아들 데메트리우스 1세 사이에 왕위 다툼이 장기간 이어지고 있었다.

이 내분으로 인해 7년간 대제사장직을 세울 수 없었다. 내란에 시달리던 두 왕국은 자신들의 통치국이었던 이스라엘의 대제사장 직분에 눈을 돌릴 겨를이 없었던 것이다. 7년간 지속된 내란은 알렉산더 발라스가 마카비 가문의 요나단과 연합하여 데메트리우스 1세의 왕권을 무너뜨리는 결정적인 역할을 하게 된다. 발라스가 이에 대한 보답으로 요나단에게 총독과 대제사장직을 임명하게 되자 가까스로 유지해 왔던 사독의 제사장 가문은 영원한 종지부를 찍게 된다.

아론의 대제사장직은 사독을 이어 오니아스 3세 때까지 유지했었다. 아론의 후예인 알키무스마저 사망하면서 아론의 계열은 두 번 다시 대제사장직을 역임하지 못한 채 이스라엘 역사 속으로 사라져 갔다.

이러한 상황 가운데 요나단은 자신이 대제사장직을 채택해도 아무런 무리가 없을 것으로 판단했다. 하지만 그의 대제사장직 수락 결정은 초기 마카비 혁명을 도왔던 하시딤들에게 적지 않은 실망을 안겨 주었다. 이 때문에 하시딤 그룹은 두 부류로 나누어진다. 첫 번째 그룹은 정치적 욕망을 좇는 자들이고, 두 번째는 종교의 자유와 신앙만을 갈망하는 무리였다.

정치적 자유를 추구했던 첫 번째 하시딤 그룹은 시므온이 정치적 독립을 할 때까지 함께했다. 이들은 시므온이 명실공히 하스모니안 왕가로 출범할 때 바리새파의 기원이 된다. 바리새파는 사두개파와 쌍벽을 이루는 이스라엘의 종교 지도자들로 발전해 나간다. 두 번째 그룹은 요나단이 대제사장직을 수행하기 시작하자 미련 없이 그를 떠나 버린다. 이들은 사해 바다 쪽으로 이동하여 쿰란 수도원을 설립한다.

하스모니안 왕가의 출범

이후 요나단을 계승한 시므온(재임 주전 142-135)이 총독과 대제사장직을 겸했다. 이때부터 정치와 종교가 완전히 통합된 하스모니안 왕가가 태동한다(주전 142). 이스라엘 역사학자 요세푸스는 하스모니안이라는 이름의 유래를 두 가지로 설명하고 있다.

첫 번째 유래는 요아립Joarib 제사장 가문의 마타디아Mattathja의 조상인 아사모네우스Asamoneus 또는 Asmoneus의 이름을 따라 불리었다는 것이다. 또 다른 유래는 마타디아의 조상들이 살던 지역인 헤쉬몬Heshmon 또는 Hashmonah의 이름에서 유래가 되었다는 내용이다. 그 이름의 뜻은 '비옥함' 또는 '부유한'이란 의미를 갖고 있다.

시므온(시몬)이 총독으로 취임한 지 7년이 되던 해에 큰 불행이 닥쳐온다. 시므온의 사위였던 프톨레미Ptolemy가 장인인 시므온과 두 명의 처남을 시해하는 사건이 발생한 것이다(주전 135년 2월 경). 정권을 강탈한 프톨레미는 흉흉한 민심을 얻기 위하여 노력했다. 그는 백성들에게 새로운 유화정책을 내세우는 민심 회유책을 써 보았으나 백성들의 이반된 민심은 쉽게 회복되지 않았다.

한편 프톨레미의 반란 속에서도 구사일생으로 목숨을 건진 사람이 있었다. 그가 시므온의 셋째 아들인 잔 힐카누스John Hyrcanus, 주전 134~104 재임였다. 그는 아버지의 원수를 갚기 위해 와신상담臥薪嘗膽의 세월을 보낸다. 칼을 갈면서 복수의 날만을 기다리고 있었던 것이다.

마침내 그는 우여곡절 끝에 철천지원수인 프톨레미를 몰아내고 총독의 지위와 대제사장직을 되찾게 된다. 백성들은 하스모니안 가문의 유일한 혈육인 잔 힐카누스를 지지해 주었다. 프톨레미가 저지른 파렴치한 장인 시해 사건을 백성들은 알고 있었기에 더욱 힘을 실어 주었다.

프톨레미를 물리친 잔 힐카누스는 곧바로 어지러워진 정치를 바로 세워갔다. 국내 정치가 안정되자 헬라(그리스)인들에게 빼앗긴 영토를 회복하는 데 전력을 다했다. 이때 잔 힐카누스가 확장한 영토는 남쪽의 이두매와 요단 동쪽·북쪽의 사마리아 지역까지 이어졌다.

잃었던 영토는 쉽게 회복하였으나 종교적 회복은 어려운 것일까? 정치 말년에 사두개파로 개종한 잔 힐카누스는 뜻하지 않는 종교적 파벌 싸움에 시달리다가 죽고 말았다.

회복된 왕의 제도와 후계자들

잔 힐카누스가 죽자 그의 장남 아리스토불루스Aristobulus(재위 주전

104~103)가 아버지의 뒤를 이었다. 그는 대제사장직을 계승한 후 처음으로 자칭 유대인의 왕이 되었다. 마카비 혁명 기간엔 왕이라는 칭호 대신 총독과 대제사장이란 칭호를 사용했다.

아리스토불루스는 하스모니안 왕가에서 최초로 왕의 칭호를 사용한 인물이다. 왕이 된 영광도 잠시일 뿐 그는 왕이 된 지 약 1년 만에 갑자기 사망하게 된다. 아리스토불루스가 졸지에 죽게 되자, 그의 아내 알렉산드라 살로메는 죽은 남편의 이복동생인 알렉산더 얀네우스Alexander Janneus(재위 주전 103~76)와 재혼했다. 알렉산더 얀네우스는 잔 힐카누스의 셋째 아들이었다.

그는 첩으로부터 난 서자였기 때문에 이복형 아리스토불루스 1세에게 많은 핍박을 당하면서 살았다. 그의 이복형인 아리스토불루스가 죽을 무렵에는 감옥에 수감되어 있는 상태였다. 히브리어로 요나단Jonathan이라고 하는 얀네우스는 형의 갑작스런 사망으로 구약성경에 따라 형수인 알렉산드라 살로메와 결혼하게 된다. 이때는 친형이 죽으면 동생이 형수와 결혼하는 제도에 따라 역연혼을 해야 했다(신 25:5-10).

하지만 바리새인들은 유대의 율법에서는 금지된 법이라며 그를 비난했다. 얀네우스의 왕권에 대한 도전은 처음부터 자신을 지지하는 사두개파와 역연혼逆緣婚을 반대하는 바리새파 사이에서 처음부터 팽팽한 내적 갈등으로 시작되었다. 얀네우스는 종교적으로 어려운 상황에서 왕위를 차지했다. 이후 그는 대제사장으로서의 직분을 다하기보다는 왕으로서의 영토를 확장하는데 힘을 더 쏟았다. 이러한 정치적 배경은 자신을 방어하기 위해 마사다Masada(요새)에 최초로 궁전을 만드는 동기가 되기도 했다.

아버지 잔 힐카누스와 같이 얀네우스도 시리아의 셀레우쿠스 왕조로부터 많은 영토를 회복했다. 그가 회복한 지역들은 서쪽 사마리아, 갈릴리, 북쪽 트랜스 요르단 지역, 지중해 쪽으론 도르Dor 일부분과 가이사랴, 악고 등이었다.

지중해 남쪽인 아쉬켈론Ashkelon과 가자Gaza 지역은 나바타인Nabateans(현재 요르단 남서쪽) 왕국이 차지하고 있었다. 이 당시 가자는 로마와 다마스쿠스를 연결하는 관문으로서 매우 중요한 곳이었다.

얀네우스는 셀레우쿠스와의 영토 전쟁이 끝난 후 이곳으로 눈길을 돌려 결국 나바타인 왕국이 관할하고 있던 가자 지역마저 점령하고 말았다. 이에 격분한 나바타인 왕 오보다스 1세Obodas I는 이스라엘 북쪽의 골란 지역 공격을 감행했지만, 이미 막강한 군사력을 갖춘 이스라엘 군인들을 상대하기에는 힘이 너무 약했다. 나바티안인들은 이스라엘을 급습했으나 더 큰 패배를 당했다

대군을 이끌고, 나바티인들을 물리친 얀네우스는 승리의 기쁨을 안고 예루살렘으로 돌아왔으나 뜻밖의 사건이 그를 기다리고 있었다. 바리새파의 개혁 세력들과 그를 지지하는 백성들 사이에 종교적 갈등이 표면적으로 들어나기 시작한 것이다. 얀네우스의 종교정책에 반기를 든 개혁파들은 종교적 갈등을 내란으로 몰고 갔다.

그 내란의 결정적인 원인은 지나치게 종파에 치우쳐 있던 왕의 의도적인 행동에서 비롯되었다. 왕이며 대제사장직을 겸한 그는 여느 때와 같이 초막절을 맞아 예루살렘 성전에서 제사를 드렸다. 그때 그는 의도적으로 제단에 붓는 제주祭酒를 자신의 발에 부었다.

이것은 바리새파를 거부하고 사두개파를 더 존중한다는 뉘앙스가 숨어 있었다. 이 모습을 본 바리새파는 왕의 행위에 불만을 품고 자신들 손

에 들린 레몬Citron을 왕에게 던지면서 그를 비난하며 조롱했다. 결국 이렇게 시작된 종교적인 갈등은 내란으로 이어지면서 전국적으로 확대되었다.

얀네우스가 이 내란을 진압하는 데는 약 6년이 걸렸다. 이 사건으로 바리새파 유대인 5만 명의 사상자가 생겼다. 바리새파의 유대인 반란군은 얀네우스 군대에게 크게 패하자 적국인 셀레우쿠스 왕조의 데메트리우스 3세Demetrios III Eucaerus(재위 주전 96-87)를 찾아가 지원을 요청하게 된다.

시리아를 통치하고 있던 셀레우쿠스 왕조는 이 절호의 기회를 놓칠 리가 없었다. 셀레우쿠스 왕조는 하스모니안 왕조에게 밀려 잠시 이스라엘을 포기하고 있었던 상태였다. 셀레우쿠스 왕 데메트리우스 3세는 발빠르게 대군을 이끌고 이스라엘 반란군들과 연합한다. 이들은 얀네우스 군대를 사마리안 주변에 있는 세겜Schechem에서 단숨에 격퇴시켰다.

진퇴양난에 빠진 얀네우스는 반란군들을 피해 급히 가까운 산으로 도망쳐야만 했다. 종교 분쟁으로 시작된 내란은 결국 나라를 위기에 빠뜨렸다. 유대인들은 또다시 시리아의 셀레우쿠스 왕조에게 이스라엘 통치를 맡기든지, 아니면 얀네우스를 따라 조국의 회복에 나서든지 양자택일을 해야 했다.

반란을 일으켰던 일부 주동자들은 조국이 남의 손에 넘어가는 것을 원하지 않았다. 반란 주동자들이 자진하여 약 6천 명의 동조 세력을 이끌고 얀네우스에게 돌아옴으로써 힘의 균형이 얀네우스에게 기울어지자 그 힘을 이용하여 얀네우스는 어지러웠던 내란을 종결시켰다.

내란이 종결되자 얀네우스는 적국인 셀레우쿠스에게 가담한 반란군을 색출하여 처단했다. 이 과정에서 약 8백 명을 십자가에 매달았다. 이 뿐 아니라 얀네우스는 잔치를 즐기며 반란군과 그 족속들까지 참수시켰다. 심지어 피가 잔칫상에까지 튀기는 참혹한 모습들을 눈여겨보았다. 이러한 내용은 역사학자 요세푸스의 기록과 쿰란 사본의 문서를 통해 전해 내려오고 있다.

왕으로서의 얀네우스는 국력을 배양하고 국토를 확장하여 국가의 명예를 회복한 업적이 크지만, 대제사장직은 바르게 수행하지 못했다. 알고 보면 내란이 발발한 것도 그가 예루살렘 성전에서 실수한 제사 의식에서 비롯되었다. 또한 얀네우스왕이 자국민에게 자행한 잔인함은 이스라엘 역사 속에 영원히 지워지지 않을 상처를 남겼다.

얀네우스는 자식들에게 왕위를 물려주지 못한 채 세상을 떠났다. 그의 아내 알렉산드리아 살로메Alexandria Salome, 재위 주전 76~67는 남편 얀네우스가 사망하자 남편을 대신하여 정치에 뛰어들었다. 그로 인하여 그녀는 최초의 이스라엘 여왕이 되는 영광을 얻게 된다. 여자로서 왕위에 오르는 것 자체가 전례가 없는 파격적인 일이었다.

본인 스스로 여왕으로서 보좌에 앉을 수는 있었으나 대제사장이 된다는 것은 유대인들에게 결코 용납될 수 없었기에 큰아들 자 힐카누스 2세 John Hyrcanus II, 주전 75~66까지 대제사장으로 있다가 주전 67~40 재위에게 대제사장직을 임명하고 둘째 아들 아리스토불루스 2세재위 주전 66~63에게는 군사 통치권을 부여했다. 하지만 둘째 아들은 모친의 정치적 권한에 반기를 들었다. 형 대신 자신이 대제사장직을 수행하고 싶은 욕망이 가득했다.

그녀는 아들을 대신하여 10여 년간 섭정을 했다. 살로메가 이스라엘을 통치했던 시기는 대체로 평화로웠다. 그녀는 72세의 나이로 임종을 맞는다. 나라를 섭정하던 모친이 사망하자 장남 잔 힐카누스 2세가 왕좌에 앉게 되었다.

형이 왕위에 오르자 동생 아리스토불루스 2세는 즉시 반란을 일으켰다. 오래전부터 품어온 모친에 대한 불만과 형에 대한 미움이 표출된 것이다. 그는 군사들을 이끌고 형을 몰아내고 왕위를 쟁탈하는 데 성공한다.

친동생의 반역으로 치욕을 당한 잔 힐카누스 2세는 무기력하게 주저앉아 있을 수만은 없었다. 그는 부친(알렉산더 얀네우스) 밑에서 총사령직을 역임한 바 있는 안티파터Antipate와 연합하여 동생에게 대항하기로 결심한다.

오래전부터 잔 힐카누스 2세와 친분이 두터웠던 안티파터는 이두매 Idumaean 출신이었다. 이두매는 남쪽 유다 지방 밑에 있는 사해바다와 아쿠바 만Gulf of Aqaba 사이에 있는 지역이다(히브리 성경에는 에돔Edom 지역으로 기록되어 있음). 타고난 정치적 처세술을 가진 안티파터는 자신의 두 아들을 정치계에 입문시키는 데도 큰 역할을 하게 된다.

훗날 큰아들 파사엘Phasael을 예루살렘을 관장하는 행정관으로 등용시키고, 둘째 아들 헤롯Herod(재위 주전 37~주후 4)을 유대인의 왕으로 만드는 데 결정적인 기여를 했던 인물이다. 안티파터와 손을 잡은 잔 힐카누스 2세는 야심에 차 있는 동생을 단숨에 몰아내고 왕권과 대제사장직을 다시 회복했다.

잔 힐카누스 2세의 왕위는 주전 40년까지 지속되었다. 로마의 폼페이 Pompey가 그리스를 물리치고 이스라엘을 점령할 때가 주전 63년경이고, 막 안토니가 이스라엘에 도착한 해가 40년경이다. 주후 63년 이후부터는 로마제국이 이스라엘을 장악하게 되었다.

여기서 잠시 당시의 주변 정세를 살펴보면, 이스라엘의 지배국인 로마제국은 삼두정치(쥴리어스 카이사르, 폼페이우스, 크라수스 : 스파르타쿠스의 노예반란을 진압한 영웅)에 휩쓸려 내란에 휩싸였다. 그 와중에 주전 53년 크라수스는 카르하이 전투Battle of Carrhae에서 파르티안Parthian 군에 계략에 휩쓸려 살해당했다.

폼페이우스는 주전 48년 9월에 이집트에서 암살당했고, 쥴리어스 카이사르Julius Caesar(임시 재위 주전 49~44) 역시 주전 44년 3월 15일에 부하 장수에게 살해당했다. 그 뒤로 로마제국의 제2차 삼두정치(옥타비아누스, 마르쿠스 안토니우스 · 레피두스: 쥴리어스 카이사르의 최고부관)가 시작된다.

이집트를 비롯하여 시리아와 이스라엘은 마르쿠스 안토니우스Marcus Antonnius(재직 주전 54~30) 장군이 관할했다. 하지만 마르쿠스 안토니우스는 클레오파트라와 깊은 사랑에 빠져 시리아와 이스라엘의 통치를 등한시하였다.

이때 이란 북동쪽 국가인 파르티안의 왕 오르데스 2세Orodes II(재위 주전 57~38)는 주전 40년경 시리아를 정복하고 그 여세를 몰아 이스라엘까지 침입해 들어갔다. 하스모니안 왕가의 내란은 이때까지도 확실하게 종결되지 않은 상태로 남아 있었다.

잔 힐카누스 2세가 몰아낸 아리스도불루스 2세는 자신의 아들 안티고누스Antiqonus Mattathias(재위 주전 40~37)와 함께 복수할 날만 손꼽아 기다리고 있었던 상태였다.

로마제국만을 의지했던 잔 힐카누스 2세는 갑자기 닥친 파르티안의 공격에 대비할 수 있는 시간적 여유가 없었다. 이 틈을 이용한 안티고누스는 파르티안의 왕 오르데스 2세와 연합하여 잔 힐카누스 2세를 다시

안티오쿠스 4세

대제사장 요나단

아리스토블루스 2세

힐카누스 2세

공격하기 시작한다.

안티고누스는 여러 해부터 삼촌(잔 힐카누스 2세)에 대한 보복을 철저하게 준비하고 있었다. 파르티안과 연합한 안티고누스는 생각 이상으로 큰 성과를 거두었다. 잔 힐카누스 2세를 손쉽게 몰아내고 옛 가문의 영광을 다시 회복하고야 말았다.

파르티안의 후원을 받은 안티고누스는 순식간에 기존 세력들을 몰아낸 후 삼촌을 사로잡아 두 귀를 잘라 버렸다. 요세푸스에 따르면, 안티고누스가 삼촌의 귀를 물어뜯었다는 기록이 있다. 두 번 다시 제사장이 될 수 없도록 장애인으로 만든 것이다. 그 후 잔 힐카누스 2세는 페르시아로 끌려가 온갖 고생과 수치를 당한 후 돌아오게 된다.

하스모니안 왕가는 형제들의 분쟁 등으로 끊임없는 내란에 휘말렸다. 이들은 서로를 원망하며 더욱 쇠퇴해 가고 있었다.

헤롯 대왕의 출현과 난무하는 대제사장 임명식

왕위를 장악한 안티고누스는 삼촌을 도왔던 안티파터 일가를 숙청하기 시작했다. 삼촌의 군대장관이었던 헤롯의 아버지 안티파터는 주전 43년경에 살해당한다. 그의 큰아들 파사엘은 스스로 목숨을 끊고 말았다. 위험에 처한 둘째 아들 헤롯은 가족들을 피신시킨 후 발 빠르게 로마로 피신했다.

이때, 목숨을 걸고 탈출한 헤롯에게 뜻하지 않던 행운이 기다리고 있었다. 로마의 원로원은 자신들의 적인 파르티안과 안티고누스를 견제하기 위하여 헤롯을 유대의 왕으로 임명할 수밖에 없는 상황이었던 것이다 (주전 37). 이는 안티고누스를 대신할 하스모니안 왕가에 왕위를 이어 갈 왕자가 특별히 없었기 때문이기도 했다.

헤롯이 유대인의 왕으로 임명받게 된 또 다른 이유는 바로 그의 부친 안티파터의 업적 때문이다. 안티파터는 쥴리어스 카이사르가 폼페이우스에 대항할 때 카이사르를 적극적으로 지지하여 큰 업적을 세웠다. 따라서 로마 원로원들은 안티파터에게 로마 시민권까지 선사했다. 그 밖에 많은 세금면제와 영예 훈장까지 포상한 적이 있었다.

헤롯은 아버지의 공적에 힘입어 로마 원로들에 의해 유대인의 왕으로 임명받았다. 그는 이스라엘에 돌아온 즉시 부친의 원수인 파르티안과 안티고누스를 물리치기 위한 치열한 전쟁을 시작했다. 로마를 등에 업은 헤롯은 파르티안인들에 대한 무차별 공격을 개시하며, 안디옥까지 퇴각한 안티고누스와 최후의 결투를 벌였다. 결국 안티고누스가 헤롯의 손에 죽임을 당하므로 하스모니안 왕가는 몰락의 위기에 처하게 된다.

주전 167년경에 맛디아의 단호한 결단에서 비롯된 마카비 혁명은 주전 37년 안티고누스의 죽음과 함께 하스모니안 왕족도 종말을 고하고 있었다. 약 130년간 유지해 왔던 하스모니안 왕가가 무너지고, 헤롯의 출현으로 이스라엘에 새로운 왕족이 시작되는 순간이었다. 잔 힐카누스 2세의 손녀 마리암네Mariamne 공주와 재혼한 헤롯은 하스모니안 왕가를 보호하는 듯했으나 몇몇 직계 가족만을 남겨 놓은 채 정통 하스모니안 왕조의 일가를 조금씩 제거해 갔다.

헤롯은 유대인의 왕이 되자마자 제일 먼저 대제사장식을 직접 선출하기 시작했다. 그는 반半유대인으로서 대제사장이 될 수 없었다. 때문에 그동안 전통적으로 내려왔던 대제사장직의 세습제도, 임명권, 평생 임기제도를 단일 임기제로 법을 바꾸어 버렸다. 오랫동안 하스모니안 왕가에서 유지해 왔던 대제사장직의 전통을 완전히 무시해 버린 것이다.

왕위를 쟁탈한 헤롯은 먼저 바벨론 출신의 무명의 제사장 하나넬Ananel을 대제사장으로 임명했다. 그러나 부당한 임명에 하스모니안 왕가들의 반발이 심했다. 헤롯은 어쩔 수 없이 자신의 처남이자 하스모니안 혈통인 아리스토불루스Aristobulus를 대제사장으로 임명할 수밖에 없었다.

헤롯은 하스모니안 왕가의 청을 들어 주는 듯했으나 다른 음모를 꾸며 처남을 여리고에 있는 겨울 궁전에서 살해한다(주전 35). 그 후 하나넬을 대제사장으로 재임명하는 등 원칙 없이 인사권을 제멋대로 휘두르고 있었다.

또 한번은, 시몬이라는 제사장에게 미모의 딸이 있었다. 그녀를 취하기 위해 시몬에게 대제사장직을 선물하기도 했으나 그도 곧 쫓아냈다. 헤롯이 주전 4년에 죽자 그의 세 아들이 이스라엘을 통치했다. 헤롯의 아들 아켈라오도 유다 지방을 9년간 통치하면서 세 번씩이나 대제사장을 바꿔버렸다.

헤롯 대왕이 죽으면서 이스라엘 국토는 왕의 통치권에 있지 않고 로마 총독에 의해 다스려진다. 초기에 발령된 로마 총독들은 대제사장의 권한을 로마제국의 통치하에 국한시켰다. 따라서 유대인들이 중요시하는 대제사장 직분에 대해서는 별다른 관심이 없었다. 다만 대제사장직을 원하는 일부 유대인만이 총독에게 대제사장직 권한을 임명받기 위해 아부하고 있었을 뿐이었다.

하지만 차후에 파견된 유다 총독들은 대제사장직의 권한을 중요시하는 유대 사회구조를 파악하게 된다. 따라서 총독을 돕는 자는 누구든지 대제사장이 될 수 있는 기회가 많아지기 시작했다. 예수님 시대 이전부터 정통성 있는 레위 지파에서 더 이상 대제사장이 선출될 수 없었다.

앞에서 언급했듯이 요나단(재임 주전 160~143) 시대 이후 아론의 계열의 대제사장직은 사라지고 말았다. 그러므로 유다 총독에게 많은 뇌물을 주면 그의 권한으로 누구나 대제사장이 될 수 있는 관례가 이어지고 있던 것이다.

예수님 당시 예루살렘의 대제사장은 가야바가 맡고 있었다. 가야바는 안나스Annas의 사위이다. 안나스는 세스Seth의 아들로서 주후 6~15년

동안 대제사장직을 지냈다. 대제사장직은 안나스의 아들들로 계승되었으나, 18~37년 동안은 그의 사위인 가야바가 대제사장 직분을 장악했다.

가야바는 장인이 사들인 대제사장직을 이어받아 장인의 꼭두각시 노릇을 하게 되었다. 예수님 당시 제사장들의 부패와 타락은 극에 달하고 있었다. 로마정부와 결탁한 이들은 의도적으로 가혹한 성전세를 징수하였다. 이들은 제사장 신분을 유지할 돈을 마련하기 위해 온갖 부정을 자행하고 있었다.

대제사장직의 완성

그런 이유로 예수님은 유대인의 명절 때마다 성전에 가서서 제사장들의 타락과 부정을 많은 백성들 앞에서 보란 듯이 책망했다. 질책과 책망에 시달리고 있었던 가야바는 어떻게든지 예수님을 죽이려고 음모와 계략을 꾸미게 된다.

예수님은 이러한 가야바의 음모를 다 알면서도 마치 완전한 패배자처럼 그의 계략에 조금씩 휘말려 주셨고, 마침내 큰 죄인처럼 골고다 언덕에서 십자가에 못 박혀 처참하게 돌아가시고 만다. 예수님이 골고다 언덕에서 운명하는 순간 다섯 가지 이상한 사건이 거의 동시에 일어났다. 성전 휘장이 위에서 아래까지 두 폭으로 찢어지고, 땅이 흔들리고, 바위가 갈라지고, 무덤이 열리고, 잠자던 많은 성도의 몸이 살아났다(마 27:51, 막 15:38, 눅 23:45).

이 사건들 중에서 가장 핵심적은 사건은 성전의 휘장이다. 휘장이 둘로 찢어졌다는 것은 예수님의 구속사역의 완성을 보여 주신 하나의 증표가 되기 때문이다. 휘장은 성소와 지성소 사이에 있던 문(커튼)과 같은 것이었다. 성소에서 휘장을 열고 안으로 들어가면 지성소가 나온다. 이 휘장은 일 년에 단 한 번 대속죄일에 대제사장만이 사용할 수 있었다. 그런데 예수님이 운명하실 때 엄청난 지진과 함께 휘장이 위에서 아래로 찢어져 둘로 나누어졌다.

이러한 모습은 예수님께서 숨을 거두실 때 하나님을 향해 소리 지르시고 세상을 떠나신 모습과 매우 흡사하다. 휘장이 위에서 아래로 찢어지듯 그의 영과 육이 위아래로 나뉘어 갔다. 이것은 우연이라고 하기에는 너무나 극적이며 절묘한 장면이다. 육체가 고난을 당하는 모습은 어린양이 인간의 죄를 위해 속죄제로 드려지는 모습과 유사해 보인다.

신약의 기자들은 이를 주님 자신이 인류를 향한 대속죄를 대신하신 것으로 표현했다. 이것을 예수님의 몸과 휘장으로 연결해 보면, 예수님의 죽음은 인간의 대속물이고, 휘장의 찢어짐은 하나님과 인간의 장막을 없애 버린 것이다. 즉 예수님의 몸이 곧 지성소의 휘장을 의미하는 말씀과 일치한다.

"그 길은 우리를 위하여 휘장 가운데로 열어 놓으신 새로운 살 길이요 휘장은 곧 그의 육체니라(히 10:20)." 이후부터 성소와 지성소의 구분이 없어지고 그리스도 예수의 이름으로 하나가 되기 시작했다.

이는 또한 이사야 선지자가 예수님을 도수장에 끌려가는 어린양으로 표현한 내용과도 일치한다. "그가 곤욕을 당하여 괴로울 때에도 그의 입을 열지 아니하였음이여, 마치 도수장으로 끌려가는 어린양과 털 깎는 자 앞에서 잠잠한 양같이 그의 입을 열지 아니하였도다(사 53:7)." 예수님 자신 스스로 도수장에 끌려가 죽임을 당하므로 대제사장직을 완수하신 것이다.

그전에는 오직 대제사장만이 속죄양을 잡아 그 피를 뿌리며 민족의 죄를 사하는 제사를 지내야만 했다. 그런데 예수님 스스로가 속죄의 어린양이 되시면서 친히 대제사장직을 수행하셨다. 왜냐하면, 일 년에 한 번 대제사장만이 들어갈 수 있는 지성소의 휘장을 몸소 찢으셨으며, 예수님 자신이 어린양이 되어 모든 제사의식을 완벽하게 성취하셨기 때문이다.

신구약의 모든 제사는 공식적으로 여기서 끝났다. 예수님이 십자가 위에서 모든 것을 "다 이루었다"고 말씀한 내용이 여기에 적용된다(요 19:30). 예수님 자신이 어린양으로 죽으셔야 했던 특별한 이유가 있었다.

그 이유를 크게 세 가지로 요약해 본다면, 인간과 하나님의 관계를 회복하는 중보의 사역으로서의 역할, 죽음의 세력을 잡고 있던 사탄의 계략을 멸하시는 권세, 대제사장직을 완수하기 위한 목적이셨다(히브리서 2장). 이 세 가지 기능을 완성하기 위해서는 어린양이 되어야 했다.

그런데 어린양은 반드시 대제사장 손에 죽임을 당해야만 했고, 또한 완전히 죽어야 했다. 만일 대제사장이 아니라 타인이 예수님을 죽였다면 어린양의 속죄의 의미도, 하나님과 인간 사이의 중보의 역할도 대제사장의 직분을 수행할 수도 없이 무의미한 죽음으로 남겨지게 된다. 왜냐하면, 대제사장만이 속죄를 할 수 있는 절대적 권한이 있었기 때문이다. 예수님은 대제사장의 손에 죽임을 당한 어린양으로 인하여 속죄가 가능했다.

따라서 예수님 자신이 어린양이 돼야만 죽음의 권세를 물리칠 수 있었다. 또한 대제사장직을 이어받은 마지막 대제사장이 될 수 있었다. 결국 예수님을 십자가에 못 박히게 한 것은 총독 빌라도가 아니라 대제사장 가야바였다. 그러므로 멜기세덱의 반차를 따른 예수님은 대제사장이라 칭하심을 받게 되신 것이다(히 5:10).

그 후 예수님 자신이 대제사장직을 완수하고 하늘로 승천하신 뒤 그 어떤 제사나 희생도 하나님께 드릴 필요가 없게 되었다. 그동안 구약에 있었던 모든 제사가 완벽하게 종결된 것이다. 예수님 자신이 영원한 대제사장으로 지상의 사역을 완성하셨기 때문이다. 하지만 제사장이라는 인간 군상들 앞에 놓인 현실은 달랐다.

대제사장 직책은 누구나 다 한 번쯤 오르고 싶고 지키고 싶은 욕망의 자리였다. 따라서 그들의 눈앞에 놓인 욕망은 예수님을 처형한 것만으로는 만족할 수 없었다. 인류의 구세주를 죽인 제사장들의 관심사는 오직 대제사장직만을 유지하기 위한 것뿐이었다.

예수님의 죽음은 이들에게 있어서 당연한 일이었다. 마땅히 처형해야 하는 장애물을 제거한 것으로 취급했다. 하지만 그들의 착각은 오래갈 수 없었다. 그들은 아브라함 때부터 시작된 이스라엘의 찬란한 역사가 세상에서 사라지는 날이 다가오고 있음을 알지 못했다. 이집트의 바로 왕의 장자가 죽을 때 소리 없이 찾아든 죽음의 안개가 이스라엘 백성들에게도 서서히 스며들기 시작했다.

예수님의 승천 후 유대인들은 로마의 통치를 반대하며 끊임없는 반란과 저항을 계속했다. 하지만 반란과 저항의 결과는 조국을 멸망의 길로 더욱 몰아넣는 꼴이 되고 말았다.

마침내 최후의 날이 찾아왔다. 주후 70년경 로마군에 의해 헤롯 성전이 파괴되는 비극의 시작으로 이들의 종말은 문턱을 넘고 있었다. 이스라엘 백성들은 그들의 생전에 다시는 조국 땅을 밟지 못할 비운이 스며들고 있었던 것이다.

이런 와중에도 일부 제사장들은 로마가 그들의 직분을 지켜 주고 영구적으로 유지시켜 줄 것으로 믿었다. 그러나 135년 로마 황제 하드리안에 의해 대제사장을 비롯한 모든 유대인들이 예루살렘에서 추방당하거나 타지방으로 쫓겨나야 했다.

나라와 성전을 잃은 후에 대제사장직이 무슨 소용이 있으며, 권력과 부귀가 무슨 소용이 있단 말인가? 모든 것이 다 부질없는 짓이었다. 성전이 없는 이들에게 더 이상의 어떤 제사도, 어떤 희생 제물도, 어떤 의식도 진행될 수 없었다. 이스라엘 역사 속에서 모든 제사는 영원히 사라지고 만 것이다. 아론으로부터 시작된 대제사장직은 주후 135년을 말년으로 이렇게 종말을 고하고 말았다.

둘째, 선지자(예언자)의 기원과 종말

앞에서 살펴본 바와 같이, 대제사장 직분은 이스라엘이 멸망하면서 종지부를 찍었다. 그렇다면 선지자는 언제까지 그 직책을 유지할 수 있었을까? 성경에 선지자란 단어가 처음 등장한 곳은 창세기 20장 7절이다.

"이제 그 사람의 아내를 돌려보내라. 그는 선지자라 그가 너를 위하여 기도하리니 네가 살려니와 네가 돌려보내지 않으면 너와 네게 속한 자가 다 반드시 죽을 줄 알지니라." 그랄의 왕 아비멜렉이 사라를 취했을 때 하나님이 꿈속에서 아비멜렉에게 아브라함을 선지자라고 소개하고 있는 말씀이다.

본격적인 선지자의 모습은 사무엘을 통해 부각되기 시작한다. 성경은 시대의 변천 과정에 따라 예언자 또는 선지자의 역사를 명백히 나열해 가고 있다. 이스라엘 역사 속에 존재한 선지자들은 크게 대선지자와 소선지자로 분류할 수 있다.

대표적인 대선지자는 이사야, 예레미야, 에스겔, 다니엘 등을 들 수 있다. 소선지자로는 호세아를 비롯해서 미가, 나훔, 하박국, 말라기 등을 들 수 있다(요엘, 아모스, 오바댜, 요나, 스바냐, 학개, 스가랴도 소선지자에 속함). 말라기서가 구약의 마지막 책이라 해서 구약의 마지막 예언자를 말라기라고 말할 수는 없다. 성경은 마지막 예언자를 침례(세례) 요한으로 소개하고 있다.

〈마태복음〉 11장 13~14절을 보면, "모든 선지자와 율법이 예언한 것은 요한까지니 만일 너희가 즐겨 받을진대 오리라 한 엘리야가 곧 이 사람이니라."라는 내용이 있다. 엘리야라 불리는 침례(세례) 요한이 이스라엘의 마지막 예언자이다. 이후 성경은 더 이상 예언자 또는 선지자에 대한 기록을 찾을 수 없다.

물론 신약시대에 안디옥 교회를 비롯하여 다른 곳에도 선지자들이 있었다. 하지만 구약시대의 선지자와는 다른 의미를 갖고 있다(행 13:1). 신약시대에서 말하는 선지자의 역할은 개인 또는 교회에 한정되었다.

구약시대의 선지자 또는 예언자의 역할은 국가나 민족을 상징하는 대표성을 띠고 있었다. 따라서 신약시대의 마지막 선지자를 침례 요한으로 간주한다. 다만 한 가지 주후 132~135년에 제2차 유대인의 반란 때 이스라엘 백성들은 바르 코크바를 선지자 또는 메시아로 인정하려 했었다.

그러나 그가 이끄는 반란군으로 인해 모든 유대인들은 본국에서 추방당하거나 예루살렘에서 영원히 쫓겨나야만 했다. 망국의 서러움과 유대인이라는 이유로 엄청난 고통과 쓰라린 아픔을 그들의 가슴속에 안겨 준

채 말이다.

즉, 바르 코크바는 뛰어난 독립 혁명가로 평가받을 수는 있을지 모르나 결코 메시아나 선지자로 볼 수는 없다. 오히려 그가 이끄는 혁명의 실패는 디아스포라(헬라어로 '분산' 또는 '이산')의 원인을 제공했을 뿐이다.

셋째, 왕의 기원과 종말

통일왕국 시대

끝으로 유대인 왕의 기원과 종말을 살펴보면서 왕들을 향한 하나님의 섭리와 뜻을 알아보자. 이스라엘의 통일왕국 시대는 초대 왕 사울(재위 주전 1050~1010)로 시작하여 다윗(재위 주전 1010~970)과 솔로몬(재위 주전 970~930)까지를 말한다. 이스라엘 통일 왕국은 불과 120년 만에 남북으로 분단되는 아픔을 낳으면서 복잡한 왕조의 시대로 탈바꿈하게 된다.

분열 왕국시대

이스라엘의 역사를 다 서술할 수 없기에 핵심적인 부분들만을 요약해서 소개하려고 한다. 솔로몬 왕이 죽자 그의 아들 르호보암이 왕위를 이어 이스라엘을 통치하게 되었다. 이때 여로보암이 이집트에 잡혀갔다 돌아와 10지파의 지지를 받아 북이스라엘을 세운다.

두 왕국이 거의 동시에 탄생되면서 이스라엘은 남북으로 분단되어 갔다. 이렇게 시작된 북이스라엘은 253년간 19대 왕 호세아를 끝으로 주전 722년에 앗시리아 왕 사르곤 2세에 의해 멸망당하고 만다.

북이스라엘이 멸망한 후 남유다 왕국도 300년간 20대 왕조를 이어 가다가 결국 바벨론의 왕 느부갓네살에게 점령당한다. 바벨론 왕은 남유 다의 마지막 왕 시드기야 앞에서 그의 아들을 처형하고, 그를 바벨론으로 끌고가 그곳에서 한 많은 생을 마감하고 만다(왕하 25:4-7). 사울이 통일 왕 국을 시작할 때가 주전 1050년경으로 본다면, 남유다 멸망(주전 586)까지 는 대략 464년 동안 유지된 셈이다.

이스라엘 주변 국가의 역사를 요약하면, 끝없는 전쟁의 소용돌이로 인해 역사의 주인공들이 수없이 바뀌었다. 앗시리아는 바벨론에 의해 역 사 속으로 사라졌고(주전 612), 바벨론은 바사(페르시아)에 의해 패망했으 며,(주전 539), 페르시아는 그리스에게 멸망당했다(주전 330).

시리아의 셀레우쿠스 왕조가 이스라엘을 통치하고 있을 때 하스모 니안 왕조(주전 167)의 전신인 마카비 혁명이 일어났다. 이 혁명으로 주전 164년에 종교의 자유를 얻었다. 유다의 뒤를 이어 그의 형 시므온이 이 끌 때에는 독립 국가 형태를 갖추었다(주전 142~135).

당시 시리아의 셀레우쿠스 왕조는 왕권 다툼으로 내분이 일어나 이스 라엘의 통치권을 계속 행사할 수 없게 되어 시므온은 어부지리로 독립을 하게 되었다.

회복된 왕권 정치

그 후 주전 104년에서 103년경에 아리스토불루스 1세 때에 다시 왕 이라는 호칭이 불리게 되었다. 남유다가 멸망한 후 약 482년 만에 왕의 제도가 회복되었다. 이 왕의 제도는 하스모니안 왕가에 이어 헤롯 왕의 후손들까지 내려간다.

헤롯은 주전 37년에 왕이 되어 주전 4년까지 약 33년간 이스라엘을 통치했다. 헤롯 대왕이 사망한 뒤 그의 후손들은 이스라엘을 네 등분하여 서로 나누어 지배했다. 이때를 분봉왕 시대라고 한다.

헤롯의 혈통의 마지막 왕, 즉 이스라엘의 마지막 왕은 그의 증손자 헤롯 아그립파 2세였다(행 26:28). 그는 헤롯 가문의 왕들 중 가장 오랫동안 보위를 지킨 왕이다. 그는 주후 44~92년의 약 50년 가까이 보위를 지키기는 했다.

하지만 왕에 오를 때부터 실질적인 통치 권한은 로마의 총독에게로 넘어갔다. 그나마 유지되었던 명목상 왕의 자리마저 로마 베스파시안 황제의 아들인 티투스Titus Flavius Vespasianus(재위 79~81)가 예루살렘을 점령하면서 유대인의 왕권은 점차 사라지기 시작했고, 마침내 제2차 유대인 반란(바르 코크바)으로 인해 기원하던 왕권의 회복은 영원히 기약을 알 수 없게 되었다.

물론, 주후 천 년이 지난 다음 제1차 십자군 시대에 발드윈 1세가 1100년에 크리스천으로서는 처음으로 예루살렘 왕이 된 역사가 있다. 하지만 그는 유대인의 왕은 아니었다. 사실상 유대인의 왕은 바르 코크바 반란 이후 역사 속에 사라져 갔다.

이스라엘이 멸망하고 1800년이 지난 후 1948년에야 비로소 이스라엘이 시오니즘 운동을 통해 독립을 선언하여 나라를 회복하지만, 왕은 회복되지 않았다. 왕뿐만 아니라 제사장, 예언자 제도 역시 부활되지 않았다. 주후 135년 이후부터 지금까지 이 세 가지 기능은 완전히 정지된 상태에 있다. 왜 이런 일이 발생한 것일까?

다시 언급하지만, 기름부으심을 받은 메시아이신 그리스도께서 이 세 가지 직분 — 제사장, 선지자, 왕 — 의 사역을 완전히 종결하셨기 때문이다. 따라서 이스라엘 땅에서는 더 이상의 왕도, 제사장도, 예언자도 존재할 수 없게 된 것이 틀림없다.

이스라엘 정부도 왕권 회복이야 국제적 시대의 흐름에 따라 재도입하지 않는다고 치자, 그렇다면 대제사장이나 선지자 제도에 대한 어떠한 해명도, 대처할 수 있는 어떠한 제안도 내놓지 않고 있는 사연은 어디에 있는 것일까?

다만 이스라엘 국가는 1948년에 독립을 선언했을 때, 왕 대신 초대 대통령 와이즈만(카임 바이츠만Chaim Weizmann(1874~1952)과 초대 수상 벤구리온David Ben Gurion(1886~1973)을 선출하여 새로운 국가 제도를 창시했으며, 제사장 대신 랍비들이 회당에서 율법을 가르치는 것으로 대치하고 있을 뿐이다.

예수님은 온 세상의 죄를 대속하기 위하여 이스라엘의 어느 초라하고 작은 한 동굴에서 탄생하셨다. 예수님께서 메시아로서 속죄양이 되시려고 하나님의 종의 자격으로 이 세상에 오셨다. 베들레헴에서 시작된 복음은 이방인들에게는 구원을, 인류에게는 생명의 빛을, 유대인들에게는 회개의 기회를 준다.

동방박사들이 아기예수를 경배하며 드렸던 예물들은 단순한 이스라엘 왕으로 오신 예수를 경배한 것이 아니었다. 전 인류를 구원하기 위해 오신 구세주인 예수 그리스도를 경배하기 위한 역사적 사건이었다.

예수님의 탄생은 온 세상을 찬란하게 비추는 하늘의 빛이며 구원과 생명의 빛이다. 태양이 뜨면, 어두움이 물러간다. 이 빛들로 인하여 신구

약 중간 시대의 흑암의 세상이 끝나고, 예수 그리스도 탄생과 함께 빛의 시대가 도래했다. 예수님의 구속사역은 이렇게 베들레헴에서 출발하여 북쪽 지역에 자리하고 있는 나사렛으로 옮겨진다.

성경이 보인다

이스라엘 지형은 거대한 대륙을 이어 주는 지형적 특성을 띠고 있다. 따라서 앗시리아, 바벨론, 페르시아, 이집트, 그리스제국을 지나 로마제국에 이르기까지 끊임없는 외부 세력이 이스라엘을 침입해 왔다. 이러한 강대국들이 유럽, 아시아, 아프리카를 차지하기 위해서는 이스라엘 지역을 반드시 통과해야만 했다.

고대 로마제국이 지구상에서 최대의 대륙을 이어 주는 이스라엘을 자신들의 속국으로 삼았던 이유가 여기에 있었다. 이스라엘 땅을 속국으로 삼은 로마인들은 유대인들을 박해하며 심한 횡포를 일삼았다. 이들의 횡포는 약 250년간 지속되었으며, 거의 700년 이상 지속적으로 이스라엘을 지배해 왔다.

그러나, 로마제국의 속국이 된 이스라엘에게는 다른 지배국들과는 다른 점이 있었는데, 온갖 박해 속에서도 신앙을 포기하지 않았다는 것이다. 어떠한 풍파가 있어도 포기할 수 없는 유일신 사상은 유대인들의 정신적 토대였다. 유일신 사상을 말살하려는 로마제국과 신앙을 지켜 내려는 유대인들의 저항은 결국 유대인들의 반란으로 이어지게 된다.

유대인들은 로마제국에 맞서 세 번의 반란을 일으키며 독립을 위한 치열한 투쟁을 벌인 바 있다. 이 중 가장 중요한 두 가지 반란을 살펴보자.

제1차 유대인의 반란

역사학자 요세푸스에 따르면, 제1차 유대인 반란 사건은 주후 66년 6월경에 로마인과 유대인 사이에 발생한 사소한 종교다툼에서 시작되었다. 이 사건은 지중해에 있는 가이사랴의 유대인 회당 앞 그리스 신전에서 발생했다.

주후 1세기 중반까지만 해도 이스라엘을 지배하고 있던 로마인들은 유대인들의 종교의식을 허용한 상태였다. 이들은 서로의 종교를 존중하는 의미에서 예배 시간을 달리 배려해 주었다. 사건이 일어난 그날도 여느 때와 같이 그리스 신전 앞에 로마인들의 제사의식이 거행되고 있었다.

의식을 진행하던 그리스계 로마인의 제사장은 정해진 시간에 모든 제사의식을 종료해야만 했다. 그러나 뜻밖에 제사가 지속되었다. 통역을 맡은 담당자마저 그 이유를 설명하지 않았다. 다음 의식을 준비하던 유대인 제사장은 그 영문도 모른 채 로마인의 제사가 끝날 때까지 마냥 기다리고 있었다.

기다림에 지친 제사장은 시간이 지날수록 불길한 예감에 사로잡혔다. 그때 유대인 성전 관리자인 하나니아Eliezar ben Hanania라는 사람이 신전 앞에서 기도하고 있는 로마인 사제를 방해하며 위협을 가하기 시작했다. 이로 인하여 서로의 감정은 순식간에 극대화되었다. 걷잡을 수 없게 된 감정싸움은 마침내 반란의 도화선이 되고 만다. 유대인과 로마군 사이에 발생한 종교적인 말다툼은 이렇게 시작되고 있었다.

한편 로마인들의 횡포에 반감을 품고 있던 유대인 정치 그룹이 있었다. 이들을 '열심당'이라 칭한다. 오직 조국의 독립만을 노리며 절치부심 切齒腐心하던 자들이다. 즉 밤낮으로 이를 갈며 조국 독립을 위해 헌신한 열사들이었다.

몸에 단검을 품고 다닌다고 해서 '젤롯Zealot'이라고 불리기도 했다. 유대인의 독립을 외치던 극단적인 투사들이었다. 가이사랴에서 일어난 종교적인 싸움은 이들에게 독립운동의 기폭제가 되고 만다.

이들은 종교적인 신정정치를 무력으로 이루고자 했다. 이러한 이들에게 결정적으로 유대인 반란에 기름을 끼얹은 또 하나의 사건이 있었다. 이 사건은 유대 총독 플로루스Gessius Florus의 지나친 출세욕에서 비롯되었다.

총독은 로마 황제에게 지나칠 정도로 과잉 충성을 하고 있었다. 그는 유대인들이 가장 중요하게 여기고 있던 성전에서 황금으로 된 성물의 일부를 강제로 몰수했다. 이를 지켜보고 있던 유대인들은 플로루스를 빗대어 거지가 구걸하는 것처럼 돈을 바구니에 담는 흉내를 냈다.

하루아침에 거지로 취급당한 총독은 그 모습을 보는 순간 몹시 분개했다. 참을 수 없는 수치감에 사로잡힌 그는 정예병을 동원하여 유대의 지도자를 비롯하여 많은 사람들을 체포, 구금하였다. 그래도 분이 풀리지 않은 총독은 이들을 고문하고 심지어 십자가에 처형시키기까지 했다.

결국 이러한 탄압은 강렬한 불에 기름을 붓듯 유대인 열사들에게 광복에 대한 열망을 더욱 불러일으켰다. 마침내 열사들은 로마 병사들과 정면 대결을 선포하고 나섰다. 순식간에 예루살렘을 장악하고 주변의 주둔하고 있던 로마 수비대를 몰아냈다.

로마 병사들은 갑작스런 반란에 대항할 수 있는 병력이 부족했다. 이 소식은 즉시 네로 황제에게 보고되었다. 황제는 베스파시안Vespasian(재위 주후 69~79) 총사령관과 그의 아들 디도(티투스)를 앞세워 유대인 반란 진압에 총력을 기울였다. 베스파시안은 대군을 이끌고 이스라엘 땅에 도착하자마자 반란 진압을 이유로 무고한 이스라엘 양민들을 처참하게 짓밟고 살해하는 만행을 저질렀다.

한편, 오래전부터 대제사장직은 유대 로마 총독에 의해 임명을 받아온 관계로 로마인과 깊은 결탁이 되어 있었다. 따라서 대제사장은 자신과 예루살렘 성전만큼은 로마인들의 폭압으로부터 지켜질 것으로 굳게 믿고 있었다. 그러나 그의 생각은 예상 밖으로 밀려나고 말았다.

반란 초기에 승리의 기세를 몰고 갔던 독립 투사들이 어느덧 강력한 로마군에 조금씩 위세가 밀리고 있었다. 패전하여 쫓기던 반란군들에게는 예루살렘 성전만이 그들이 은신할 수 있는 유일한 피난처였고, 결국 반란군들이 자신들의 생명을 보전하기 위해 성전 안으로 숨어들자 로마 병들은 즉시 예루살렘 성전을 에워쌌다.

이들은 대제사장의 기대와는 상관없이 반란군 토벌을 이유로 성전에 불을 지르며 유대인 반란군을 진압해 들어갔다. 반란군을 이끌었던 열심당원들은 잘 훈련된 로마병을 상대로 지속적으로 저항하기엔 그 힘이 너무 미약했다.

주님은 십자가에 달리시기 전에 감람산에서 예루살렘을 바라보시며 이런 예언을 남기셨다. "내가 진실로 너희에게 이르노니 돌 하나도 돌 위에 남지 않고 다 무너뜨리우리라(마 24:2)." 제자들과 함께 예루살렘 성전을 바라보시며 남기신 예수님의 예언은 주후 70년에 이렇게 현실이 되고 있었다.

성전이 불에 타 들어갈 때 순금으로 된 거룩한 성물들은 뜨거운 불길에 녹아 돌무더기 속으로 스며들었다. 그 혼란의 와중에도 황금에 눈이 먼 일부 군인들은 전쟁도 아랑곳하지 않은 채 돌들을 남김없이 파헤쳤다. 눈에 보이는 황금을 닥치는 대로 모두 가져가 버렸으며, 불에 탄 헤롯성전과 지성소至聖所는 얼룩진 돌무더기만을 남긴 채 잿더미 속으로 사라지고 말았다.

제1차 유대 반란은 참담한 결과를 낳았다. 예수님이 예언하신 말씀은 문자대로 돌은 돌 위에 돌 하나도 남지 않고 모두 무너져 내렸다. 약 4년간 지속된 반란은 이스라엘의 일방적 패배로 끝났다. 생존한 소수의 유대인들은 마사다Masada에 몸을 피하지만, 결국 3년을 넘기지 못하고 모두 자결하므로 전쟁은 완전히 종결된다. 전 국토는 폐허가 되고 도시는 불바다가 되었다.

제사장과 무고한 백성들은 처참하게 죽어 갔다. 이스라엘 땅은 그 반란의 실패로 베들레헴을 포함하여 전 국토가 로마에게 철저하게 유린당했다.

제2차 바르 코크바 반란

그 후 약 60년이라는 세월은 폭풍전야와 같이 고요한 시간을 보내고 있었다. 주후 130년경 로마 황제 하드리안Hadrian(재위 주후 117~138)이 이스라엘을 찾아옴으로써 고요했던 유대 땅에 또 다른 폭풍이 몰아친다.

황제는 헬라니즘을 위한 유대문화 말살정책으로 인하여 제2차 유대인 반란의 원인을 제공한다. 이스라엘에 도착한 황제가 유대인 말살정책을 치밀하게 계획하므로 불길한 징조는 도시 전체를 맴돌기 시작했다.

마침내 황제 하드리안은 예루살렘 성전 주변에 주피터Jupiter 또는 제우스Zeus의 신전을 세웠다. 유대인들은 즉각적인 반응을 표출했다. 주피터 신상에 대한 우상숭배를 강력하게 거부하며 로마 정책에 대항하며 맞섰다. 황제는 저항하는 유대인들의 정신적 토대를 송두리째 없애버리고 이스라엘을 로마에 영구히 병합하려는 정치적 음모를 꾸미게 된다.

주후 70년에 헤롯 성전이 파괴될 때 겪은 비통함이 채 가시기도 전에 또다시 환난이 찾아들었다. 하드리안 황제의 박해는 유대 민족을 죽음의 세계로 내몰아쳤다. 그전에도 로마인들은 이스라엘을 지배하면서 지나친 폭정과 과도한 세금을 부과해 오고 있었다. 이들은 지나칠 정도로 유대인들을 피폐하게 만들었다.

이전부터 계속된 로마제국의 폭정은 유대인들의 산발적인 저항을 불러오고 있었다. 이러한 소규모의 저항은 주후 120년경에 대규모 저항을 위해 응집되기 시작했다. 하지만 반란을 주도할 합당한 인물이 없어 오랜 세월을 기다려야만 했다. 그런데 마침 바르 코크바란 인물이 등장하면서 제2차 반란의 역사가 태동한다.

한편, 하드리안 황제는 성전을 파괴하고 예루살렘을 로마식으로 개조한 것만으로 만족하지 못했다. 132년에는 유대인들의 할례를 금지하는 법령을 전국에 선포했다. 특히 유대인들이 유아들에게 할례식을 행하는 관습은 라틴 문화와는 전혀 어울릴 수 없었다.

이러한 행동들은 이질적 문화로 여겨졌다. 따라서 유아들에게는 할례 의식을 행할 수 없도록 법적 금지 조항을 만들어 버렸다. 동시에 예루살렘을 '앨리아 언덕의 집'이란 의미를 담은 황제 일족의 이름을 따라 '앨리아 카피톨리나Aelia Capitolina'로 개명시켰다.

하지만 아무리 강력한 권력을 가진 황제라도 이스라엘에 남아 있는 전통을 단번에 없앨 수는 없었다. 유대인들의 할례 의식을 행하는 제도는 생각처럼 쉽게 다룰 수 있는 사건이 아니었다. 로마의 세계에서 할례는 야만의 행동으로 보았지만, 유대의 세계에서는 하나님의 계명을 지켜야 할 중차대한 관습으로 여겼다. 따라서 유대인들은 황제의 명을 거역할 수밖에 없었다.

할례 의식은 아브라함의 시대부터 내려왔다. 할례란 하나님과 이스라엘 민족 간에 체결된 상징적 계약의 표징과 같은 것이다(창 17:10-14). 할례를 받지 않은 남자는 백성 중에서 끊어진다는 모세오경에 따라 사내아이는 태어난 지 8일이 되면 반드시 할례를 받아야 했다. 이처럼 유대인의 할례의식은 오랜 전통으로 숭고하게 전해 내려오고 있었다.

이러한 할례를 금한다는 것은 유대인들의 입장에서 보면 도저히 수용할 수 없는 일이었다. 이 제도는 성전을 파괴하고 주피터 신전을 세운 것보다 더 지독한 탄압이었다. 비록 유대인들이 힘이 약하여 로마의 속국이 되었지만, 그들의 뿌리를 흔드는 이 제도는 도저히 용납할 수 없었다.

이스라엘의 지형학적 위치의 특성으로 인해 유대인들은 오랜 역사 속에서 수많은 외침과 지배를 받아 왔다. 따라서 그들이 지키고자 했던 솔로몬 성전과 같은 문화적인 유산들은 온전하게 유지하기가 어려웠지만 신앙만큼은 올곧게 지켜 냈다.

이런 유대인들에게 하나님과의 관계를 약속받은 할례의 표식은 결코 포기할 수 없는 것이었다. 내부적으로 하나님과의 관계를 유지할 수만 있다면 외부적인 고통은 얼마든지 참아 낼 수 있는 민족이 바로 유대인들이다. 따라서 할례만큼은 결코 포기할 수 없는 신앙의 원천이 된 것이다. 그러한 이유로 아브라함 시대부터 지켜 온 그들의 할례 의식은 오늘날까지 목숨과도 같이 지켜 오고 있다.

그동안 게릴라와 같이 산발적으로 저항하던 독립운동 세력은 할례금 지령으로 인해 한곳으로 응집하게 된다. 로마제국에 대항할 수 있는 세력으로 조금씩 커지게 된 것이다. 응집된 저항 세력들은 더 이상 소강상태로 있을 수 없었다. 다시 말해, 참고만 있을 수 없는 문제였다. 그들은 지체 없이 바르 코크바를 민족의 지도자로 추대하기에 이른다.

마침내 유대인들의 저항이 표출되기 시작했다. 그가 제2차 유대인 독립운동의 총책임자로 선출될 수 있었던 데는 특별한 이유가 있었다. 그 시대에 종교적으로 가장 많은 영향력을 끼치고 있었던 랍비 아키바Akiva ben Joseph가 바르 코크바를 메시아로 선포했기 때문이다.

그는 〈민수기〉 24장 17절의 "한 별이 야곱에게서 나오며 한 규가 이스라엘에게서 일어나서 모압을 이쪽에서 저쪽까지 쳐서 무찌르고 또 셋의 자식들을 다 멸하리로다."라고 한 말씀을 인용하여 그를 강력하게 지지했다.

여기서 말하는 '한 별' 또는 '한 규'는 다름 아닌 바르 코크바를 지칭한다. 랍비 아키바는 이런 의미에서 그를 유대인을 구원할 메시아로 확신한 것이다. '바르'는 아랍어로 '아들'을 뜻하며, '코크바'는 히브리어로 '별'을 의미한다. 따라서 두 단어를 결합하면 '별의 아들'이란 뜻이 된다. 랍비 아키바가 생각하는 메시아의 조건과 바르 코크바라는 이름의 소유자는 누가 봐도 논리적으로 흠잡을 데 없는 메시아였다.

훗날 출토된 은화들과 「쿰란문서(사해사본)」*에 기록된 내용들도 이를 증명해 주고 있다. 심지어 어느 『사해사본』에서는 바르 코크바가 자신을 스스로 왕자로 칭하고 있다. 이것은 바르 코크바 자신이 완벽한 메시아의 조건을 갖춘 것처럼 보여 주기 위함이었다고 생각된다.

유세비우스가 쓴 『기독교 교회사』에는 시몬 바르 코크바를 '하늘이 부여한 권위자'로 기록해 놓았다. 이것은 바르 코크바를 메시아로 규정한 표현임을 입증해 주고 있다. 이러한 내용들은 그 당시 종교 지도자들과 그의 추종자들이 얼마만큼 그를 믿고 따랐는지를 증명해 주고 있는 대목들이다.

바르 코크바의 반란은 제1차 때의 반란보다 더욱 조직적이며 치밀한 계획 속에 이루어졌다. 따라서 반란 초기에는 큰 성과를 거두기도 했다. 하지만 로마정부는 제2차 반란을 진압하기 위해 잔인하기로 소문난 총독 티네이우스Tineius Rufus에게 진압의 전권을 부여한다. 그는 반란군을 진압하면서 수천 명의 남자들을 도륙했다. 심지어 부녀자들과 아이들까지 무참히 살해하고 많은 유대인들을 노예로 잡아갔다.(유세비우스, 『기독교 교회사』)

티네이우스의 초기 진압의 성과루 인해 유대인 독립군의 세력은 무력화되는 듯했다. 그러나 바르 코크바의 리더십은 쉽게 무너지지 않았다. 많은 유대 용사들과 백성들이 죽음을 당하면서도 티네이우스 총독이 이끄는 로마 군인들에게 저항하여 끝까지 싸워 나갔다.

---

* 1947년 이래 여러 차례에 걸쳐 사해의 서북쪽 연안에 있는 쿰란 지구의 동굴 등지에서 발견된, 히브리어로 된 구약성경.

남달리 고집과 인내심이 많은 바르 코크바는 냉정하고 강력한 지도력을 갖고 있었다. 심지어 같은 동족이라도 명령에 불복종하는 사람은 지위 고하를 막론하고 가차 없이 처단했다. 그의 권위를 대외에 과시하며 로마 군들을 더욱 위협했다. 추종자들이 두려움 속에서도 그를 믿고 최후까지 따르던 것은 그를 하나님이 보내신 메시아로 굳게 믿었기 때문이다.

또 한편으로 로마인들로부터 자유를 얻어 낼 수 있다는 희망에 부풀어 있었다. 그 당시 주조된 은화에는 예루살렘과 이스라엘의 자유의 원년이라고 새겨 놓았다. 당시의 바르 코크바의 독립운동의 명분과 상황을 간접적으로 방증해 주고 있다.

초기의 성과와는 달리 진압이 지지부진하자 로마 군인들이 새로운 대안을 모색하고 있었다. 강력한 무기와 잘 훈련된 최정예 군단은 사나운 태풍처럼 유대 땅에 질주하기 시작했다. 드디어 최후의 날이 눈앞에 먹구름처럼 다가오고 있었다.

유대 반란군들은 예루살렘에서 남서쪽으로 약 14.7km(9.1마일) 떨어져 있는 베타르Betar라는 요새에서 적들에게 저항했다. 이후 약 2년간 로마군을 상대로 목숨을 건 마지막 항쟁이 이어지게 되었다.

그 무렵 하드리안 황제는 티네이우스 총독 대신에 영국에 주둔하고 있던 세베루스Sextus Julius Severus로 대체시켰다. 그를 유대 총독으로 지명하여 팔레스타인으로 급파하였다(주후 133). 유대 지역에 파견된 세베루스는 3군단을 이끌고 진군해 들어와 베타르를 함락시키려는 전략을 치밀하게 세웠다.

그 당시 로마 1군단은 기병대 100~200명을 포함하여 5,000~6,000명의 병력으로 구성되어 있었다. 이 병력을 이용한 세베루스의 군사 전략은 매우 독특한 전법이었다. 그의 전술은 적들과 전면전을 하기보다는 조금씩 분산시켜 각개격파 전술을 사용했다.

세베루스는 팔레스타인에 도착하자마자 지형의 특성을 파악해 나갔다. 유대인들이 가장 중요하게 여기는 전초기지들을 차례로 점령해 갔다. 이러한 각개격파 전략으로 로마의 군사들은 순식간에 팔레스타인 지역을 초토화시켰다.

로마역사가 카시우스 디오Cassius Dio의 증언에 따르면, 굶주림과 질병, 방화로 인하여 유대인들은 괴멸되어 갔다고 한다. 이 참혹한 전쟁으로 인해 죽은 시체들을 묻을 자가 없을 정도였다. 심지어 몇 년간 길가에 방치된 채 짐승들의 밥이 되기도 했다. 또한 아이들을 토라 두루마리에 돌돌 감아 화장시켰다는 기록도 있다. 반란을 진압하는 로마병들의 잔인함은 말로 다 표현할 수 없었다. 이들은 다른 민족과의 전쟁에서 찾아볼 수 없는 만행을 범했다. 이것은 로마인들이 얼마나 유대인을 증오했는지를 말해 준다.

마침내 세베루스 군단은 베타르 요새에 총공격을 시작했다. 전 로마군의 맹렬한 공격은 매우 큰 성과를 거두었다. 그들이 사용한 무기는 유대인들이 가지고 있지 않는 장거리 투석기Catapult로 수많은 돌덩어리들을 투척하여 유대인들을 무력화시켰다. 돌 하나의 무게는 약 350파운드(159kg)에 이르렀고, 사정거리는 약 91m(300피트)나 되었다. 당시에는 상상할 수 없는 무기로써 소수의 반란군들을 위협했다.

이렇게 최신 전투 장비로 무장한 로마군에 저항하는 것은 중과부적衆寡不敵이었다. 다시 말하면, 적은 수로 다수를 저항하는 데 한계가 있었다. 끈질긴 투쟁에도 불구하고 결국 모든 유대 용사들은 죽음으로 내몰렸다.

성안에 갇힌 많은 백성들은 갈증과 굶주림 속에 몸부림치며 서서히 죽어 갔다. 전쟁에 지친 유대 용사들 가운데는 배고픔에 못 이겨 성을 넘는 자가 발생하기도 했다. 이탈의 조짐이 커지자, 이를 막기 위해 유대 반란군은 도주하는 동족을 살해하는 비극이 벌어졌다. 어쩌다가 도망에 성공한 자들도 로마병들에 붙들려 도륙당하는 참담한 현실이 유대인들의 눈앞에서 펼쳐졌다.

바르 코크바는 안간힘을 다해 로마병들에 저항했다. 하지만 부족한 병력과 낙후된 전쟁 장비로 대로마제국의 공격을 막아 내기란 역부족이었다. 조국을 위한 그의 죽음은 가치 있는 희생이었으나 생존하여 남은 백성들은 처절한 망국의 서러움을 당해야 했다. 135년 12월경 제2차 반란은 유대인 지도자 바르 코크바가 죽으면서 3년간의 치열했던 전투의 종지부를 찍게 된다.

세베루스는 죽은 바르 코크바의 머리를 베어 황제 하드리안에게 보냈다. 황제는 그의 머리를 물끄러미 바라보며 이렇게 혼자 말했다. "만일 그의 하나님이 그를 죽이지 않았더라면 누가 그를 죽일 수 있었겠는가." 황제는 혼자 의미심장한 말을 속삭였다. 이는 진정한 메시아를 십자가에 매달고 메시아가 아닌 자를 추종한 유대인의 어리석음을 비웃는 조소로 들린다.

이 반란으로 인해 각 지역에 있던 요새 50개가 무너졌고, 985개의 마을이 불에 탔다. 사망자는 약 58만 명에 이르고, 수많은 유대인들이 노예로 끌려갔다. 반란에 참여하지 않은 일반 백성들까지 큰 피해를 입었고, 모두 다른 지방으로 뿔뿔이 흩어지거나 추방당했다.

전쟁의 참혹한 결과는 팔레스타인을 완전히 괴멸시키는 재앙을 낳았다. 그들의 대가는 참으로 혹독하고 비참했다. 심지어 하드리안은 유대인들에게 치욕적인 수치감을 주기 위해 이스라엘을 '팔레스타인'으로 개명시켜 버렸다. '팔레스타인'이란 이름은 이스라엘 백성들이 그토록 싫어했던 '블레셋'이란 명칭에서 유래되었다. 이때부터 시작된 '팔레스타인'이란 명칭은 오늘날까지 불리고 있다.

제1차 유대인 반란은 헤롯의 성전이 파괴되는 것으로 종결되었었다. 그러나 제2차 유대인 반란은 바르 코크바로 인해 망국의 비극을 맞았다. 조국을 적들의 손아귀에 송두리째 빼앗긴 채 다시는 돌이킬 수 없는 죽음의 늪 속으로 빠져들었다. 이들은 정든 고향과 삶의 터전을 버리고 어디론가 정처 없이 떠나야 했다. 소위 유대인의 디아스포라Diaspora가 시작된 것이다.

주후 135년부터 시작된 디아스포라는 1948년까지 이어졌다. 약 1813년이란 암흑의 세월 동안 자신들의 조국 이스라엘 땅에서 추방당하게 되었다. 그들의 나라가 독립하기 전까지 이스라엘 민족은 끝없는 방랑의 역사 속에서 자신들의 국경을 오가며 헤매야 했다. 때론 조국에 돌아올 수는 있었으나 또다시 정권이 다른 손에 넘어가면 눈물을 머금고 유랑의 세월을 반복해야만 했다.

걸어서 성경 속으로
탄생교회

기적적으로 살아남은 베들레헴 탄생교회

콘스탄틴(탄생교회) 교회는 주후 339년에 화재로 인하여 붕괴되었으나, 저스티니안 황제가 교회를 재건했다. 이후 교회 건물은 끊임없이 개축되어 지금의 모습으로 바뀌었다. 그러나 이 교회가 오늘의 모습을 하기까지는 끝없는 위기와 수난이 있었다.

주후 614년에 페르시아 왕 크호스루 2세Khosru II or Khosrow(재위 주후 591-628)가 팔레스타인을 점령했다. 이 사건으로 인해 300곳 이상의 교회와 수도원이 파괴되었다. 베들레헴까지 진격한 페르시아인들에게 웅장하게 서 있는 탄생교회도 예외는 아니었다.

그런데 교회 정면에서 큰 모자이크 판화가 태양 빛에 반사되어 화려한 모습을 띠고 있었다. 이 판화는 예수님 탄생 당시 동방박사들의 모습을 담은 모자이크였다.

탄생교회 모자이크

그 모자이크에는 동방박사들이 페르시아의 전통 복장을 하고 있었고, 그 모습이 판화에 선명하게 표현되어 햇빛에 반사된 것이다. 탄생교회를

파괴하려던 크호스루 2세는 자신의 조상이 나타난 판화를 발견한 즉시 모든 계획을 중단시켰다.

　그는 자신의 조상과 관련된 성지를 감히 범할 수 없었다. 모자이크에서 조상의 흔적을 발견한 크호스루 2세는 정중하게 무릎을 꿇고 동방박사들을 경배했다. 그리고 군사를 철군시킨 후 베들레헴을 떠났다. 베들레헴교회는 전통의상을 차려입은 페르시아인들의 모습이 담긴 모자이크 판화 때문에 무사히 보전될 수 있었다.

　주후 638년에 사우디아라비아 출신인 이슬람 지도자 오마르Omar or Umar(재위 주후 634~644, 마호메트의 후계자)가 예루살렘을 함락했다. 오마르 역시 베들레헴을 점령했으나 탄생교회만큼은 손대지 않았다고 한다. 크호스루 2세의 일화를 알고 있었는지 그 또한 모자이크에 새겨진 페르시아인들을 경배했다고 한다. 그리고 남쪽의 메카Mecca를 향하여 기도한

탄생교회 모자이크

후 돌아간 일화가 있다.

탄생교회 출입문에 얽힌 사연들

현재 순례객들이 탄생교회로 들어갈 수 있는 문은 오직 하나만 남아 있다. 이 문은 다른 곳에 있는 출입문과는 달리 출입문 형태의 변천사가 탄생교회의 역사를 말해 주는 독특한 역사를 간직하고 있다. 이 문은 장구한 역사 속에 네 번에 걸쳐서 문이 작아지는 공사가 있었다.

맨 처음 문이 만들어질 때는 매우 크고 웅장해 심지어 마차가 들어갈 수 있을 정도였다. 그러나 지금은 그 당시 문의 흔적만이 옛 모습을 말해 준다. 현재 문틀을 보면 테두리가 여러 개인 것을 발견할 수 있는데, 그중 가장 바깥쪽의 윗부분에 있는 것이 저스티니안 황제 시대의 산물이다. 수평으로 크고 긴 나무상인방이 흔적으로 남아 있으나, 지금은 퇴색된 채 검은색을 띠고 있다.

두 번째로 덧대어져 작게 축소된 문에서는 중세시대 특유의 양식을 엿볼 수 있다. 더욱 작아진 세 번째 문은 아치형의 모습으로 십자군 시대에 만들어졌다.

네 번째로 축소된 현재의 문은 가로 0.6m, 세로 1.2m 높이로 낮게 만들어져 허리를 굽혀야 안으로 들어갈 수 있는 문이 되었다. 이는 오토만Ottoman 시대의 것으로 '겸손의 문The Door of Humility'이라 불린다. 누구든지 신분을 막론하고 만왕의 왕 예수께 경배하는 자세로 들어가도록 만들었다. 또한, 오토만 시대에 터키인들이 말을 몰고 신성한 교회를 출입하는 것을 막기 위한 것이었다.

탄생교회 출입문의 벽화. 오른쪽 입구 위로부터 저스티니안 황제 → 중세시대 → 십자군시대 → 오스만터키 순으로 표현되었다.

탄생교회의 구조

탄생교회는 지붕이 십자가로 설계되어 있다. 자연 동굴로 이루어진 2,000년 전 일반 주거지 형태의 동굴 모양의 집 위에 그 기초를 세웠다. 고고학자들은 1934년부터 본격적인 발굴을 시작해 교회가 지어질 당시의 기초 형태를 간직한 팔각형 구조를 발굴했다.

그 팔각형 구조는 이스라엘 북쪽 가버나움에 있는 베드로 생가의 구조와 같이 세 겹으로 둘러싸여 있었다. 헬레나가 기초를 세울 때 최초로 만든 원형의 형태였다. 그 기초 위에 화제로 무너진 교회를 저스티니안 황제가 재건하였다.

저스티니안 황제

그 후 제1차 십자군시대 라틴제국의 왕 발드윈 1세부터 근대에 이르기까지 꾸준한 보수가 이루어져 더욱 견고해졌다. 낡은 대리석 마루를 보수하고, 백향목 지붕의 썩은 부분은 납으로 수리했다. 대리석 벽에는 여러 가지 장식을 했고, 본당 회중석 앞부분을 모자이크로 단장하여 아름답게 꾸몄다.

교회의 외부는 마치 그 모양이나 형체가 중세의 요새와 같이 크고 웅장하다. 교회의 옆모습은 추가로 축조한 성채처럼 오목하고 볼록하게 요철의 모양과 같이 3단계로 되어 있다. 이러한 모습은 교회가 여러 번 나누어 보수한 흔적들이다.

교회의 문은 모두 3개가 있었다. 그 중 두 개의 문을 봉하고 현재는 겸손의 문 하나만 남아 있다. 겸손의 문을 통과하여 교회 내부에 들어서면 양쪽에 대리석으로 된 기둥들이 줄지어 있으며, 바닥에는 비잔틴 모자이크가 잘 보존되어 있다.

이 모자이크는 1934년경 윌리암 하베이William Harvey에 의해 발굴되었다. 헬레나 시대의 작품들이다. 1948~1951년에는 프란시스칸 성지 관리국에 의해 로마의 하드리안 황제가 섬기던 식물의 신 '탐무즈' 신전

탄생교회 내부

터가 발굴되었다. 이곳에서 헬레나가 세웠던 교회의 기초석이 나왔다. 이 발굴의 성과로 이곳이 예수님이 탄생한 동굴이라는 것이 입증되었다.

내부는 40개의 붉은 밤색 돌기둥이 네 줄로 줄지어 있다. 이 기둥들은 탄생교회 인근에서 가져다 깎아서 세운 것으로, 주후 약 4세기 유물들이다. 서방의 비잔틴과 라틴 화가들은 발드윈의 후계자 아뮤리 Amaury(1161~1169) 시대에 복구공사를 한 역사가 있다.

이들은 공사를 하던 중 내부 벽기둥 위에 양 옆으로 배치되어 있던 희미한 구약시대의 선지자를 그린 모자이크와 예수님의 계보를 표현한 모자이크를 찾아냈다. 현재 지난날의 화려함은 찾아볼 수 없으나 그 일부는 지금도 양쪽 벽면에 남아 있다.

교회 내부에 있는 각각의 기둥에는 성화가 그려져 있다. 화가들이 성화를 발견할 당시에는 그림들이 퇴색되고 기름으로 찌들어 있었다. 비잔틴과 라틴 화가들은 퇴색된 성화들을 뚜렷한 본래의 모습으로 복원해 냈다.

바닥의 모자이크

그 그림들은 1130년 독일 사람들이 예수님의 12제자들을 그린 소중한 가치를 지닌 보물들이다. 지금도 열두 제자들의 성화가 희미하게 바랜 모습으로 남아 있다. 윗부분은 십자군시대에 색칠한 모습과 장식들이 있다. 로마와 그리스 성자들의 이름들도 새겨져 있다. 또한 기둥 밑 부분에는 14~15세기에 새겨진 글들이 여전히 선명하게 남아 있다.

교회 입구 안쪽으로 조금 들어가면 바닥 아래로 약 75cm 밑에 우치한 모자이크가 보인다. 이 작품들은 주후 339년경에 첫 교회 건물이 화재로 붕괴된 후 잿더미 속에 파묻혀 있었다. 저스티니안 황제 때(주후 527) 다시 발견되어 새롭게 보수하였다. 1934년에 다시 발견되기 전까지 모자이크는 흙과 먼지 속에 숨겨져 있어야 했다.

교회의 천장을 가로지른 여러 개의 대들보는 레바논에서 들여온 백향목으로, 고풍스럽게 퇴색되어 우아하고 자랑스럽게 드러나 있다. 이는 15

세기 에드워드 4세Edward IV와 필립 Philip of Burgundy이 후원하여 신축한 것들이다. 금으로 도금된 값비싼 등불램프들은 교회 중간중간에 매달려 있다.

예수탄생 동굴(나티비티Nativity)

예수탄생 동굴은 그리스 · 라틴 · 아르메니아 주교들이 서로 영역을 구분하여 관리하고 있다. 이 탄생교회 안에 예수님이 탄생하신 동굴이 있다.

예수 탄생 동굴 입구

교회 입구에서 앞으로 곧장 들어가면 왼쪽 끝 부분 옆에 지하로 내려가는 대리석 계단들이 보인다. 이 계단들을 따라 작은 동굴로 들어서면 거룩한 아기예수가 탄생한 현장이 눈앞에 나타난다. 오른편에 아기예수 탄생 기념 표시가 있는 별과 맞은편에는 동방박사들이 아기예수께 경배한 기념 장소가 있다.

현재의 아기예수 구유는 본래의 것이 아니다. 옛 구유는 오래전에 화재로 소실되었고, 지금 있는 것은 14세기 때 다시 만든 것이다. 이후 화재를 예방하기 위하여 동굴의 벽들은 모두 석면으로 덮었다.

나티비티Nativity라고 불리는 탄생동굴 내부에는 금과 은으로 도금된 많은 등잔 램프들이 있다. 입구 왼쪽에 있는 제단은 아르메니안 관할 구역으로 아기예수를 누였던 곳이다. 맞은편에 있는 14조각의 은색별 모양

아기예수 탄생 장소(그리스 정교회)

은 아기예수 탄생 장소로서 그리스 정교회가 관할하고 있다.

이곳을 지나 안쪽으로 들어가면 교회 전체가 연결되는 통로가 있었으나 지금은 막혀 있다. 다른 길을 이용하여 들어가면 요셉의 예배처소, 라틴의 4대 교부인 제롬의 무덤과 그의 연구실, 2세 이하의 영아들의 납골당이 있다.

이 납골당은 예수님 탄생 당시 헤롯의 지시에 의해 살해되어 이곳에 묻힌 영아들의 무덤 터와 같은 곳이다. 유아들이 살해당한 수는 각 교단마다 주장하는 바가 다르지만, 가장 일반적인 학설에 따르면 대략 20~40명으로 보는 것이 정설이다. 이는 1세기 때 베들레헴의 주변 인구를 참고한 것이다. 예수님 당시 이곳의 인구는 300~1,000명 정도였다고 한다.

2

תִּרְצֶנ

나사렛Nazareth,
이새의 줄기에서 난 싹

나사렛은 동정녀 마리아가 천사로부터 잉태소식을 접했던 마을이며, 예수님께서 유년기를 거쳐 성년이 되어 복음을 위해 떠나시기 전까지 사셨던 곳이다. 새 포도주는 새 부대에 넣어야 한다는 말씀처럼 베들레헴에서 시작된 주님의 구속사역은 구약에서는 이름조차 등장하지 않았던 나사렛에서 새로운 복음사역으로 전개되었다.

Part 4
나사렛 이야기

나사렛은 지리적으로 이스르엘 평야 북쪽 경계선에 위치한 가파른 절벽을 지닌 높은 산지이다. 북동쪽에서 남서쪽으로 길게 뻗은 산악지대로서 길이는 약 12km(7.5마일), 폭은 약 3km(1.9마일), 평균 높이는 해발 400m이며, 서쪽으로는 갈멜산, 동쪽으로는 다볼산, 북쪽으로는 헬몬산, 남쪽으로는 이스르엘 평야가 자리 잡고 있다.

나사렛은 다른 지방과 달리 일찍부터 다양한 종교들이 자리매김한 곳이다. 현재 이곳에서는 유대인과 아랍인, 기독교나 모슬렘 등 어떠한 인종이나 종파라도 서로 별다른 갈등 없이 살아가고 있다. 하지만 나사렛은 여행객들이 생각하는 성지의 정서나 여행의 낭만과는 판이하게 다른 곳

이기도 하다. 이곳을 방문하다 보면 우리가 느끼는 성지의 이미지와는 또 다른 면을 발견하게 된다.

때로는 상인들의 터무니없는 바가지요금 때문에 시비가 붙어 어수선하고, 시끄럽기도 하고, 여행객들의 지갑을 노리는 날치기들이 들끓기도 한다. 바로 이런 곳에 유서 깊은 마리아 잉태고지 교회를 비롯하여 크고 작은 많은 교회들과 유적지들이 줄지어 서 있다.

성지 순례는 일반 여행과는 달리 어렵고 힘든 여정이 있을 수 있으며, 때로는 고통과 눈물을 동반할 때도 있다. 따라서 주변 환경에 좌우되지 말고 주님의 발자취를 따라가야 한다. 제자의 도를 지키는 마음으로 여행하는 것이 성지순례이다.

지명의 유래

고대 나사렛은 갈릴리 산악지대에서 인구 백여 명의 작은 마을 중의 하나였다. 현재는 인구가 6만 명이 넘어 이스라엘 북쪽 지역에서 가장 큰 도시 중 하나로 성장하고 있다. 빠르게 성장하고 있는 나사렛, 그 지명은 어디서 유래되었는지 살펴보자.

나사렛이란 지명의 어원은 히브리어로 '싹트다', '솟아나다'에서 유래되었다. 본래 히브리어로 '네쩨르netzer'라고 한다. 이 뜻은 '잔가지' 또는 '지팡이'라는 의미가 내포되어 있다. 아랍어와 히브리어로 나사렛을 칭할 때는 '수호자'라는 뜻도 있다.

주목받지 못했던 땅

나사렛의 도시 형성 과정은 베들레헴에서 살펴본 다른 지역들과는 차이가 있다. 고대 도시들은 대부분 교통이 발달하거나 군사적 요충지로 활용되면서 자연스럽게 형성되었다. 그러나 나사렛은 교통이나 군사적 목적이 아닌 비옥한 토지와 아늑한 거주 환경으로 인해 마을이 형성되었다.

이곳은 교통이 발달되지 않아 타 문화권과의 교류가 뜸해, 다른 지역들만큼 크게 발전하지 못했다. 그러다 보니 구약에는 이름조차 기록되지 않은 미지의 지역이 된 것으로 보인다. 탈무드에는 갈릴리 마을 63개가 언급되고 있으나 나사렛은 기록되지 않았다.

고대의 역사학자 요세푸스의 기록에도 갈릴리에는 45개의 마을이 있다고 했으나, 나사렛에 대한 언급은 찾아볼 수 없다. 구약에서 나사렛은 침묵하고 있는 고장이었다. 예수님 시대에도 나사렛이라 불리기는 했으나 주목할 만한 특징을 갖추지 못했던 곳이다.

Part 5

나사렛을 둘러싼 정치적 갈등

어지러운 정치적 배경

예로부터 지금까지 종교와 정치는 분리되기 어려운 관계인가 보다. 나사렛의 정치와 종교사는 다양하고 복잡한 사건들로 가득 차 있다. 갈릴리 지역은 한때 유대인들이 곱지 않은 시선으로 바라보던 곳으로 다른 지역에 비해 적개심을 품은 도시 중의 하나였다.

앗시리아가 이스라엘을 무력으로 점령하였을 때 그들은 혼합 정치의 일환으로 유대인들을 본국으로 잡아가거나 남아 있는 사람들을 타 민족과 혼합시켜 버렸다. 그러다 보니 선민의식이 강한 유대인들은 혈통의 정통성이 흐려진 갈릴리 지역의 도시들을 배척하였다. 따라서 성경은 갈릴리 주변의 도시들을 이방인의 도시라고 표현한다(사 9:1-2, 마 4:15).

갈릴리 지방은 하스모니안 왕가의 아리스토블루스 때 합병되기 시작했다. 그 후 잔 힐카누스와 알렉산더 얀네우스에 의해 도시가 더 크게 확장되면서 새로운 정착민들이 찾아왔다. 그러다가 헬라 정권이 물러나고 주전 63년에 로마 장군 폼페이우스가 이스라엘을 정복한 후 총독 가비니우스Gabinius가 이곳을 독특한 행정 도시로 재편성하여 각 지역들을 따로 분리시켰다.

초기 로마인들은 첫 번째 수도를 찌포리Sepphoris로 설정하고, 이곳을 갈릴리 주변과 해안 지역에서 가장 활기찬 도시로 발전시켜 갔다. 로마제국은 이스라엘을 지배하면서 하스모니안 왕가를 멀리하고 헤롯에게 왕권을 넘겨준다.

헤롯은 이스라엘을 통치하면서 곳곳에 많은 도시들을 그레코 - 로만 Greco - Roman 양식(그리스 양식과 로마 양식이 융합된 건축문화)으로 건설해 갔다. 그가 이스라엘을 약 33년간 통치할 때 여리고의 겨울 궁전을 비롯하여 가이사랴 항구, 베들레헴 주변에 있는 헤로디움, 유대 광야 동쪽에 있는 마사다, 헤롯 성전에 이르기까지 수많은 건물들을 세웠다.

헤롯의 왕권은 그의 자손들에게까지 계속 이어졌다. 헤롯이 주전 4년 경에 사망한 후 그의 아들 아켈라우스Archelaus(재위 주전 4~주후 6)가 유대 지방을 통치하게 된다. 이때 천사의 명을 받아 이집트로 피신했던 예수님의 가족은 유대 지방으로 돌아가지 않고 갈릴리 지방에 있는 나사렛으로 향하게 되었다.

예수님의 가족이 나사렛에 정착할 무렵은 침례(세례) 요한을 참수시킨 헤롯 안티파스(재위 주전 4~주후 39)가 갈릴리 전 지역을 통치하고 있을 때였다. 고대의 역사가 요세푸스에 따르면 안티파스는 티베리아(갈릴리 호수 주변)에 새로운 수도를 세우고 찌포리를 그의 행정 도시로 삼았다고 전한다. 이 시대에 갈릴리 지방에 있는 마을은 약 204개에 달했다.[*]

유대인과 기독교인의 갈등

바르 코크바Bar Kokhba(주후 132~135)의 제2차 유대인 반란 이후 많은 유대인들은 갈릴리 지방인 나사렛으로 몰려들었다. 나사렛에 새롭게 정착한 유대인들은 일찍부터 그곳에 살고 있었던 기독교인들과 초반에는 잘 융화되는 듯했다. 하지만, 점차 유대교인들의 세력이 왕성해지면서 기독교인들은 그들로부터 보이지 않는 종교적 압박을 받는다.

주후 4세기 초까지 이어진 압박은 점차 탄압으로 바뀌면서 기독교인들은 부당한 차별 대우와 횡포에 시달리게 되었다. 심지어 유대교인들은 전 세계에서 몰려드는 기독교 순례객들로 인하여 큰 이익을 보면서도 기독교인들에 대한 핍박을 멈추지 않았다.

유대교의 확장을 노린 유대교인들은 주후 614년경 페르시아 군대가 팔레스타인을 점령하였을 때 페르시아군 편에 서서 기독교인들을 죽음으로 몰아갔다. 그 결과 나사렛에 있는 기독교인들은 다른 지역에 비해 더 많은 피해를 입었다.

---

[*] James B.Pritchard, *The Harper Collins Concise Atlas of the Bible*(Times Books,1991)

헤라클리우스 황제에게 패한 크호스루 2세

613년 페르시아 군대는 유대인의 도움으로 다마스쿠스를 점령하였고, 614년 이스라엘을 차지할 때 헬레나가 세운 잉태고지 교회를 비롯하여 수많은 수도원과 교회들을 파괴시켰다. 페르시아인들은 계속해서 터키의 콘스탄티노플까지 진격해 간다.

이들의 세력이 눈덩이처럼 커지자 이에 대한 반격으로 621년 비잔틴의 헤라클리우스Heraclius(재위 주후 610~641) 황제는 약 5만 명의 군사를 동원해 소아시아를 지나 페르시아까지 반격해 나갔다. 이는 비잔틴 황제 헤라클리우스가 페르시아 왕 크호스루 2세Khosrau II 또는 Chosroes(사산조 왕조)와 대적하는 첫 번째 동기가 되었다.

헤라클리우스는 페르시아에서 머물면서 여러 해 동안 전쟁을 치러야 했다. 주후 627년에는 니느웨Nineveh 전쟁에서 7만 명의 대군을 이끌고 페르시아 군을 대파했고, 이후 승전을 거듭해 갔다. 전쟁이 계속되자 황제는 페르시아의 왕 크호스루 2세에게 두 번이나 평화 협상을 제안했지만 크호스루 2세는 끝까지 대항할 것을 천명한다.

이에 더 이상 지체할 수 없었던 헤라클리우스는 페르시아의 수도까지 쳐들어가 도시 전체를 점령하고자 했다. 강력한 비잔틴 제국의 용사들은 넓은 평야를 거침없이 달리는 성난 호랑이 같았고, 대세는 시간이 지날수록 크호스루 2세에게 불리하게 흘러갔다.

결국 위기를 감지한 그의 후계자 카바드 2세Kavadh II가 협상을 제안해 왔다. 이 협상으로 인해 비잔틴 제국은 잃었던 영토를 모두 회복하게 되었다. 그 후 페르시아의 사산조 왕조는 전쟁의 패배를 회복하지 못한 채 인류 역사 속에서 사라진 반면, 비잔틴 시대는 황금기를 맞이한다. 이후 비잔틴 황제는 로마 황제에게만 주어지는 아우구스투스라는 이름뿐만 아니라 페르시아로부터 '왕 중의 왕'이라는 칭호를 얻게 되었다.

평화를 회복한 비잔틴 제국은 성지 이스라엘을 더욱 견고히 방어해 갔다. 또한 기독교인을 핍박하고 자신들만의 유익을 얻으려 했던 비겁한 유대인들을 한 명도 남김 없이 나사렛 밖으로 추방시켰다. 이때가 주후 629년경이다.

이와 같이 복잡한 역사 속에서도 나사렛 출신인 기독교인들은 숭고한 신앙을 지켜 가고 있었다. 자신의 목숨을 아끼지 않고 순교한 선조들은 현대를 살아가는 기독교인들에게 고결한 희생정신을 전해 주고 있다.

나는 갈릴리 출신의 나사렛 사람입니다

그리스의 기독교역사학자 줄리어스Sextus Julius Africanu(재위 주후 160~240)에 따르면, 나사렛은 주후 3세기 초만 해도 유대 기독교인들의 신앙의 중심지였고, 선교 활동도 활발히 이루어지고 있었다.

하지만 250년경 로마 황제 데키우스Decius(재위 249~251)는 팔레스타인에 있는 모든 시민에게 로마의 신들에 대한 제사를 강요하면서 기독교인들을 박해하기 시작했다. 이 여파로 소아시아 지역(현재 터키)에서 코논Conon이란 기독교 신자가 순교를 하게 된다. 코논은 죽음을 눈앞에 두고서도 자신의 신앙에 대한 소신을 당당하게 밝혔다고 전한다. "나는 갈릴리 출신의 나사렛 사람입니다. 크리스천 가정에서 태어난 나는 조상들이 대대로 믿었던 예수 그리스도를 부인할 수 없습니다."

로마의 처형 방법은 참으로 잔인했다. 로마 총독은 코논의 양발에 큰 못을 박은 후 코논이 평소에 사용하던 철병거 앞에서 달리도록 했다. 두 명의 병사들이 철병거를 몰며 코논을 채찍질하여 계속 달리게 했다. 그러나 코논은 지쳐 쓰러지는 마지막 순간까지 하나님을 결코 부인하지 않았다.

곳곳에 흩어진 나사렛 출신의 기독교인들은 순교를 무릅쓰면서까지 자신들의 신앙을 지켜 나갔다. 그들은 나사렛에서 신앙생활하는 자신들을 자랑스럽게 여겼다. 이토록 잔인한 로마 황제들의 핍박은 콘스탄틴 황제의 시대가 도래하기 전까지 계속되었다. 긴 핍박은 마침내 콘스탄틴 시대에 모두 끝나고 이후 비잔틴 시대가 찾아왔다.

성지를 향한 발자취

비잔틴 시대는 눈물과 고통으로 신앙을 지켜 온 기독교인들의 전성기였다. 한파를 이겨낸 꽃들이 따뜻한 봄을 맞이하여 꽃봉오리를 피우듯 성지를 보기 위해 전 세계에서 순례객들이 찾아오기 시작했다. 주후 326년경에 헬레나Helena(250~330, 로마 황제 콘스탄티우스 클로루스Constantius Chlorus의 계비)를 시작으로 꽃을 피우기 시작한 성지순례는 오늘날까지 이어지고 있다.

헬레나는 베들레헴 교회를 비롯하여 많은 교회를 건설했다. 그 후 381년에서 384년 사이에 성지를 찾아온 에게리아Egeria라는 스페인계 순례자는 마리아가 살았던 크고 넓은 동굴을 방문했다고 기록하고 있다.

7세기경에는 아르컬프Arculf가 두 개의 큰 교회들을 보았다고 증언했다. 하나는 마리아 동굴 위에 세워져 있는 잉태고지 교회이며, 다른 하나는 마리아가 가브리엘 천사에게 잉태 소식을 들었던 동굴에 세워진 천사 가브리엘 교회였다.

1099년에 십자군 탄크레드Tancred는 잉태고지교회를 새롭게 재건하였다. 1106년에는 러시아인 순례자 다니엘Daniel이 교회를 방문한 후 기록을 남겼다. 그는 이곳에서 거룩한 예수님 가족의 일상생활을 동굴 속에 남아 있는 그들의 흔적들을 통해 느낄 수 있었다고 한다. 또한 그는 천사 가브리엘 교회는 우물 위에 건설되었다고 증언했다.

비잔틴제국은 614년경에 크호스루 2세의 침입으로 어려움을 겪었지만, 헤라클리우스 황제가 627년경에 이들을 완전히 격퇴시켰다. 638년경 모슬렘제국의 황제 오마르가 다시 성지를 탈환한 이후 십자군 시대가 태동하게 되었다. 십자군 시대는 1095년(제1차)에 태동하여 1291년(제9차)까지 이어졌다.

1187년에 라틴제국은 핫틴의 뿔The Horns of Hattin에서 모슬렘 지도자 살라딘Saladin(재위 1174~1193)에게 크게 패해 모든 성지를 빼앗겼다. 성지를 점령한 살라딘은 100년간 성지 순례를 허락하고 라틴제국과 휴전을 했다. 이 전쟁으로 인하여 나사렛은 더욱 황폐해졌고, 나사렛을 찾는 순례객들의 발길은 점점 줄어들게 되었다.

그후 수백 년이 지난 1620년경에 프란시스칸 수사들은 레바논의 왕자 알딘 2세의 특별한 배려로 무너진 잉태고지 교회 터를 구입할 수 있었다. 그 후 수많은 고난과 노력 끝에 파괴된 교회를 새롭게 복구해 나갔다.*

---

* Jerome Murphy·Barry Cunliffe, *The Holy Land*(Oxford University Press, 1997)

Part 6
나사렛 예수

성경에 기록된 나사렛

천사 가브리엘은 나사렛에서 살고 있는 처녀 마리아에게 나타나 예수의 잉태 소식을 전해 주었다(눅 1:26-31). 마리아가 잉태 소식을 듣고 놀란 곳이 바로 나사렛이다. 또한 성경은 로마의 속국들에 내려진 인구조사령에 의해 요셉과 마리아가 나사렛에서 베들레헴으로 향하는 모습을 소개하고 있다(눅 2:3-5).

이후 그들은 베들레헴에서 아들 예수를 낳고 유아 살해 명령을 피하여 이집트로 가게 된다. 예수님 가족이 이집트에서 피난살이를 하고 있을 때 헤롯 왕이 사망했다(주전 4). 헤롯이 죽자 그들은 이집트에서 갈릴리 지방으로 돌아와 나사렛에 정착한다(마 2:19-23).

나사렛에 정착한 예수님의 어린 시절에 대한 자세한 행적은 〈도마복음〉에 기록되어 있다. 하지만 〈도마복음〉은 정경이 아니라 외경이라는 데 문제가 있다. 성경에는 정경正經, 외경外經, 위경僞經이 있는데, 정경을 제외한 외경과 위경의 자료들은 성경이 아니므로 조심해야 한다. 성경을 연구하는 참고문헌으로 사용할 수 있으나 정경처럼 하나님의 말씀으로 믿고 따를 수는 없는 것이다.

성경은 예수님의 어린 시절에 관한 자료나 나사렛에 관한 사건들을 많이 다루지 않고 몇 가지 중요한 단서들만 남겨 놓았다.

첫째, 〈누가복음〉 2장 51-52절에는 예수님이 성장한 장소로 나사렛이 기록되어 있다. "예수께서 함께 내려가사 나사렛에 이르러 순종하여 받드시더라. 그 모친은 이 모든 말을 마음에 두니라. 예수는 그 지혜와 그 키가 자라 가며 하나님과 사람에게 더 사랑스러워 가시더라."

둘째, 예수님이 나다나엘을 제자 삼고자 부르실 때 나사렛은 무척 빈약한 촌락으로 언급되어 있다. "나다나엘이 이르되 나사렛에서 무슨 선한 것이 날 수 있느냐 빌립이 이르되 와 보라 하니라(요 1:46)."

셋째, 나사렛은 주님이 복음 전파를 위해 출발지로 삼으셨던 곳이다. "그때에 예수께서 갈릴리 나사렛으로부터 와서 요단강에서 요한에게 침례(세례)를 받으시고(막 1:9)."

넷째, 회당에서 설교하실 때 무지한 동네 사람들이 주님의 가르침을 깨닫지 못한 사건이 기록되어 있다. "예수께서 그 자라나신 곳 나사렛에 이르사 안식일에 늘 하시던 대로 회당에 들어가사 성경을 읽으려고 서시매(눅 4:16-30)."

위 내용이 성경에 나오는 나사렛과 관련된 기록이다. 결국 주님은 복음을 받아들이지 않는 나사렛의 주민들을 남겨 두고 가버나움으로 사역지를 옮기신다.

아기예수와 헤롯 대왕

유대 땅 베들레헴은 예수님의 출생지이다. 하지만 성경은 예수님을 가리켜 단 한 번도 '베들레헴 예수' 또는 '가버나움 예수'라고 하지 않고 오직 '나사렛 예수'로 칭하고 있다. 왜 그럴까? 베들레헴이나 가버나움보다 유독 나사렛을 강조한 이유가 무엇일까?

성경의 사건과 역사를 신앙의 눈으로만 본다면 때로는 이해할 수 없는 의혹들과 마주하게 된다. 신앙의 눈으로 비쳐지지 않는 성경의 사건들은 신학적인 논리와 역사적인 관점에서 살펴보아야 한다.

먼저 예수님의 출생지 베들레헴과 관련된 사건부터 살펴보자. 요셉과 마리아가 나사렛에서 베들레헴으로 가야만 했던 이유를 성경은 분명하게 다루고 있다(눅 2:1-2). 로마 치하에 있던 이스라엘은 아우구스투스 황제의 명에 따라 인구 조사를 실시하게 된다. 이때 요셉은 만삭의 마리아와 함께 본적지 베들레헴에 와서 호적 신고를 해야 했다.

"요셉도 다윗의 집 족속이므로 갈릴리 나사렛 동네에서 유대를 향하여 베들레헴이라 하는 다윗의 동네로 그 약혼한 마리아와 함께 호적하러 올라가니 마리아가 이미 잉태하였더라(눅 2:4-5)."

그들의 여행은 순조롭지는 않았지만 예상대로 베들레헴에서 아기예수를 낳았고(마 1:25), 유대인의 전례에 따라 할례 의식과 정결 의식도 모두 마쳤다(눅 2:21-2). 이제 모든 절차를 끝내고 떠나온 고향 나사렛으로 돌아가는 일만 남았다.

한편 예루살렘 궁전에서는 한바탕 큰 소동이 벌어지고 있었다. 이스라엘 왕이 탄생한다는 동방박사들의 예언이 궁 안에 퍼지면서 살기가 감돌기 시작한 것이다. 헤롯은 일찍부터 왕권 유지 문제로 불안감에 시달려 왔는데, 자신을 대신할 다른 왕이 탄생한다는 소식이 들리자 더욱 신경이 날카로워졌다.

주전 37년경에 로마에서 유대인의 왕으로 임명받은 헤롯은 이두메 출신이다. 그는 아버지 안티파터 덕분에 정치계에 첫발을 디뎠고, 이후 갈릴리와 시리아의 총독으로 활동했다. 그러던 중 뜻하지 않게 하스모니안 왕가의 내란에 휘말려 도망자의 신세로 전락하고 말았다.

결국 내란 사건으로 인하여 아버지 안티파터와 형 파사엘은 죽임을 당했고, 헤롯 자신은 목숨을 연명하기 위해 은신처를 찾아 로마로 피신했다. 이후 로마로 피신한 헤롯에게 뜻하지 않던 반전의 행운이 찾아왔다. 로마 원로인들이 이스라엘의 난국을 해결할 대안으로 그를 유대인의 왕으로 임명하고 만 것이다.

왕이 된 헤롯은 자신이 반 유대인이라는 비난을 피하기 위해 본처 도리스Doris와 외아들 안티파터 2세Antipater II를 버리고, 하스모니안 왕가의 딸 마리암네Mariamne와 재혼한다. 이후 그는 자신의 왕권을 유지하기 위해서라면 어떤 일이든지 서슴지 않았다. 주변에 있는 친구나 친척, 형제와 가족들까지 모두 합쳐 200여 명이 되는 사람들을 살해하거나 다른 지역으로 유배시켰다. 그리고 그는 여동생 살로메Salome를 비롯해서 하스모니안 왕가의 공주인 왕비 마리암네, 장모 알렉산드라Alexandra를 죽이는 등 심한 편집증과 정신착란 증세를 보였다. 가장 사랑하던 아내 마리암네 사이에서 태어난 그의 아들 알렉산더Alexander와 아리스토불루스Aristobulus가 자신을 암살하려고 한다는 헛소문이 돌자 자신의 두 아들마저 참수시키고 만다. 이 두 아들이 참수당한 후 약 한 달이 지난 뒤 동방박사들이 헤롯의 궁전에 찾아왔다.

헤롯은 누구인지 알 수 없는, 새로 태어날 왕의 소식을 듣자마자 동방박사를 불러 조용히 캐물었다. 은밀하게 뒷조사를 마친 헤롯은 또다시 악독한 생각에 사로잡혔다. 동방박사들이 언급한 어린 왕을 찾아 죽이기로 결심한 것이다.

그는 마침내 베들레헴 주변 지역에서 태어난 두 살 이하의 사내아이들을 모두 학살하라는 명령을 내리고 말았다(마 2:16). 한 나라의 왕으로서 지켜야 할 의무를 저버리고, 오히려 무고한 백성들의 목숨을 빼앗는 해악을 범하고 만 것이다.

궁 안에서 은밀하게 일어나고 있는 이러한 음모도 모른 채 요셉과 마리아는 그간 모든 호적의 절차를 마치고, 이제 고향을 향해 떠나는 일만 남겨 두고 있었다. 그런데 청천하늘에 날벼락도 유분수지, 갑작스런 유아학살의 명령이 떨어지고, 죽음의 위기에 몰린 요셉 가족은 헤롯의 영토 밖으로 신속히 피신해야 하는 사건이 발생하고 말았다. 자칫 잘못하면 아기예수의 목숨이 위태로운 상황이었다.

베들레헴에서 가장 가까운 곳으로 피신하는 길은 동쪽 맞은편에 있는 모압과 암몬(현재 요르단) 지방이었다. 하지만 보다 안전한 피신을 위해서는 이집트로 가는 것이 최상의 선택이었다. 결국 요셉은 꿈에 나타난 천사의 말대로 한밤중에 이집트로 극적인 탈출을 해야 했다(마 2:14-15).

예수님이 이집트로 피난을 가신 것은 단순한 사건이 아니었다. 서두에서도 언급한 바와 같이, 구약은 신약의 그림자이다. 구약에 등장한 사건과 장소들이 신약에 재연되듯이 새롭게 나타난다. 구약의 예언자들은 이 모든 사실을 사전에 예언한 바 있다.

"이는 주께서 선지자를 통하여 말씀하신바 애굽으로부터 내 아들을 불렀다 함을 이루려 하심이라(마 2:15)."

이 말씀은 출애굽 사건을 다시 한번 상기시킨다. 요셉의 일가가 이집트로 갈 수밖에 없는 상황은 단지 그들에게 닥친 불행만은 아니었다. 하나님의 역사를 이루기 위한 또 다른 뜻이 숨어 있었던 것이다.

세상을 살다 보면 우리에게도 요셉과 같은 사건을 만나게 된다. 예상치 못한 여러 가지 시험들이 닥친다. 자녀들로부터, 직장과 사업, 친구와 교인들과의 인간관계 등 헤아릴 수 없는 사건 사고들이 우리 주변을 맴돌고 있다. 이 모든 일들을 결국은 하나님의 의를 이루기 위한 과정으로 여긴다면 이 세상의 어떠한 환난도 극복하지 못할 것이 없을 것이다.

요셉의 출생지 나사렛

이집트로 피신한 요셉은 헤롯이 죽은 뒤 이집트에서 나사렛으로 이동하게 된다. 이때부터 아기예수는 나사렛 사람으로 성장한다. 지금까지 아기예수가 베들레헴에서 탄생한 과정과 이동 경로를 역사적인 관점에서 살펴보았다. 이제부터는 다윗의 자손 요셉이 나사렛에 살게 된 신학적인 논리를 역사적 배경을 통해 알아보자.

이사야 선지자는 예수님이 나사렛 사람으로 칭함받을 것을 알고 있었다. 서두에서 나사렛의 히브리어 어원을 설명할 때 '싹트다'라는 말을 언급한 적이 있다. 이사야는 "이새의 줄기에서 한 싹이 나며 그 뿌리에서 한 가지가 나서 결실할 것이요(사 11:1)."라고 기록했다. 이 말씀에서 언급한 '싹'이란 '나사렛'의 의미와 일치한다.

침례(세례) 요한의 부친 사가랴는 요한이 탄생한 날을 기념하여 하나님께 찬송 시를 드렸다. "우리를 위하여 구원의 뿔을 그 종 다윗의 집에 일으키셨으니(눅 1:69, 롬 1:3)." 이 말씀들은 다윗의 가문에서 구세주가 탄생한다는 내용으로 가득 차 있다.

"이새의 줄기에서 한 싹"과 "우리를 위하여 구원의 뿔"이란 말씀은 분명 메시아를 상징하고 있다. "이새의 줄기에서 한 싹"은 나사렛을 상징하고 있으나 "다윗의 집"은 베들레헴을 의미하고 있다. 베들레헴에서 탄생하신 주님이 나사렛 예수로 칭하게 된 원인이 여기에 있다.

유다 지파인 다윗의 가문은 가나안 땅을 분배받을 때 유대 지역에 있는 베들레헴 주변을 상속받았다. 유대 지역은 남쪽으로는 에돔, 북쪽으로는 사해 끝 요단강 하구에서 지중해 연안까지, 동쪽으로는 사해바다, 서쪽으로는 지중해 연안선까지였다. 베들레헴 주변에 있는 이 구역들이 유대 지역의 전부였다.

다윗의 가문인 유다 지파는 위에서 언급한 유대 지역에서 터전을 잡고 살고 있었다. 마리아의 남편 요셉이 유다 지파라면 그도 역시 베들레헴이나 그 주변에 살고 있어야 했다. 하지만 성경은 나사렛에 살고 있는 요셉이 베들레헴으로 이적하는 모습만 보여 주고 있을 뿐이다. 베들레헴에 정착한 유다 자손들이 언제부터 스불론 지파가 상속받은 지역인 나사 렛에서 살게 되었을까?

요셉은 분명히 유다 지파에 속한 다윗의 후손인데 갑자기 나사렛에 등장하는 이유가 무엇이며, 어떻게 마리아를 만나 정혼까지 하게 되었는 지 알아보자. 먼저 요셉이 나사렛에서 살게 된 동기를 성경에서 찾아보았 으면 한다.

〈마태복음〉만이 유일하게 단서를 제공해 주고 있다. 바벨론 포로사건 이 그 단서의 실마리가 될 것 같다. 예루살렘을 점령한 바벨론 왕 느부갓 네살은 3차에 걸쳐 남 유대인들을 바벨론으로 잡아갔다(주전 605~586). 이 후 바벨론을 쳐부순 페르시아(바대)제국의 고레스 왕은 포로로 잡아 온 유대인들을 환대해 주었다. 이뿐 아니라, 본국으로 갈 수 있도록 배려하 여 모든 포로들을 석방시켰다.

3차에 걸쳐 잡혀 간 유대인 포로는 약 2백만 명인데 처음에 돌아온 백성들은 5만 명 정도에 불과했다. 불과 50~70년밖에 되지 않았지만 포 로가 된 유대인들은 포로생활에 적응하며 어느덧 타지에 안주하고 있었 다. 본국으로 돌아갈 수 있는 기회가 여러 번 주어졌지만, 막상 조국을 찾 아 돌아온 사람들은 소수에 불과했다.

그 후 얼마나 세월이 흘렀을까? 비록 타 문화권에 정착하여 긴 세월을 보냈으나 죽어서 조국 땅에 묻히고 싶은 사람들이 서서히 나타나기 시작 했다. 마침, 조국에서는 새로운 통치자가 나타나 갈릴리 지방에 위성도시 를 만들어 새로운 정착촌을 확장하고 있다는 소식이 들려왔다. 타국 땅에 서 모국의 소식을 듣고 찾아온 일부 소수의 유다 지파들이 이스라엘로 돌 아왔다.

그런데 이들은 본 고향인 베들레헴으로 돌아가지 않고 나사렛을 향해 발길을 옮긴다. 이때가 하스모니안 왕가의 잔 힐카누스가 바벨론과 페르시아에서 돌아오는 백성들을 위해 특별한 배려를 제공한 시기이다.

사실 다윗의 피를 이어받은 요셉은 베들레헴에서 출생한 것이 아니라 바벨론에서 돌아온 2세대 계열에 속한 나사렛 출신이었다. 〈마태복음〉 1장 11-12절의 말씀이 이를 증명해 준다.

"바벨론으로 사로잡혀 갈 때에 요시야는 여고냐와 그의 형제들을 낳으니라 바벨론으로 사로잡혀 간 후에 여고냐는 스알디엘을 낳고 스알디엘은 스룹바벨을 낳고."

다윗 후손들은 바벨론으로 잡혀간 이후에도 계속해서 자손들을 낳았다. 그 자손들은 끊임없이 번성해 갔다. 바벨론 포로 이후에도 계속해서 후손을 이어가는 모습들이 성경에 기록되어 있다. 〈마태복음〉 1장 11-12절의 말씀은 요셉이 바벨론에서 나사렛으로 역이민 온 다윗 자손의 후손이라는 유일한 단서이다. 따라서 요셉은 나사렛 출신으로서 아기 예수와 함께 이집트로 피신한 후 다시 이곳으로 올라와 쉽게 정착할 수 있었다.

"이새의 줄기에서 한 싹이 나며 그 뿌리에서 한 가지가 나서 결실할 것이요."라는 이사야서 11장 1절의 말씀은 예수님이 나사렛에서 성장하실 것을 예언한 내용을 뒷받침해 주고 있다.

지금까지, 요셉이 유다 지파에 속한 다윗의 자손으로 야곱의 아들이었으나 예수님이 베들레헴에서 탄생한 후 나사렛 출신이 된 역사적 배경을 살펴보았다.

마리아 이야기

　　　　　요셉의 아내 마리아의 출생지는 어디일까? 성경은 이방의 땅 갈릴리 지방인 나사렛에 살고 있는 마리아의 모습을 등장시킨다. "여섯째 달에 천사 가브리엘이 하나님의 보내심을 받아 갈릴리 나사렛이란 동네에 가서 다윗의 자손 요셉이라 하는 사람과 약혼한 처녀에게 이르니 그 처녀의 이름은 마리아라(눅 1:26-27)."

　구약에서는 처녀가 잉태하여 아들을 낳을 것이란 예언이 있었으나, 그녀가 누구인지는 지목하지 않았다(사 7:14). 마리아의 신분과 출신에 관한 정보는 오직 정통성 있는 고대 문헌들을 통해 자료들을 모을 수밖에 없었다.

　주후 2세기경에 쓰인 〈야고보 복음서〉에서 최초로 마리아의 가족에 대한 소개가 등장한다. 하지만 〈야고보 복음서〉는 외경에 속해 있기 때문에 참고서적에서 제외시켰다. 그 밖에 대부분의 자료들은 로마 가톨릭 교회나 그리스 정교회, 앵글리칸 교회에서 보관하고 있다. 개신교에서 보관하고 있는 문서는 많지 않으며 '신학의 적용을 위한 웨슬리센터'에서 일부의 자료들을 간직하고 있다. 이 중에서 가장 믿을 수 있는 자료들을 정리해 보면 다음과 같다.

　마리아는 주전 20년경에 다윗의 가문인 요아킴Joachim과 아론의 가문인 안나Anna 사이에서 태어난 무남독녀 외동딸이었다. 요아킴의 의미는 '준비하다'의 뜻이고, 안나는 한나Hannah에서 유래한 '은혜'의 뜻을 담고 있다. 이들은 오랫동안 갈릴리 나사렛에서 살다가 노년에 예루살렘 성전 주변으로 이사왔다.

마리아와 어머니 안나

요아킴과 안나에게는 오랜 세월 동안 자녀가 없었는데, 당시 이스라엘인들은 자식이 없으면 하나님의 저주라도 내린 것처럼 생각하는 경향이 있었다. 요아킴은 성전에 올라가 하나님께 기도를 드렸다. 하루는 대제사장 잇사갈Issachar이 제단에서 예물을 드리고 있는 요아킴의 모습을 보았다. 성전에서 기도를 드리고 돌아가는 요아킴의 모습을 줄곧 지켜봐 온 대제사장은 그날따라 마음속에 그를 돕고 싶다는 생각이 들었다.

대제사장은 요아킴의 예물을 자신이 취한 후에 하나님께 직접 호소했다. 요아킴이 매일같이 제사를 드리는 모습을 더 이상 지켜보고만 있을 수가 없었던 것이다. 그는 이렇게 간절히 간구했다. "오, 하나님! 자식 없는 저들의 저주를 먼저 풀어 주십시오. 속히 저들이 자녀와 함께 하나님 면전에 나올 수 있도록 허락해 주십시오."

그 후 며칠이 지난 어느 날, 요아킴은 여느 때와 같이 홀로 길을 걷고 있었다. 깊은 생각에 잠겨 있던 그에게 하나님의 천사가 나타났다. "하나님께서 너의 기도를 들으시고 그토록 원했던 자식을 허락해 주실 것이다."라는 메시지를 남긴 채 천사는 홀연히 사라졌다.

그 사건이 지난 후 요아킴과 안나는 예쁜 딸 마리아를 하나님으로부터 선물받았다. 너무 귀한 딸이지만, 그들은 자신의 딸을 사무엘처럼 하나님의 성전에 바치기로 결심했다. 그리하여 마리아는 어린 시절을 성전에서 보냈다.

이 당시 성전에서는 전례가 없던 이상한 관습이 생겼는데, 그것은 순결한 처녀들을 선별하여 제사장을 돕게 하는 것이었다. 이러한 관습은 이집트 신전에서나 볼 수 있었던 이방인의 종교 문화와 비슷한 것이었으나 마리아는 오로지 하나님의 성전에서 봉사하는 것만을 기쁨으로 여기고 있었다. 하지만 유대교 전례에 따라 결혼할 나이가 된 그녀는 자신에게 다가온 혼례의 길을 거부할 수 없었다.

어느 날 대제사장 잇사갈이 마리아의 혼례를 공식적으로 선언하고 나섰다. 그는 요하킴 가족에게 마리아가 어떤 의미인가를 누구보다도 더 잘 알고 있었다. 따라서 그는 자신의 생각과 소신을 하나님의 뜻으로 여기고 마리아의 혼례를 준비하고 있었다.

갑자기 혼인 선고를 받은 그녀의 부모는 대제사장의 일방적인 결정을 쉽게 이해할 수 없었다. 그들은 대제사장의 선포와는 다르게 마리아가 자신의 의지대로 성전에서 헌신하기를 바라고 있었다. 마리아 자신 스스로도 처녀로 서원하기를 원했다. 하지만 규례대로 혼인해야 한다는 대제사장의 강력한 의지에 따라 마리아 부모는 순종하는 뜻에서 그의 제안을 받아들였다.

대제사장은 마리아의 신랑이 될 수 있는 자격 조건을 사전에 정해 놓았다. 신랑이 될 수 있는 자격은 하나님을 경외하는 자로, 지혜와 용기를 가진 인물이어야 했다. 또한 선지자의 예언에 따라 유다 지파와 다윗의 가문에 예언된 사람만이 신랑감이 될 수 있었다.

따라서 자격을 갖춘 자는 자신의 지팡이를 주의 제단에 가져와야 했다. 지팡이가 주의 제단에 바쳐졌을 때 하나님의 영이 비둘기 형상처럼 나타나야 했기 때문이다. 이런 형상들이 나타난 지팡이 주인이 대제사장이 신뢰할 수 있는 약혼자가 되는 것이다.

이에 따라 유다 지파에 속한 청년들이 마리아에게 청혼하기 시작했다. 다윗의 가문인 요셉도 이 절차에 따라 지팡이를 가져와 제단에 바쳤다. 요셉의 지팡이가 제단에 바쳐지는 순간 하늘에서 비둘기 같은 형상이 나타났다. 이 광경을 지켜보고 있던 제사장들과 참석자들은 이구동성으로 요셉이 하나님이 정한 마리아의 신랑감이라고 확신했다.

그 후로 그들은 곧바로 약혼식을 올렸고, 큰 잔치가 베풀어졌다. 이 소문은 온 예루살렘에 순식간에 퍼져 나갔다. 약혼식을 마친 요셉은 나사렛으로 돌아갔고, 마리아는 부모님 곁에 머물렀다. 유대 혼례법에 따라 정혼 후 1년 뒤에 정식으로 결혼식을 올리게 되며, 그 1년간은 따로 살아야 했기 때문이다. 혼인 절차에 따라 1년간 서로 따로 지내고 있을 때 마리아 부모는 다시 나사렛으로 오게 된다. 마리아가 나사렛에서 살고 있을 때 가브리엘 천사가 나타났던 이유가 여기에 있었다. 신약성경은 이때의 모습을 이렇게 표현하고 있다.

"예수 그리스도의 나심은 이러하니라. 그의 어머니 마리아가 요셉과 약혼하고 동거하기 전에 성령으로 잉태된 것이 나타났더니(마 1:18)."

이와 같이 마리아와 요셉은 모두 유대 지파에 속했으며 혈통 있는 가문에서 자란 사람들이다. 유대지파인 마리아가 아론의 계보와 관련이 있다는 성경적인 근거는 그녀의 친척이 제사장 사가랴인 점을 미루어 알 수 있다. "이때에 마리아가 일어나 빨리 산골로 가서 유대 한 동네에 이르러 사가랴의 집에 들어가 엘리사벳에게 문안하니(눅 1:39-40)." 마리아의 모친 안나가 아론의 후손이라면 마리아는 사가랴 제사장의 조카딸이 되는 셈이다.

나사렛 예수, 그 이름의 능력

예수님은 나사렛에서 어린 시절을 보냈지만, 이곳에서 별다른 이적과 기사를 행하지 않으셨다. 비록 특별한 사건들은 없었지만 나사렛과 관련된 다양한 사건들이 여러 번 등장한다. 나사렛이란 이름은 신약성경 사복음서(마태복음, 마가복음, 누가복음, 요한복음)를 지나 〈사도행전〉까지 이어진다.

신약성경에 기록된 나사렛 예수 그리스도란 명칭은 유대인의 왕, 치료의 능력, 큰 권능과 기사와 표적의 본체, 성령의 근원, 더러운 귀신을 물리치는 권세 등의 의미를 가지고 있는 이름이다. 이를 보다 세부적으로 살펴보면, 앉은뱅이를 치료할 때 나사렛 예수 그리스도 이름이 나타난다(행 3:6).

큰 권능과 기사와 표적을 나사렛 예수의 이름으로 베풀었고(행 2:22), 하나님은 나사렛 예수께 성령과 능력을 기름 붓듯 하셨다(행 10:38). 예수님이 유대인의 왕으로 칭함을 받을 때 나사렛 예수라고 기록되어 있다(요 19:19). 더러운 귀신들은 나사렛 예수라는 이름을 무서워했다(막 1:24). 이와 같은 내용들은 믿음 생활 속에서 또는 복음을 전할 때 없어서는 안 되는 핵심적인 요소들이다.

예수님은 지상에서 사역하실 때 나사렛이란 이름에 특별한 의미를 부여하지 않으셨다. 나사렛에 대한 어떤 강조한 내용도 없다. 이곳은 지역적으로도 특별히 자랑할 만한 것이 없었다. 예수님은 그런 산간벽촌에서 평범한 목수의 아들로 성장하셨다. 그럼에도 불구하고 나사렛은 인류 역사 속에 그 지역의 이름이 결코 사라지지 않았다.

오히려 예수님의 영광이 들어날 때마다 그 지역의 이름도 함께 등장하게 된다. 예수님 부활 후엔 더욱 그 빛이 발하여 전 세계로 뻗어 나갔다. 나사렛이란 이름 속에 놀라운 비밀이 예수의 이름과 함께 숨겨져 있었기 때문이다.

구약시대에 나타난 하나님의 칭호는 매우 다양하다. 여호와, 야훼, 엘로힘, 엘 샤다이, 여호와 이레, 아도나이 등 헤아릴 수 없이 많다. 이스라엘 성전산 통곡의 벽에 야외 회당이 있는데, 그 회당 안에 걸려 있는 큰 액자에는 하나님의 이름이 수백 가지로 표현되어 있다.

신약시대 이스라엘에는 예수라는 이름이 전체 인구의 20~25% 정도였다. 그 당시 예수 또는 마리아란 이름은 아주 평범한 이름 중의 하나였다. 하지만 나사렛 예수라고 불리는 사람은 오직 구세주 예수님밖에 없었다.

왜냐하면, 예수님 당시 나사렛에는 인구가 매우 적었고, 이 중 같은 이름을 가진 사람이 없었기 때문이다. 설사 있었다 하더라도 나사렛이라는 지명을 이름 앞에 붙인 사람은 오직 예수님밖에는 없었다. 따라서 나사렛 예수의 이름을 가진 동명인이 없었다는 뜻이다.

신약성경에서도 예수님의 호칭을 다양하게 표현하고 있다. 선생님, 랍비, 선지자, 나사렛 예수, 예수 그리스도 또는 그리스도 예수 등의 호칭들이 있다. 특히 그리스도 예수와 예수 그리스도의 이름의 차이점을 달리 설명하고 있다. 신약성경은 먼저 인성(사람의 모습)으로 오신 주님을 설명할 때는 예수 그리스도란 이름을 사용한다. 반면 신성(하나님의 모습)으로 오신 주님을 소개할 때는 그리스도 예수를 등장시킨다.

사도 바울이 쓴 서신에는 '예수 그리스도'와 '그리스도 예수'라는 글이 서문에 항상 등장한다. 따라서 주님의 인성과 신성을 구분하는 이름이 뚜렷이 분별되어 있다는 것을 느낄 수 있다. 신성과 인성의 속성을 보여 주는 이름뿐 아니라 다양한 호칭 속에는 저마다의 뜻이 숨어 있다. 나사렛 예수의 이름이 성령의 외적인 은사와 능력을 나타난 이유도 여기에 있다.

나사렛 예수의 이름을 의지하면 성령의 외적 능력이 기적처럼 나타났고, 복음에 필요한 갖가지 표적과 기사가 따랐으며, 귀신들까지도 그 이름을 무서워했다. 뿐만 아니라 나사렛이란 이름은 십자가 위에서 비참하게 처형당하신 주님을 대변해 주는 명칭이기도 했다.

신약시대에 등장한 나사렛은 거대한 역사적인 배경이나 위대한 인물이 탄생한 곳이 아니다. 이곳 출신 사람들은 대부분 지역적인 이미지 때문에 심한 차별이나 멸시를 당하였다. 오죽하면 나다나엘은 "나사렛에서 무슨 선한 것이 날 수 있느냐?"고 빈정거렸겠는가!(요 1:46)

그러나 죽음에서 부활하신 나사렛 출신 예수는 이제껏 인류가 이룰 수 없었던 위대한 일을 행하셨다. 나사렛 예수가 행하신 구원의 역사는 당대뿐만 아니라 2,000년이 흐른 지금까지도 계속되고 있다. 예수님의 구속사역으로 인하여 나사렛에 대한 부정적인 인식은 점차 새로워져갔다.

나사렛에 대한 부정적인 인식을 최초로 변화시킨 인물은 베드로이다. 그는 예수님이 부활한 후 미문美門(아름다운 문)에 앉아 있던 앉은뱅이를 오직 "나사렛 예수 그리스도 이름"을 부르며 치료한다. 단지 나사렛 예수 그리스도라는 이름만으로 기적을 이룬 것이다(행 3:1-10). 앉은뱅이가 나사렛 예수의 이름으로 치료된 사건을 시작으로 나사렛의 대한 안 좋은 이미지는 새롭게 변해 갔다. 예수라는 이름의 능력이 나사렛이라는 지역이 포함되면서 다양한 능력과 기적들이 곳곳에서 나타난 것이다.

〈사도행전〉 3장 6절의 말씀이다. "베드로가 이르되 은과 금은 내게 없거니와 내게 있는 것으로 네게 주노니 나사렛 예수 그리스도의 이름으로 일어나 걸으라." 이 말씀이 증명하듯 그동안 종교 지도자들과 백성들에게 천시를 받았던 나사렛 예수 그리스도는 더 이상 무능력한 죄인이 될 수 없었다. 예수님은 나사렛에서 성장하셨지만, 인류를 구원하기 위해 이 땅에 오신 하나님의 아들이라는 사실이 점차 표면에 드러나기 시작했다.

그러기에 베드로가 명한 말 한마디로 앉은뱅이가 일어나는 기적이 나타난 것이 아닌가 싶다. 이를 계기로 나사렛 예수는 구원의 대명사로 새롭게 피어났다. 현대 의술로도 치료하기 힘든 앉은뱅이가 단지 나사렛 예수 그리스도의 이름으로 치료될 수 있다는 것은 어느 누구도 쉽게 믿을 수 없는 사건이었다. 이 사건을 시작으로 연속적인 기적들은 더 이상 인간의 이성으로 설명하기 어려운 하나님의 구속사적인 세계로 전개된다.

이 말씀은 단지 2,000년 전에 베드로에게만 해당된 말씀이 아니다. 현대를 살고 있는 우리들에게도 꼭 필요한 말씀이다. 물론 사도 베드로가 은과 금이 많았더라면 이런 기적은 상상하지도 못했을지 모른다. 주님은 제자들에게 물질을 유산으로 남기지 않고, 영원히 활용할 수 있는 이류의 권세를 제자들에게 부여하셨다. 이 권세는 예수님을 개인의 구세주로 믿는 모든 자녀에게도 해당된다.

때로는 믿음이 좋은 크리스천일지라도 세상 풍습에 휘말려 물질로 인해 나사렛 예수 그리스도의 능력을 상실할 때가 많다. 현대인들은 물질만 의지하려는 습성이 갈수록 강하게 나타나고 있다. 심지어 세속에 물든 신앙인들은 물질 축복만을 기대하며 살아가고 있다.

물질 축복을 받으면 구제도 하고 선교도 하겠다고 결심한다. 그러나 구제와 선교는 반드시 물질로만 하는 것이 아니다. 헌신과 순종이 먼저가 되어야 할 것이다. 이런 사람들은 나사렛 예수 이름의 권세를 의지하는 신앙 습관을 키워야 한다.

우리 모두에게 값없이 주신 나사렛 예수 그리스도의 권능과 능력에 힘입어 어려운 환경을 극복할 수 있는 지혜가 필요하며, 끊임없이 유혹하는 사탄의 세력을 물리치고 성령에 힘입어 영적인 사람으로 거듭나야 한다. 나사렛 예수 또는 나사렛 예수 그리스도를 힘차게 외치면서 멋진 기독교인의 삶을 창조해 나가야 한다.

한때 이름조차 없던 나사렛은 이제 전 세계에서 가장 유명한 도시로 발전하고 있다. 주변 환경이 좋거나 특별한 휴양지가 있어서가 아니다. 예수님을 사랑하는 사람들이 모여 사는 곳이기 때문이다.

현재 이곳에는 그리스 정교회, 로마 가톨릭, 아랍인 크리스천, 앵글리칸 교회, 프란시스칸 교회, 레바논의 그리스도 마론교(기독교에서 파생한 레바논 크리스천들), 유대 기독교인, 그리고 정통 유대교인들이 함께 어우러져 평화롭게 살아가고 있다.

새 포도주는 새 부대에 담으라고 한 이유가 여기에 있는 것일까? 유대교만을 고집하는 이스라엘에서 이와 같은 다른 교파들이 어우러져 공존한다는 것은 진정 믿기 어려운 일이다. 나사렛은 예수님이 구속사역을 준비하며 성장하셨던 곳으로, 지금도 예수님의 흔적들이 곳곳에 살아 역사하고 있다.

성경이 보인다
바벨론 포로에서 돌아온 유다 지파

앗시리아 왕 디글랏 빌레셀Tiglath Pileser III(재위 주전 945~727)이 갈릴리 주변을 점령했을 때 그는 많은 유대인들을 포로로 사로잡아 앗시리아로 끌고 갔다.

"이스라엘 왕 베가 때에 앗수르 왕 디글랏 빌레셀이 와서⋯ 게데스와 하솔과 길르앗과 갈릴리와 납달리 온 땅을 점령하고 그 백성을 사로잡아 앗수르로 옮겼더라(왕하 15:29)."

그 후 페르시아가 이스라엘을 침략하고 그리스인의 간섭과 억압이 극심해진다. 특히 헬라인들의 종교적인 횡포는 유다 마카비 혁명의 도화선이 되기도 했다.

1차 혁명에 성공한 마카비 가문은 헬라인들에게 빼앗긴 조국과 종교의 자유를 되찾는다. 마카비 혁명이 시작될 때까지만 해도 갈릴리의 인구는 많지 않았다. 하지만 잔 힐카누스John Hyrcanus(재위 주전 134~104)가 북쪽의 사마리아에 있는 성전을 파괴하고 남쪽으로는 유다 지역에 있는 이두메까지 정복하게 되자, 이때부터 갈릴리 지역에 많은 인파들이 몰려들었다.

그는 이스라엘 전체를 정비하고 바벨론과 페르시아에서 돌아온 유대인들을 받아들이면서 새롭게 도시들을 건설해 갔다. 이때 잔 힐카누스와 그의 후계자는 나사렛을 찾아온 사람들에게 유대교를 받아들이는 조건으로 거주를 허락했다. 하지만 유대교를 거절하면 강제로 추방시켰다.

바벨론의 느브갓네살 왕도 주전 586년경에 남유다를 침공했다. 그는 많은 유대인들을 포로로 잡아갔다. 이 당시 베들레헴 주변에 살고 있던 유다 지파도 바벨론으로 강제로 끌려갔다. 포로로 끌려갔던 수많은 유대인들은 기나긴 세월 동안 포로 생활을 해야 했지만, 일부는 조국으로 돌아왔다. 그런데 대부분의 유대인들은 조국으로 돌아오지 않고 타국에 정착하는 경우가 많았다. 어떤 사람들은 포로 신분에서 해방되면서 현지에 상주하기도 했고, 어떤 사람들은 이방 여인들과 결혼하여 정착하기도 했다.

그 후 잔 힐카누스가 바벨론과 페르시아에서 돌아오는 유대인들을 받아들이자 조국을 열망해 왔던 유대인 중 일부가 주전 105~104년경에 나사렛으로 돌아와 새로운 거처를 마련한 것으로 짐작된다. 이때부터 시작된 유대인들의 귀국 행렬은 잔 힐카누스와 그의 후계자들의 도움을 받아 신약시대까지 이어졌다. 예수님 시대의 나사렛에는 바벨론에서 돌아온 몇몇 씨족들이 정착하고 있었다. 현대 고고학자들의 말에 따르면, 이때에 살았던 나사렛의 전체 인구는 150에서 200명 정도에 지나지 않았다고 한다.

TIP
걸어서 성경 속으로
잉태고지 교회

잉태고지 교회

술탄 베이바스는 잉태고지교회를 나사렛에서 제일 큰 이슬람회관(모스크)으로 변경하라고 특별 지시를 내렸다. 그런데 모슬렘들이 고지교회를 파괴하려고 하자 갑자기 이상한 일이 일어났다. 하늘에서 천사가 내려와 교회 건물 전체를 감싸는 듯한 형상이 나타난 것이다. 이 광경을 지켜보고 있던 모슬렘들은 두려운 마음에 사로잡혀 황급히 그 자리를 떠났다는 일화가 있다.

현재 건물은 1955년 이탈리아 건축가인 무지오Giovanni Muzio가 설계하여 웅장하고 아름다운 교회로 새롭게 탄생되었다. 고고학자들은 1895년부터 교회를 발굴하기 시작하여 1966년까지 교대로 작업을 진행했다. 블라밍크B. Vlaminck는 1895년에, 드로스퍼Drosper Viaud는 1907~1909년에, 벨라미노Bellarmino Bagatti는

1955년에 이곳을 발굴한 바 있다.

　이처럼 많은 학자들이 잉태고지 교회 주변에서 무수한 유물들을 찾아냈다. 1966년에는 교회 내부에 있는 바닥에서 주후 450년에 만들어진 모자이크를 발굴하여 화제가 되기도 했다. 이 모자이크는 나사렛에서 발굴한 고대 유물들 중 가장 가치 있는 것 중의 하나로 평가받고 있다.

잉태고지 교회의 내부 장식과 성화

　바실리카 형식으로 된 잉태고지 교회 구조는 동쪽에서 서쪽으로 길게 늘어진 직사각형의 모습을 하고 있다. 현재 남아 있는 교회는 1969년 3월에 헌당된 건축물이다. 교회의 중심 강대상은 세 개의 반원 아치 형태로 된 앱시스Apse를 취했고, 그 가운데는 마리아가 가브리엘 천사로부터 잉태 소식을 들은 장소로서 벽면에 벽화가 남아 있다.

　교회 바닥에서 예루살렘 주교 코논Conon을 기념한 모자이크와 초기 기독교를 상징하는 결합문자XP가 새겨진 모자이크가 발굴되었다. 그 모자이크 밑에 있는 하얀 대리석 기둥 아래쪽에 "마리아XE MAPIA"라는 글귀가 새겨져 있다.

　사도들의 이야기를 다룬 4개의 기둥머리Capital(주두)는 다른 곳에서 찾아보기 힘든 독특한 양식으로서, 매우 가치 있는 유물이다. 이 주두에는 부활 후에 나타나신 예수님이 의심 많은 도마에게 상처 난 옆구리를 보여 주는 장면, 베드로와 대화하는 장면, 야고보와 마태를 부르는 장면들이 묘사되어 있다.

위 : 4개의 주두, 아래 : 고지동굴

2부 나사렛 — 이새의 줄기에서 난 싹

위 : 예배당, 아래 : 코논의 모자이크

백합화 건축 양식

하얀 백합화 Madonna Lily

나사렛은 하얀 백합화가 잘 자라는 지방이다. 이 백합화는 예수님이 말씀한 백합화와는 다른 꽃이다. 이 꽃은 가브리엘 천사가 동정녀 마리아를 만날 때 들고 나타난 하얀 백합화이다.

화가들의 그림 속에, 가브리엘 천사가 마리아에게 나타날 때 하얀 백합화를 들고 출현하는 모습이 자주 보인다. 이는 아마도 마리아의 순결한 모습을 상징하는 듯하다. 잉태고지 교회는 천장 전체가 하얀 백합화 건축 양식으로 세워졌다.

이탈리아 건축가 무지오가 이런 배경을 기초로 잉태고지 교회의 천장을 백합꽃으로 장식한 것이 아닌가 싶다. 예수님이 말씀하신 들에 핀 백합화(마 6:28)는 하얗고 긴 나팔모양을 한 백합화가 아니다. 아네모네과에 속한 빨간색, 노란색, 하얀색 등의 다양한 색상이 있는 작은 백합화이다. 혹시, 이 글을 읽고 있는 독자 분들은 하얀 백합화를 예수님이 말씀하신 '들의 백합화'로 생각하고 있지 않은지 궁금하다.[*]

예수님의 제자 야고보 교회

잉태고지 교회에서 남서쪽으로 조금 떨어진 곳에 또 하나의 기념교회가 있다. 바로 헤롯 아그리파 1세에게 칼로 처형당한 주님의 12제자 중 한 사람인 야고보의 탄생교회이다.

야고보 교회는 로마 시대 갈릴리의 주요 요새이자 도시 중의 하나였던 야피아Yafia(또는 자파Joffa of Nazareth)에 세워졌다. 고대의 역사학자 요세푸스에 따르면, 야피아는 비잔틴 시대가 지나면서 조금씩 쇠퇴해 갔다고 한다. 그전까지만 해도 이곳은 갈릴리 지역에서 가장 견고한 요새 중 하나였다.

청동기시대의 야피아는 므깃도의 통치를 받고 있었다. 이집트의 아마르나 서신(주전 14세기 경)에는 야피아가 '야푸Yapu'로 기록되어 있다. 성경은 〈여호수아〉 19장 12절에서 야피아를 '야비아Japhia'로 칭하며 스불론 지파에게 분배된 땅으로 언급했다. 초기 로마 시대에 갈릴리 지방의 가장 큰 도시 중 하나였던 야피아에는 갈릴리의 수도 찌포리로 연결된 도로가

---

* Geoffrey, Wigoder. *The Glory of the New Testament*(Jerusalem Publishing House, 1983)

예수님의 제자 야고보 교회

있었다. 나사렛은 이 당시만 해도 아주 작은 촌락이었다.

요세푸스의 문헌에는 야피아가 제1차 유대 반란(주후 66~70) 때 전쟁을 치른 19개의 요새 중에 하나로 기록되어 있다. 당시 전체 인구는 약 17,000명에 달했으나, 티투스(디도)의 공격으로 완전히 파괴되었고, 대부분의 주민들은 살해당하거나 노예로 끌려간 것으로 전해진다. 반란이 끝난 후 도시는 다시 조금씩 안정을 찾고 성장해 갔으나, 주후 5세기를 넘기지 못하고 끝내 쇠락하고 만다.

반면, 이름 없이 초라했던 나사렛은 어느덧 황금기를 맞이하고 있었다. 야피아가 쇠하고 있을 때 나사렛은 성장의 물결을 타고 화려한 비잔틴 문화를 꽃피워 나갔다. 이후, 그토록 화려했던 야피아의 옛 모습은 온

데간데없이 사라져 버렸다.

오랜 세월이 지난 현재 이곳에는 그 옛날 로마 시대의 유물들만이 화려했던 과거를 뽐내며 관광객들을 맞이하고 있다. 지금도 주후 3세기에 있었던 회당의 모자이크는 아름답게 잘 보존되어 있다. 야피아 언덕에 이르면 네 개의 옛 교회들을 만나게 되는데, 이 중 하나가 예수님의 제자 야고보의 탄생교회이다.

이 교회는 나사렛의 많은 유적지들 중에서도 아직도 필자에게 가장 인상 깊게 남아 있는 곳이다. 요한의 형제요, 세베데의 아들인 야고보는 갈릴리의 야피아 지역 출신이다(마4:21). 헤롯 아그리파 1세에게 칼로 처형당한 야고보는 스데반 집사와 같이 최초의 순교자의 길을 걸었다(행 12:2).

주님의 제자가 되는 길은 순교자의 길을 걸을 수밖에 없는 것일까? 예수님의 열두 제자들은 모두 순교의 길을 걸었으니 말이다. 나사렛에 방문할 기회가 있다면 야피아를 한 번쯤 꼭 탐방해 보길 바란다.

3

פוֹתַֽן רַפְֽכ

가버나움Capernaum,
구속사역의 시작

예수님은 베들레헴에서 탄생하신 후 나사렛에서 성장하셨다. 하지만 사역의 중심지로는 가버나움을 선택하셨다. 신약성경은 가버나움을 예수님의 본 동네로 묘사하고 있다(마 9:1). 앞에서 소개한 나사렛처럼 가버나움도 신약성경에서만 등장하는 복음의 산지이다. 이곳은 신약의 핵심 요소들이 담겨 있는 역사의 현장으로서 주님의 사역이 숨 쉬고 있는 곳이다. 복음의 발자취를 따라 구속사역의 본 고장 가버나움에 함께 가 보자.

Part 7
가버나움 이야기

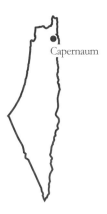

Capernaum

가버나움은 갈릴리 호수 북서쪽에 자리하고 있으나 주후 1세기의 이곳은 남북으로 갈릴리 호수와 접해 있던 고대 항구도시였다. 당시의 도시 규모는 찌포리나 현재 갈릴리 호수 주변에 있는 티베리아Tiberias보다 작았다. 현재 티베리아에서 이곳까지는 약 16km(10마일) 정도이며, 상부 요단강으로부터는 약 4km(2.5마일) 정도 떨어져 있다. 가버나움에서 요르단 계곡 지역을 따라 예루살렘까지 이르는 거리는 약 185km(115마일) 정도이다.

예수님 당시 가버나움의 전체 면적은 약 37에이커(약 45,000평)이었다. 전체 인구는 1,500~3,000명 정도였던 것으로 추정된다. 마을은 갈릴리 호수에서 동서쪽으로 약 300m 정도 떨어져 있었다. 당시 이곳은 행정

구역이 둘로 나뉘어 있었다. 한 곳은 헤롯 안티파스의 영역으로 상부 요단강을 중심으로 가버나움에서 북동쪽으로 약 3.2km(2마일) 정도 떨어져 있었고, 다른 한 곳은 헤롯 빌립의 영역으로 상부 요단강을 기점으로 동쪽 건너편에 있었다.

지명의 유래

지명을 알면 그 지방의 속성을 알게 되는 것이 일반적이지만, 가버나움이라는 이름만으로는 그 유래와 지역의 특성을 파악하기가 어렵다. 가버나움Capernaum은 '크파르Kfar'와 '나훔Nahum'의 합성어인데 '크파르Kfar'는 마을을 뜻하고 '나훔Nahum'은 사람의 이름을 칭한다.

정통 유대인들은 구약의 선지자 나훔Nahum의 묘가 이곳에서 발굴된 것으로 지명의 유래를 짐작하기도 한다. 나훔의 언어학적 의미에는 '아름다운 도시the beautiful city'라는 뜻도 있다. 히브리어로 '케파 나훔Kefar Nahum'이라 하며, 아랍어로는 '탈훔Talhum'이라 한다. 고대 가버나움은 현재 텔훔Tell Hum 또는 카파 나훔이라는 곳에 있다.

갈릴리에서 가장 큰 항구도시

구약성경에는 가버나움에 대한 기록이 전혀 없다. 하지만 신약시대의 가버나움은 예수님의 두 번째 고향으로 소개되고 있다. 가버나움의 기원은 주전 2세기경 하스모니안 왕가시대로 거슬러 올라간다. 당시 이곳은 평화로운 도시였다. 로마 국경경비대 본부가 자리 잡고 있었고, 안티파스의 행정도시와 관세 사무실도 이곳에 있었다.

지형은 해발 약 210m 아래에 위치한 저지대 도시이다. 시리아의 다마스쿠스, 지중해에 있는 가이사랴와 두로, 이집트로 가는 이정표가 되었던 곳이다. 이러한 환경 때문에 이곳을 지나는 여행객과 상인들은 관세를 내야만 했다.

사막을 여행하는 단체 여행객들은 이곳에서 여행에 필요한 물품이나 건어물, 과일, 특산품 등을 구입했다. 반면에 실크와 향료 같은 귀중품은 다마스쿠스에서 이곳으로 수입되어 들어왔다. 이처럼 많은 물품들이 오갈 수 있었던 요인은 가버나움이 가장 큰 항구도시였기 때문이다.

신약시대의 가버나움은 갈릴리 호수에서 가장 큰 항구가 있어 이스라엘에서 이름난 항구도시였다. 이 때문에 가버나움은 북부 이스라엘의 상업 중심지로 더욱 발전해 갔다. 해안에는 넓은 도로가 있었고, 여러 개의 교각들은 호수 가운데를 향하여 30m 이상 뻗어 있었다. 가버나움은 사람들이 승선하거나 생산품들을 선적하는 항구로서의 역할을 담당해 왔다.

항구로 내려가는 중앙 도로 옆에 유대인 회당이 있고, 그 회당 남쪽에는 베드로의 집이 있다. 갈릴리 호수에서 잡히는 물고기들의 종류는 농어, 잉어, 정어리, 메기 등을 비롯하여 30여 종이 된다. 하지만 많은 물고기 가운데 메기나 꽃게는 부정한 식단으로 분류되어 잡으면 즉시 놓아주었다. 유대인의 음식법에 코셔Kosher와 넌-코셔Non-kosher가 있기 때문이다.

코셔는 유대 식탁법에 따라 먹어도 되는 음식을 말하며 넌-코셔는 먹어서는 안 되는 음식을 말한다(렘 11장, 신 14장). 따라서 넌-코셔로 분류된 메기나 꽃게 등은 잡히면 즉시 놓아주었다. 갈릴리 호수를 순례하다 보면 메기나 꽃게를 쉽게 볼 수 있다. 강변 주변에서 빵조각 하나만 호수에 던져도 팔뚝 만한 메기들이 순식간에 몰려든다. 정말 징그러울 정도로 크다.

이곳에 살고 있던 주민들은 다양한 직업과 항구에서 얻어지는 수입을 통하여 비교적 풍요로운 생활을 영위한 것으로 보인다. 이곳은 올리브 생산지로도 유명했다. 이스라엘뿐만 아니라 고대 근동 지방은 주된 생활 경제를 올리브 오일에 의존했었다. 일부 주민들은 어업과 농업, 과수원에서 얻어지는 수입으로 여유있는 생활을 할 수 있었다. 그 밖에 항구와 수산업이 발달하면서 외부에서 몰려오는 사람들로부터 거두어들이는 통행세, 상품들의 관세 등의 수입 또한 적지 않았다

세수입이 풍족한 이 도시는 현지에 사는 주민들에게는 세금 감면이나 면세의 혜택이 주어졌다. 그러다 보니 감세의 혜택을 받기 위하여 주변 도시에서 이곳으로 이주하는 사람들이 많았다. 그중에 벳새다에서 살던 베드로와 안드레 같은 예수님의 제자들은 세금이 가벼운 가버나움으로 이사 오게 되었다.

이곳 주민은 대체로 다양한 종류의 직업들을 가지고 있었다. 어업, 농업, 배를 만드는 조선업과 그물을 짓는 수선공 또는 석재 가공업 등이 주요 직종이었다. 항구가 발달하다 보니 타지에서 들어오는 수송선이 분주하게 들락거렸다. 이러한 이유 때문에 마태와 같이 세금을 징수하는 직업을 가진 사람들도 있었다.

가버나움은 비록 작은 도시였으나 수로와 육로를 통해 고대인들이 왕래가 잦았던 곳이다. 특히 이곳은 헤롯 안티파스와 헤롯 빌립의 경계선을 기점으로 요단강과 골란고원이 각각 다른 행정구역으로 분리되어 있어, 로마에서는 국경 수비대를 파견하여 주둔시킬 만큼 군사적으로도 중요한 지역이었다.

거대한 연자 맷돌을 목에 맨다는 것은

이곳에서 당시의 생활상을 알아볼 수 있는 생필품의 생산도구와 농기구들이 대량으로 발굴되었다. 발굴된 것들은 올리브 기름을 짤 때 사용했던 올리브 프레스, 곡물들을 갈았던 작은 맷돌과 큰 연자 맷돌, 식기로 사용되었던 석재 사발 등이다.

주로 현무암으로 만들어진 도구들과 농기구들은 오랜 세월 속에서도 그 형태가 잘 보존되어 있다. 가버나움 정원에 남아 있는 대부분의 현무암은 고대에 사용한 기구들과 생활용품들이다. 특히 힘센 장정이 혼자서는 들 수조차 없는 큰 연자 맷돌을 보면 예수님께서 경고하신 말씀이 선뜻 떠오른다.

"그가 이 작은 자 중의 하나를 실족하게 할진대 차라리 연자 맷돌이 그 목에 매여 바다에 던져지는 것이 나으니라(눅 17:2)."

연자 맷돌은 우리의 정서로는 상상하기 어려울 정도로 크고 무겁다. 이 맷돌은 단단한 현무암으로 만들어져 있어 오랜 세월에도 쉽게 마모되거나 손상되지 않는다. 이 연자 맷돌을 통해 아무리 보잘것없고 초라해

연자 맷돌

보이는 자라도 결코 인간의 존엄성을 가벼이 보시지 않는 예수님의 속성을 엿볼 수 있다.

작은 자 하나가 얼마나 귀하기에 이처럼 크고 무거운 연자 맷돌이 그 목에 매여 바다에 던져지는 것이 낫다고 하셨을까? 작은 맷돌 하나만 목에 메고 물속에 들어가도 살아남지 못할 텐데 말이다. 작은 자든 큰 자든 사람의 생명을 실족하게 하는 일은 결코 용서할 수 없다는 주님의 강한 경고인 것 같다.

비아 마리스 VIA MARIS

현재, 가버나움에는 2,000년 이상 된 유물들이 긴긴 역사를 간직한 채 그 자태를 뽐내고 있다. 이곳에서 농기구뿐만 아니라 금은빛이 찬란한 동전이 무더기로 발굴되었다. 그 당시의 문자와 다양한 종류의 도자기, 베드로의 집과 회당 등 무수한 유물도 발굴되었다.

1975년에는 대리석으로 만들어진 고대 이정표가 발굴되면서 가버나움의 중요성을 새롭게 인식하게 되었다. 이 대리석에는 아직도 당시의 비문이 생생하게 남아 있다. 비아 마리스 VIA MARIS라고 불리는 비문에는 "황제 시저는 파르시안 Parthians을 점령한 신성한 트라전 Trajan의 아들, 신성한 네르바 Nerva의 손자"라고 새겨져 있다.

이정표 비아 마리스

Part 8
베드로의 집

무질서한 계획 속에 성장한 도시

북쪽 갈릴리 강변에 있는 가버나움은 벧산Beit Shean 이나 가이사랴Caesarea처럼 체계적인 도시계획을 세우지 못했다. 그저 형편 닿는 대로 집을 짓다 보니 도로나 하수 시설 하나 제대로 갖추지 못했다. 당시에 로마가 지배하는 큰 도시들은 보통 야외극장, 시장, 광장, 경마장 등이 있었는데 가버나움에서는 이러한 시설물들을 전혀 찾아볼 수 없다.

경제적으로 안정된 도시들은 저마다 개성 있는 건축양식을 보이나, 이곳의 건축물에는 이렇다 할 특징이 없다. 복합 건축방식인 인슐라Insula 형태로 가옥들을 확장시킨 모습만 확인할 수 있다. 인슐라란 지상 집합

주택으로 건물 주변에 방을 만들어 하나씩 넓혀 가는 형식의 건물 구조를 말한다.

베드로가 살았던 집이 발굴되면서 전형적인 인슐라의 모습을 재현할 수 있게 되었다. 벳세다에 살았던 베드로는 가버나움으로 거주지를 옮긴 후 장모의 집에서 처가살이를 시작했다. 그의 장모가 살았던 초기 가옥은 규모가 작았으나 베드로 가족이 이사오면서 조금씩 확장된 모습이 보인다.

성경적 증거는 없지만 이곳에서 발굴된 인슐라의 구조를 보면 예수님의 처소로 보이는 방도 발굴되었다. 가족이나 손님 접대를 위한 방들은 상황에 따라 인슐라 구조로 매번 확장하는 공사를 해야만 했다. 혈연 중심으로 살던 당시의 상황을 보여 주는 전형적인 가옥의 형태이다.

침례탕과 공작새 모자이크

1968년경 이탈리아에서 온 코르보Virgilio C. Corbo 와 로프레다Stanislao Loffreda가 가버나움 주변에 있는 베드로의 집에 대하여 연구하기 시작했다. 이들은 바닥에 숨겨져 있던 동전들과 글씨가 쓰인 도자기 파편들을 출토해 냈다.

베드로의 집이 주후 1세기 초에 갈릴리 지역의 초대교회로 사용된 사실도 이때 비로소 밝혀졌다. 주후 4세기 때에는 그가 살던 집이 더 확장되어 화려한 벽으로 둘러싸인 교회로 발전한 흔적들을 찾아냈다. 주후 5세기는 대규모의 비잔틴 교회로 개축되었는데, 이때 침례세례탕을 겸비한 팔각형 교회로 개조한 것으로 보인다.

침례탕은 동쪽에 있는 벽 중간쯤에 놓여 있었고 양쪽 계단으로 분리되어 만들어졌다. 한쪽은 침례를 받기 위해 내려가 입수하는 계단이었다. 다른 쪽은 침례를 받은 후 반대쪽으로 나오는 출구 형식으로 구조가 되어 있었다. 또한 교회 내부에는 3개의 팔각형 구조와 5개의 돌기둥이 주변을 둘렀고 여러 곳에 출입구를 세웠다.

교회 내부의 바닥과 기둥에는 타브아 교회 오병이어의 교회를 연상하게 하는 모자이크를 수놓았다. 팔각형 가운데는 공작새가 묘사되었다. 그 주위에는 꽃들로 장식된 정교한 모자이크가 아름다운 조화를 이루고 있었다.

베드로의 집에서 발굴된 공작새 모자이크는 이곳뿐만 아니라 다른 성지에서도 찾아볼 수 있는 고대 작품 중의 하나이다. 1968년경에 코르바와 로프레다는 팔각형이 있는 마룻바닥에서 다양한 모자이크를 발굴하게 된다. 파헤쳐진 마룻바닥 밑에서 또 다른 건물의 벽이 드러났다. 그 벽에는 십자가를 상징하는 그림들과 "주 예수 그리스도는 하나님을 돕는 종"이라는 글이 벽에 새겨져 있었다.

교회 내부에는 잘 정돈된 모자이크가 여러 가지 모양을 하고 있었다. 다양한 꽃들과 함께 물고기 떼들이 조화를 이루었다. 모자이크 중앙에는 아름다운 공작새가 수놓여 있었다. 이스라엘 지역에서 발굴된 다양한 모자이크는 대부분 비잔틴 시대에 만들어진 작품들이다.

특히 공작새 모자이크는 초대 기독교인들의 '영원성'을 상징한다. 이 작품들은 대단한 걸작으로 평가받고 있다. 이것은 가버나움 지역 뿐 아니라 이스라엘 주변 국가에 있는 기독교 건물이나 유적지에서도 종종 찾아볼 수 있다.

처음에 있었던 가버나움의 가옥들은 헬레니즘 시대인 주전 1세기 말경에 세워진 집들이다. 물론 주변에는 주전 2000년경부터 사람들이 살아온 흔적들이 있다. 하지만 본격적으로 주택이 형성되기 시작한 시점은 주전 2세기경부터이다. 주후 1세기 중반에는 매우 독특한 모양으로 가옥들이 지어졌다.

대부분의 집들은 주상 복합건물(인슐라) 형식을 벗어나지 못했다. 대가족 단위로 구성된 가버나움의 사회를 대표해 주는 모습이다. 베드로의 집도 예외는 아니었다. 이런 지역을 발굴할 때 나타나는 특성은 다양한 유물들이 한곳에 다발적으로 드러난다는 것이다. 베드로의 집에서도 많은 등잔과 도자기들이 부서진 채로 출토되었다. 북동쪽에 있는 방에서 출토된 큰 항아리는 거의 손상되지 않은 채 보존되어 있었다.

베드로의 집은 주후 5세기 초까지만 해도 형태가 크게 바뀌지 않았던 것으로 보인다. 5세기 중반쯤 비잔틴 교회로 바뀌면서 큰 변화가 일어난다. 이러한 사실은 주후 381~384년에 성지를 탐방한 에게리아Egeria가 남긴 기행록『가버나움에 있는 사도들의 왕자의 집In Capernaum, the house of the Prince of the Apostles』을 통해 입증할 수 있다. 즉, 그녀가 가버나움을 방문할 당시는 아직 비잔틴 시대가 오기 전이었기 때문에 가옥이 크게 변화하지 않은 상태였던 것이다.

가옥이 변경되기 전의 모습을 좀 더 알아보자. 사방으로 쌓여진 전체 가옥의 벽 둘레는 총 112.3m나 된다. 이 가옥의 벽은 두꺼운 이중벽으로 한쪽 길이가 27m이다. 높이는 2.3m로 전체가 회반죽으로 발려져 있었다. 문은 북서쪽에 하나, 남서쪽에 하나 총 두 개가 있었다. 학자들은 북서

베드로의 집에서 발굴된 공작새 모자이크

쪽 문의 흔적은 찾아냈으나 남서쪽 문은 찾지 못했다. 이러한 모습이 주후 4세기에 있었던 베드로의 집인데 그 구조는 정사각형이었다. 집의 안마당에 출입구를 만들고 벽은 색상 있는 회반죽으로 치장되어 있었다.

가버나움은 비잔틴 시대에 황금기를 맞이한다. 5세기 중반의 베드로 집은 기존의 건물을 개조하여 가옥 중앙에 팔각형 건축양식으로 변경했다. 팔각형 구조는 모두 두 겹으로 겹쳐 세 겹의 형태를 취하고 있다. 팔각형 하나의 직경은 16.5m, 다른 하나는 8m였다.

팔각형 구조는 본래 있던 베드로의 집 벽에 직접 연결하여 만들어진 것이다. 이러한 건축물은 베드로를 영예롭게 하기 위해 팔각형 건축양식을 취한 것이다. 헬레나 시대에 시작된 팔각형 건축양식은 이후 비잔틴 시대로 이어지면서 주님과 사도들의 발자취를 더욱 돋보이게 했다.

베드로 집 밑에서 많은 문자와 철로 된 낚시 바늘, 금화들이 무더기로 발굴되었다. 그 중 발굴된 유물들 가운데 131점의 문자를 찾아 분석한 결과 모두 4개국의 언어로 구성되어 있었다. 그리스어로 새겨진 문자 110점, 아랍어 10점, 시리아어 9점, 라틴어가 2점이다.

특히 시리아어에서 '예수'라는 문자들이 여러 번 나타난다. 이들은 예수를 '그리스도', '주 The Lord' 그리고 '높으신 하나님'으로 새겨져 있었다. 여러 가지 십자가 형태들과 어선, 예수님을 상징하는 결합 문자들도 있었다. 또 그리스어와 라틴어로 새겨진 '베드로'라는 이름과 다른 글씨가 무더기로 발굴되었다. '베드로'라 쓰인 글씨 가운데 어떤 것은 베드로가 로마 정부를 도와주는 사람으로 기록되기도 했다.

현대식 건축물, 인슐라 세이크라 The Insula Sacra

고대 건물을 간직하고 있던 베드로 집 위에 1982년 1월 24일에 현대식 건물을 짓기 시작하여 1990년경에 완성되었다. 이탈리아인 건축가 아벳타 Ildo Avetta가 건물 전체의 외형을 고기잡이 어선의 형상으로 설계한 것으로 지붕은 마치 거대한 그물이 놓인 것처럼 보이도록 했다. 베드로 집 위에 기둥을 세운 것은 건물 전체가 배를 상징하도록 하기 위한 것이다.

기둥의 장식들은 물고기 · 파도 · 그물을 상징한다. 실내 장식은 비스톨리 Raoul Vistoli가 일부분을 맡았다. 실내 가운데는 4개의 나무 널빤지로

베드로 집 위에 세워진 인슐라 세이크라

장식되어 있다. 그 이유는 축복받은 동정녀가 베드로의 집과 그의 배에
들어오는 것을 묘사하기 위한 것이다. 예술가 드라고니Giovanni Dragoni는
내부의 한쪽에 고난의 십자가와 예수님을 상징하는 조각품을 남겼다. 로
시Enzo Rossi가 장식한 제단은 광야의 만나와 오병이어의 기적, 가버나움
회당에서 설교하시는 예수님의 모습이다.

　대부분 사복음서와 관련된 상징들이 모자이크로 장식되어 있다. 건물
중앙에는 5세기에 세운 팔각형 구조가 잘 보이도록 유리로 덮었다. 건물
내부를 관찰할 수 있는 기회는 많지 않으므로, 기회가 주어지면 놓치지
말고 방문하는 것이 좋을 것 같다. 새로운 건물을 짓기 전에 이곳에서 발
굴된 많은 유물들도 함께 관람하는 것을 잊지 않았으면 한다.

인슐라 세이크라의 내부

성경 속의 집

　　지금까지 살펴본 바와 같이 가버나움의 집 구조는 다른 지역에 비해 크게 차이점이 많다. 석회암이 많은 예루살렘 주변에서는 보통 대리석과 석회석으로 집을 짓는 반면, 가버나움 사람들은 현무암으로 집을 지었다. 지붕은 통나무로 가로세로 구조를 만들고 지푸라기와 흙, 야자수 나뭇잎을 엮어 평평하게 했다.

　　지붕으로 올라가기 위해서는 사다리나 계단을 이용했다. 이곳은 대부분 계단을 설치한 것으로 보인다. 지붕 위에서는 음식을 먹거나 잠을 잘 수도 있었다. 또한 기도(명상)나 사적인 비밀 면담의 장소, 이웃들에게 소

베드로의 집에서 발굴된 낚시 바늘과 금화

식을 전하거나, 춤과 축제, 과일과 곡식을 건조시키는 등 다양한 기능으로 쓰였다. 대가족일 경우 다락방을 만들었고, 안전을 위해서 난간을 두기도 했다.

신약시대의 집 구조에 대한 상식들을 좀 더 살펴보자. 성경시대의 집

구조를 이해하려면 먼저 지역과 지질, 문화와 환경에 대한 기본적인 지식이 있어야 한다. 예를 들어 예루살렘의 건축양식은 갈릴리에 있는 건축양식과 다소 차이점이 있다. 따라서 그 주변에 있는 지질과 환경에 대한 정확한 정보가 필요하다.

〈마태복음〉 24장 43절에 "… 만일 집 주인이 도둑이 어느 시각에 올 줄을 알았더라면 깨어 있어 그 집을 뚫지 못하게 하였으리라."의 말씀은 주님이 감람산 위에 앉아 계실 때 언급하신 내용이다. 예루살렘 주변은 대부분 석회질로 형성되어 있었기에, 그 지질적인 특징을 고려해서 하신 말씀이다.

예루살렘이나 그 주변에 집을 지을 때는 석회석이나 대리석을 사용했다. 석회질의 성분은 강석회, 중석회, 연석회 등으로 구분할 수 있다. 석회석으로 지어진 집은 지역과 환경에 따라 다양한 석회질의 변화를 보게 된다. 만일 가옥이 연석회질로 침식되어 간다면, 도둑이나 강도는 약한 벽을 뚫고 물건을 약탈할 수 있었다.

한 예로, 나사로의 무덤이 있는 예루살렘 동쪽에 베다니 마을을 들 수 있다. 성지 순례객들은 나사로 무덤 입구에 들어갈 때 입구의 한쪽 부분이 파손된 모습을 쉽게 볼 수 있을 것이다. 베다니 마을은 건조한 지역이지만, 간혹 습기가 차는 곳은 점점 약해져 쉽게 무너지는 것을 보게 된다.

이와는 반대로 갈릴리 주변에 있는 가옥들은 현무암으로 지어졌다. 현무암으로 지어진 집들은 쉽게 무너지거나 습기가 차는 현상은 일어나지 않는다. 따라서 예루살렘 주변의 가옥들처럼 집을 뚫거나 구멍을 낸다는 것은 쉬운 일이 아니다.

예수님이 갈릴리 주변에서 설교할 때 집의 벽을 뚫는다는 표현을 하지 않은 이유가 여기에 있다. 성경에는 어떤 중풍병자를 설교하고 계신 예수님에게 보이기 위해 데려왔다. 하지만 많은 군중에 둘러싸인 주님을 만날 수가 없었다.

친구들은 환자를 주님 앞에 가까이 데려가기 위해 지푸라기와 흙, 야자수 나뭇잎을 엮어 만든 지붕을 뜯어냈다(막 2:1-5). 즉 담벼락을 뚫은 것이 아니라 지붕을 뜯어낸 사건이었다.

현무암으로 지어진 가옥의 담을 뚫을 수 없어 지붕을 대신 뜯어낸 내용이 성경에 기록되어 있다. 이러한 사실을 모르고 〈마태복음〉 24장에 있는 "집을 뚫지 못하도록 깨어 있으라."고 하신 내용만을 보면 성경 말씀을 잘못 해석하고 이해할 수도 있다.

예루살렘 주변과 갈릴리 지역의 지질적인 특성을 잘 살펴보고, 성경을 읽고 이해하는 것이 바람직하다. 이스라엘 지역의 특성들을 바르게 알지 못한 상태에서 말씀을 전하거나 듣는다면 성경 해석에 착오가 일어나게 될 것이다.

Part 9
회당 이야기

지금부터는 예수님 시대 이전부터 존재해 왔던 회당 이야기로 넘어가자. 회당은 다음 편에 소개될 가이사랴 빌립보에서 새롭게 시작되는 교회의 역사와 깊은 관련이 있다. 회당의 역사와 기능, 구조, 사용 방식 등을 살펴보고, 오늘날 우리가 섬기고 있는 교회와 비교해 보는 것도 좋을 듯하다.

예수님 당시의 회당을 발굴하다

프란시스칸의 오르팔리Orfali 수사는 "현재 회당 밑에 1세기의 회당이 있다."고 단정한 바 있다. 미국의 올브라이트William Foxwell Albright 박사도 예수님 시대에 존재했던 유대인 회당에 남다른 관심이 있었다. 그는 오랫동안 초기 회당에 관련된 연구를 해 온 인물이었다. 올브라이트 박사는 "3~4세기의 회당 밑에는 원시적인 회당의 기초가 있었는데 그 아무도 회당 밑을 연구하는 자가 없다."면서 탄식하기도 했다.

이 소식을 들은 프란시스칸 학자들은 1969년에 코르보와 함께 회당의 동쪽과 서쪽 부분을 파헤쳐 나가기 시작했다. 회당 안에 있는 긴 돌 벤치들을 옮긴 후 바닥밑 부분을 파헤쳐 갔다. 바로 그 순간, 발굴 작업을 하고 있던 학자들은 잠시 숨이 멈추는 것 같은 충격을 받았다. 주후 4세기에 세워진 회당 밑에 예수님 당시에 세워진 회당의 기초석이 숨겨져 있었던 것이다. 주후 1세기 때 세워진 회당의 기초석이었다. 이 기초석은 현지에서 채석한 검은 현무암으로 되어 있었다. 4세기의 건물과는 전혀 다른 모습이었다.

긴장과 흥분의 순간은 계속되었다. 바닥 밑바닥에서 수많은 동전들도 발굴되었다. 회당 밑에서 찾아낸 현무암은 그동안 소문만 무성하고 찾아내지 못했던 원시 회당의 기초를 밝혀 주는 가치 있는 유물이었다. 예수님께서 자주 방문하셨던 말씀의 현장을 찾아내는 것만 같았다.

주후 4세기에 세워진 회당으로만 알고 있던 프란시스칸 학자들과 코르보는 계속해서 회당 바깥 주변들을 조심스럽게 탐구해 갔다. 깊게 파헤쳐진 동쪽 벽 밑에서는 예수님 당시 세워진 회당의 기초석들이 드러나기 시작했다. 고대에 세워진 회당은 바로 주후 4세기 때 건축된 회당 밑에 숨어 오랜 세월을 침묵하고 있었다. 그 위에 새롭게 지어진 석회암 건축물은 로마식 건축양식에 따라 화려하고 아름다운 모습으로 탄생했던 것이다.

이렇게 찾아낸 예수님 당시의 회당은 프란시스칸 수사들의 정성 어린 관리와 보호를 받고 있다. 오늘날 모든 순례객들이 한눈에 볼 수 있도록 잘 보수해 놓았다. 고대 회당 위에 지어진 두 번째 회당은 주후 4~5세기에 접어들면서 유대인 공동체에 큰 힘을 실어 주었다. 그 후로 가버나움의 회당은 주민들과 지역사회에 막대한 영향을 끼치게 된다.

가장 아름다운 가버나움 회당

주후 1세기 때 세워진 회당은 예수님 당시 백부장이 세운 회당이었다(눅 7:5). 백부장이 세운 회당은 현재는 존재하지 않고, 그 흔적만이 기초석으로 남아 있는 상태이다. 그 후 주후 4세기 때 백부장의 회당 터 위에 새로운 회당을 지었다. 4세기 때 세운 회당은 현재 다시 복원되어 수많은 순례자들을 맞이하고 있다.

예수님 당시의 회당은 주후 4세기 때 세워진 회당에 비해 3분의 1정도의 규모밖에 되지 않는다. 예수님은 이 작은 회당에서 자주 설교를 하셨고 귀신 들린 자들도 치료하셨다(요 6:59, 눅 4:31-33). 예수님 당시 회당의 건축 자재들은 대부분 현지에서 생산되는 현무암을 사용했다. 하지만 새로운 회당(주후 4세기경)에 사용된 건축자재들은 현지에서 생산되는 현무암을 쓰지 않고 서쪽 갈릴리 지역에서 가져온 석회암을 사용했다.

현무암으로 지어진 회당은 햇빛이 잘 들어도 현무암 자체가 어두운

THE LATE FOURTH CENTURY A.D
"WHITE SYNAGOGUE"
BUILT UPON THE REMAINS OF THE
"SYNAGOGUE OF JESUS"

예수님 당시에 세워진 회당의 흔적이 보인다

색을 띠고 있어 그 안이 어둡고 침침하다. 반면, 석회암으로 지어진 회당은 빛을 잘 비추어 주며 실내를 밝게 해 준다. 때문에 회당의 분위기를 한층 돋보이게 한다. 처음에 백부장이 세운 회당은 건축 기술이 후대에 미치지 못하여 아름답고 세련된 모습은 갖추지는 못했다. 하지만 석회암으로 세워진 4세기 때의 회당은 웅장하고 매우 아름다웠다.

고고학자 라빈슨Edward Robinson은 처음에 이곳을 발굴할 때의 상세한 기록들을 문서로 남겨 놓았다. "팔레스타인에서 이처럼 정교하고 아름다운 회당을 아직까지 본 적이 없다. 이 회당은 가장 견고하며 가장 자랑스러운 회당 중의 하나이다."라고 감탄했다. 회당의 건물의 크기나 그 당시 사용된 건축자재들을 보면 라빈슨 박사가 감탄한 이유를 충분히 알 수 있을 것이다.

주후 4세기에 세워진 회당은 평지에서 약 2m 높이에 기초를 세웠다. 건물의 외형은 직사각형으로 바실리카 양식을 취했다. 이 당시 가장 유행하던 그레코-로만 형식을 따른 것이다. 실내는 네 부분으로 나뉘었다. 회당의 중심을 이루고 있는 기도실, 동쪽으로는 정원, 남쪽에는 현관, 북서쪽 코너에는 방이 있었다.

학자들이 건물의 크기를 재 보니 이 중에 기도실(20.5×18m)이 가장 넓었으며, 동쪽의 정원(20.5×12m)이 그다음으로 넓었다. 북에서 남으로 측량한 내부의 길이는 23m, 동에서 서로는 17.9m이었다. 동쪽과 서쪽의 벽에는 돌로 만든 긴 벤치들이 층을 이루며 놓여 있었다.

본래 북쪽 벽에도 긴 벤치가 있었으나 지금은 보이지 않는다. 회당의 출입구들은 예루살렘이 있는 남쪽을 향해 현관 세 개(4m)를 두었다. 2층으로 구성된 회당의 옛 모습은 보이지 않으나, 계단을 따라 위층으로 올라가면 아이들과 여인들이 기도하는 곳이 있었다.

내부에 있는 두 개의 복도에 일곱 개의 기둥들이 고린도식 머릿돌을 취했다. 북쪽으로는 ㄷ자 모양으로 두 개의 기둥을 받치고 있었다. 동쪽에 있는 부속 건물은 유대인 교육을 위한 학교로 사용되었다. 헬라의 도리스식 머릿돌들이 정원 주변을 받치고 있었다.

지붕은 통나무를 다듬어 가로세로로 엮은 후 흙과 지푸라기를 섞어 덮었다. 동쪽의 부속된 건물에는 두 개의 문과 세 개의 창문을 두었다. 현관 입구에 장식된 조각들은 다른 곳에서 찾기 힘든 무늬들로 수놓았다.

현관 기둥을 가로지르는 상인방에는 여러 동물들과, 이곳에서만 서식하는 식물들, 메노라(일곱 촛대), 양의 뿔, 회복과 왕권을 나타내는 대추야자 Palm Tree를 수놓았다. 히브리 인들을 뜻하는 포도가지와 송이들, 다산을 의미하는 석류, 언약궤(법궤), 장미꽃 무늬와 다윗과 솔로몬을 상징하는 별들도 각각 새겨져 있었다.

또한 기도실에 있는 돌기둥 중 하나는 그리스어로 새겨진 문구가 있다. "헤롯의 아들 모모스Mo(ni)mos와 저스투스Justus는 (그들의) 자녀들과 함께 이 기둥을 세우노라." 또 정원에 있는 다른 기둥에는 아랍어로 "제비다Zebida의 할푸Hafu의 아들과 요하단Yohanan의 아들이 이 기둥을 세우노라."라고 각각 새겨져 있다.

회당은 단지 유대인의 예배하는 장소로만 사용된 것이 아니라 다목적 용도로 쓰였다. 학교, 단체 사교장, 만남의 장소, 재판소, 기도나 토라 낭독, 토론과 말씀 전파의 장소로 더 많이 사용되었다. 구약처럼 제사장이 있는 것도 아니요 희생 제물을 드릴 수 있는 것도 아니었기 때문에 언제든지 사용이 가능했다. 최소한 10명 정도 남자들이 모이면 기도를 시작할 수 있었다. 친교실처럼 주민들에게 음식을 공급하거나 나그네들에게 잠자리를 제공하기도 했다.

이곳의 역할 중에 무엇보다 중요한 것은 교육적 기능이었다. 이 당시 유대인들은 회당에서 학교교육을 받았다. 남자는 13세 이상이면 기도를 인도하거나 말씀을 낭독할 수 있는 자격이 주어졌다. 이 제도는 오늘날까지 이어지고 있다.

독일의 고고학자 와찡거Carl Watzinger(1877~1948)는 흰색으로 된 석회암 회당을 주후 2세기 말에서 3세기 초의 것으로 추정했다. 그러나 이곳에서 출토된 3만여 점의 동전들과 도자기 조각들을 분석한 결과로 본다면, 주후 4세기로 보는 것이 더 타당하다. 와찡거를 제외한 일부 학자들도 석회암으로 된 회당은 일반적으로 주후 4세기에 건립된 것으로 인정하고 있다.

가버나움에 있는 회당이 주후 4세기에 세워졌다 해서 이스라엘 가운데 가장 오래된 회당은 아니다. 이스라엘에서 가장 오래된 회당은 북쪽 골란고원 쪽에 있는 감라Gamla 회당이다. 그다음은 사해 주변에 있는 마사다Masada 회당, 여리고에 있는 회당도 역사는 오래되었으나 가버나움 회당 이후에 새롭게 증축되었다.

하지만, 지금까지 가장 잘 보존된 상태에 있는 회당은 하부 이집트에 있는 델로스 회당Delos Synagogue이다. 일부 학자들은 이 회당이 세계에서 제일 오래된 현존물이며, 보존 상태가 가장 양호한 회당으로 평가한다. 이 회당은 주전 3세기경에 세워진 것으로 알려져 있다.

유대인의 고문서 가운데 가장 권위 있는 탈무드나 미쉬나에는 회당에 대한 자세한 기록이 없어 정확한 자료를 찾기가 어렵다. 따라서 일부 유대인들이 가지고 있는 일반 자료들을 참고해 보면, 초기 유대인 회당은 매우 단순한 목적의 건물이었다.

시대 흐름에 따라 회당의 양식은 다양하게 변천해 갔다. 토라를 보관하는 벽감이나 휴식을 취하는 정원과 잘 정돈된 기둥들이 추가로 세워지고, 2층으로 건물을 증축하면서 여인과 아이들을 위한 기도실도 만들어졌다. 잘 정돈된 정원과 화려한 조각과 색상은 이전에 있던 초기 회당에 비해 다목적 기능을 할 수 있는 건축양식으로 발전해 갔다.

회당이 주는 영적 의미

회당이 주는 영적 의미는 무엇일까? 출애굽 당시 세워진 성막은 솔로몬 시대에 성전으로 발전하면서 이스라엘 땅에 정착되기 시작했다. 솔로몬 성전이 세워진 후 제사장이 하나님께 나아갈 수 있는 길은 성소와 지성소로 구분되어 있었다. 즉 솔로몬 성전은 일반 제사장이 나갈 수 있는 성소와 대제사장이 나갈 수 있는 지성소로 분리되었다.

이 제도는 광야에서 시작한 성막의 제도를 따른 것이다. 이 두 장소만이 하나님께 나아가 속죄와 제사를 드릴 수 있는 유일한 통로였다. 일반 백성들이 자신들의 죄를 속죄하려면 성전에 가야만 했다. 제사장들이 그들을 위해 제사를 드릴 수 있는 장소는 역시 성전 외에 그 어떤 곳도 허락

되지 않았다.

하지만 솔로몬 성전이 이방인들 손에 파괴되면서 하나님께 나갈 수 있는 길이 상실되고 만다. 성전 외에는 그 어떤 곳도 성소와 지성소를 대신할 수는 없었다. 성전이 없어진 이후 유대인들은 하나님께 나아갈 수 있는 차선책으로 회당을 짓기 시작했다. 이때부터 유대인들의 신앙관이 새롭게 싹트게 되었다. 예루살렘에 있던 성전이 파괴된 후 제사장들이 하나님을 만날 수 있는 곳을 성전 대신 회당으로 바뀌게 된 것이다.

그 후로 회당은 하나님을 만나기 위한 중보의 장소로 조금씩 자리매김하게 된다. 여기에는 많은 어려움들이 뒤따랐다. 회당은 단지 중보 기도를 위한 곳으로 사용될 수는 있었으나 성전의 역할을 대신할 수는 없었다. 유대인은 자신들의 율법에 따라 모든 제사의식을 거행할 때 성전에서만 희생 제물을 들일 수 있었다. 하나님의 거룩한 임재는 성전의 성소와 지성소에 제한되어 있었기 때문이다.

지성소는 1년에 한 차례 대제사장만이 들어가 백성들의 죄를 대속할 수 있었다. 때문에 성전이 없는 희생 제물은 다른 어느 곳에서도 드려질 수 없었고, 또한 드려서도 안 되었다. 그러므로 자신의 죄와 국가와 민족의 속죄제를 드리기 위해서는 회당이 아니라 솔로몬 성전과 같은 성소와 지성소가 필요했다.

하지만 성전 대신 회당이 세워지면서 하나님께 직접 나아갈 수 있는 길이 상실되기 시작했다. 회당의 기능은 성전과 달리 하나님을 만나는 개념이 아니라 성전이 회복될 수 있는 중보의 터전으로서의 역할을 할 뿐이었다. 회당에서는 그 어떤 제사 의식이나 희생 제물도 하나님께 드릴 수 없었다.

유대인들에게 성전이 없는 회당의 의미는 잠시 머물다 가는 임시 기도처에 불과한 곳이다. 성전이 회복되어야 제사장 직분도 회복되며 이스라엘 국가도 영적으로 온전히 회복될 수 있었다. 랍비들과 유대교인들이 통곡의 벽 앞에 머리를 조아리며 간곡히 기도하는 주된 이유도 여기에 있다. 이들은 성전이 하루속히 회복되기만을 염원하고 있는 것이다.

성전이 회복되어야 제사 의식도 회복되고 속죄의 어린양을 잡아 하나님께 제사를 드릴 수 있게 되기 때문이다. 그러나 성전은 다시 회복될 수 없게 되었다. 예수님 자신이 성전이 되어 영원한 희생 제물이 되셨다. 모든 율법을 친히 완성하신 것이다.

따라서 안식일에 회당을 찾는 영적 의미는 더욱 무의미하게 되었다. 예수님이 희생양이 되신 후 회당의 기능은 더 이상 하나님을 만나기 위한 중보의 역할을 할 수 없게 되었다. 주님 자신이 친히 중보자가 되어 하나님과 죄인 된 무리들을 중보하셨기 때문이다.

광야의 회막이 솔로몬 성전의 그림자라면 신약시대의 회당은 오늘날 교회의 그림자에 불과하다.

주님은 가버나움을 사랑하셨다. 그 주님의 사랑은 지금도 변함없이 지속되고 있다. 성지를 찾는 모든 순례객들은 주님의 한없는 사랑을 가버나움 현장에서 피부로 느낄 수 있을 것이다. 주님의 사랑은 시대와 환경에 따라 결코 변할 수 없는 진리이다.

성지순례란 교회생활에서 느낄 수 없는 또 다른 신앙체험을 현장에서 느껴보는 것이다. 가버나움은 예수님의 본고향이며 사역의 핵심적인 선교의 현장이었다. 이곳에서 시작한 교회는 가이사랴 빌립보에서 그 실체가 구체적으로 드러나기 시작한다.

TIP
성경이 보인다
복음사역의 장소, 가버나움

나사렛에서 어린 시절을 보내셨던 주님께서는 복음사역의 장소를 가버나움으로 옮기셨다. 예수님의 본고향으로 알려진 가버나움은 제자들을 맞이한 곳이다. 치유의 현장으로 기적과 표적을 많이 나타내신 현장이다. 예수님이 나사렛에서 이곳으로 옮긴 이유 중 하나가 바로 여기에 있는 듯하다. 구속사역을 시작하는 세계 선교본부를 가버나움에 마련하신 것이다. 주님은 이곳에서 숨어 있는 많은 인재들을 찾아냈다.

베드로를 비롯하여 안드레, 마태, 세베대의 아들 야고보와 요한, 빌립 등의 제자들을 만나게 된다. 우리는 흔히 베드로가 많이 배우지 못하고 가난하게 사는 어부 출신이라는 것을 알고 있다. 때문에 그의 인격이나 신앙적 자질을 과소평가하고 있는 것은 아닌지 모르겠다. 하지만 그의 처갓집 가옥의 유적지나 주변의 환경은 베드로의 모습을 보다 자세히 설명해 주고 있다. 고대 가옥의 구조에서 인슐라를 소개했듯이, 당시에 대가족을 거느리는 베드로의 모습 속에서 그의 믿음직한 모습과 뛰어난 통솔력을 찾아볼 수 있다.

예수님은 이곳에서 혈루증 환자를 치유한 것을 비롯하여 수많은 이적과 기적을 행하셨다. 또한 베드로의 집에 기거하시면서 많은 가르침을 베풀었다. 주님은 진심으로 가버나움을 불쌍히 여기셨고, 구원을 위해 종말까지 예언해 주었다.

〈누가복음〉 10:15절에는 "가버나움아, 네가 하늘에까지 높아지겠느냐? 음부에까지 낮아지리라."는 예언을 하신 사건이 있었다. 얼마나 무서운 예언인가? 소름이 끼치는 말씀이다.

한편으로 생각하면, 이 말씀은 저주의 말씀이 아니라 구속사적인 말씀으로 생각해 볼 수도 있다. 멸망시키려는 말씀이 아니라 구원하려는 축복의 말씀이 될 수도 있었기 때문이다. 따라서 이 말씀을 들은 가버나움 주민들은 당장 무릎 꿇고 회개의 잿더미를 뒤집어써야 했다. 그랬다면 멸망을 피하여 더 큰 도시로 성장했을지도 모른다.

죄악에 물든 니느웨 백성들은 요나의 외침을 듣고 회개했건만, 이곳 주민들은 주님의 예언에도 아랑곳하지 않고 예언 자체를 무시해 버렸다. 다가올 심판에 대비할 생각조차도 없었다. 그의 후손들까지도 예수님의 예언을 완전히 등한시했다.

공생애 중에 하신 주님의 예언은 100년이 지나고 600년이 지나도록 성취될 줄 몰랐다. 세월이 지날수록 도시는 계속 발전해 갔다. 주님의 예언은 마치 거짓처럼 느껴져 안개와 같이 사라져 가고 있었다. 그러던 어느 날 하늘 높은 줄 모르고 성장하고 있던 가버나움에 상상할 수 없는 재난이 닥쳐온다.

주후 746년경에 갑작스레 일어난 대지진은 도시를 쑥대밭으로 만들어 버렸다. 비잔틴 시대의 화려한 모자이크도, 모슬렘들의 웅장한 건축양식도 다 무너뜨렸다. 비잔틴 문화를 꽃피웠던 가버나움이 전부 잿더미로 변해 갔다. 이곳에서 더 이상 생존할 수 없었던 주민들은 그때서야 비로소 하나둘씩 도시를 떠나고 말았다.

그 후 세월이 얼마나 지났을까? 새로운 세계가 열렸다. 십자군 시대가 시작된 것이다. 십자군 용사들은 가버나움을 그냥 버려둘 수 없었다. 가버나움은 예수님 사역의 고향이요, 베드로의 집이 있는 곳이다. 십자군 용사들은 다른 성지보다 먼저 가버나움을 재건하고 싶은 욕망이 뜨겁게 불타올랐다.

이들은 힘을 다해 재건에 힘썼다. 하지만 힘과 인력만으로는 가버나움을 재건하기에 너무 부족했다. 대대적인 보수공사에는 엄청난 물질과 시간이 필요했다. 뿐만 아니라, 이슬람교도들과 전시 속에 있던 십자군들에게 그러한 물질과 시간은 역부족이었다. 끝내 완성되지 못한 공사는 또다시 기약 없이 미뤄질 수밖에 없었다.

세월은 하염없이 흘러가고 있었다. 기나긴 세월을 침묵해야만 했던 가버나움은 근대 고고학의 관심으로 다시 눈을 뜨기 시작한다. 예수님의 말씀을 거역한 무리들이 잠들어 있는 현장을 예수님께 순종하는 후손들이 옛이야기로 풀어 보려는 시도인 것 같다.

고고학자들은 가버나움을 되살리기 위해 힘을 다해 재건과 복원에 헌신을 다했다. 옛 문헌들과 구전을 모아 오늘의 가버나움을 만들기까지 그들의 수고는 우리의 상상을 초월한다. 19세기 중반부터 20세기 말에 이르기까지 약 150년간 많은 학자들에 의해 밝혀진 가버나움은 지금 옛 모습의 흔적들을 간직한 채 우리를 맞이하고 있다.

앞으로 가버나움을 방문할 기회가 있다면 유적지를 살피면서 학자들의 노고를 함께 생각해 보았으면 좋겠다. 이보다 중요한 일이 한 가지 더 있다. 가버나움을 향한 주님의 말씀을 상기해 보는 것이다. 보이지 않는 곳에서 들려오는 주님의 말씀에 귀를 기울인다면 보이는 유적지에서 배우는 학습보다 더 많은 교훈을 얻게 될 것이다.

세월이 흘러도 늘 우리 곁에 살아 있는 주님의 예언을 기억하자. 눈에 보이는 옛 모습의 가버나움을 보는 것보다 더 소중하게 느껴질 수 있도록 말이다. 주님의 예언은 어떠한 상황이든지 일점일획도 없어지지 않고 이루어 질 수밖에 없다는 진리를 잊어서는 안 된다.

4

Καισαρεία
Φιλίππεια

가이사랴 빌립보
Caesarea Philppi
이 반석 위에 교회를 세우리니

가이사랴 빌립보에서 선포된 예수님의 말씀에는 그리스인과 로마인뿐만 아니라 전 인류에게 약속하신 하나님의 구속사가 숨겨져 있다. 이곳에서는 역사적인 현장을 찾아가기 전에 성경에서 말씀하신 은유적 표현과 상징적인 뜻을 먼저 알아보고자 한다. 성지를 찾는 최종 목적이 여기에 있다. 성지순례란 지나간 예수님의 발자취를 따라 여행하는 것으로 끝나는 것이 아니라 지금도 살아 역사하시는 예수님의 말씀을 배우는데 있다.

Part 10
가이사랴 빌립보 이야기

Caesarea Philippi

현재 바니야스라 불리는 이곳은 요단강의 발원지로서 헬몬산 등선에 위치하고 있다. 바니야스의 자연경관은 매우 독특하다. 이스라엘에서는 흔히 볼 수 없는 10m 높이의 아름다운 바니야스 폭포가 있다. 헬몬산을 뒤덮고 있는 울창한 참나무 숲과 깎아지른 듯한 절벽이 장관을 이루고 있다.

또한, 바니야스는 물이 풍부한 곳이다. 초당 20톤의 물이 끊임없이 솟아오르고 있다. 물이 흐른다는 뜻을 갖고 있는 텔 단Tell Dan(Tell el-kady 또는 Laish라고 함)은 이곳에서 빼놓을 수 없는 수원지이다. 텔단과 인근에 있는 레단Ledda에서 나오는 물의 양을 합치면 초당 50톤이나 된다. 이 물이 모여 요단강을 형성하는 것이다. 요단강으로 흘러들어가는 물은 비단

바니야스 폭포

이곳뿐만 아니다. 헬몬산 서쪽 계곡의 하스바니Hasbany는 요단강 수원의 약 10%를 차지할 만큼 많다. 또 하나는 바레이하Bareighit라는 곳으로 이곳 역시 요단강을 이루는 데 한몫을 한다.

이 네 곳의 강줄기에서 가장 넓은 곳은 레단이며, 가장 긴 곳은 하스바니이다. 물의 온도는 무더운 여름철에도 섭씨 16도 정도를 넘지 않을 정도로 서늘하다. 헬몬산에는 다른 지역에서 쉽게 찾아볼 수 없는 특이한 식물과 나무, 물고기가 서식하고 있다. 특히 무지개 빛깔을 띠고 있는 송어, 비단잉어, 틸라피아Tilapia 등의 물고기가 주를 이룬다. 바니야스의 자연환경은 이스라엘 국토에서 가장 아름다운 곳 중의 하나이다. 지금까지 본 다른 지역들과는 사뭇 다른 모습이다.

지명의 유래

이스라엘 북동쪽 끝자락에 있는 가이사랴 빌립보는 현재 바니야스로 불린다. 바니야스와 '판Pan' 신의 이름은 본래 숲과 목동의 신 '파니야스Panias'에서 유래되었는데 현재 이스라엘 정부는 파니야스란 이름 대신 바니야스라는 이름을 사용하고 있다. 아람시대에 들어서면서 지명을 '바니야스Banias'로 바꾸었는데, 이는 아람 사람들이 'P' 발음을 할 수 없어 'P'를 'B'로 바꿀 수밖에 없었기 때문이다. '가이사랴 빌립보'라는 지명으로 불린 것은 헤롯 빌립 시대의 일이다. 헤롯 아그립바 2세(재위 주후 49~92) 때에는 네로 황제의 이름을 따서 '네로니우스Neronias'라고 불리기도 했다. 구약에서는 '바알 헤르몬'이라 칭한 기록도 있다(삿 3:3, 대상 5:23).

고대의 국제 교차로

이곳 물의 원천은 헬몬산의 눈이다. 눈이 녹아 흘러내리는 물은 마치 수정같이 맑고 깨끗하다. 또한 이곳은 군사적 요충지이다. 고대부터 중요한 도로의 교차점이었다. 옛날에는 다마스쿠스에서 두 로로 통하는 길이 바니야스의 울창한 숲을 통과하여 요단강 발원지를 지나야 했다. 동쪽에 있는 메소포타미아로 가는 길은 다마스쿠스로 연결되었다.

다마스쿠스는 이곳에서 약 64km(40마일) 정도 떨어져 있다. 바울은 예루살렘에서 이 길을 통해 다마스쿠스에 가던 중 구세주를 만나게 된다. 서쪽으로는 베스 레호브Beth-Rehob 계곡이 있는데, 레바논 산맥과 헬몬 산맥의 중심부가 되는 곳이다. 이 서쪽으로 난 길을 따라 약 48km(30마일) 쯤 내려가면 지중해안이 나타난다. 북쪽은 레바논을 지나 시리아로 가는 길이 있다. 남쪽 길은 갈릴리를 따라 이집트로 가는 길목이다. 갈릴리 호수로부터 약 40km(25마일) 정도 북쪽에 위치하고 있다.

옛 가이사랴 빌립보(바니야스)는 해발 351m(약 1,150피트) 높이의 고지대이다. 바니야스에서 서쪽으로 약 3.2km(2마일) 정도 내려가면 텔 단이 나온다. 이 텔 단은 주전 약 4000년경부터 가나안 사람들이 살았던 유서 깊은 곳으로 물과 초목이 풍부한 지역이다. 텔 단은 한때 바알 신을 섬기던 우상의 중심지였다. 이 당시 가이사랴 빌립보는 옛 텔 단의 한 지역에 속에 있었다.

주전 약 4세기경에 알렉산더 대왕이 가이사랴 빌립보를 정복하면서 텔 단과 가이사랴 빌립보를 행정적으로 분리시켰다. 이때부터 텔 단을 제외한 주변 지역들을 '파니야스Panias'라고 명명했다. 그 후로 파니야스는 그리스 사람들의 판 신을 섬기는 종교와 문화의 중심지로 성장하면서 수많은 이방인이 몰려들기 시작했다.

구약시대 역사

구약에서는 가이사랴 빌립보를 "헤르몬 산 아래 레바논 골짜기의 바알갓" 혹은 "바알 헤르몬"으로 언급하였다(수

11:17 · 12:7 · 13:5, 삿 3:3, 대상 5:23), 구약시대의 바알 헤르몬(파니야스) 주변엔 단지파가 살았다. 한때 단지파는 지금의 가자 지역과 남쪽 쉐펠라(언덕) 지역에 살고 있었다. 그러다가 북쪽에 살고 있던 라이스 성읍을 취하고 바알 헤르몬까지 통치했었다(수 19:40-48, 삿 18:27-29).

그 밖에 이스라엘의 역사학자 요세푸스의 기록에 따르면, 파니야스는 주전 약 198년경에 안티오쿠스 3세가 이끄는 셀레우쿠스 군대가 이곳을 본격적으로 지배한다. 이들이 이집트의 프톨레미우스를 물리치고 이스라엘을 통치하기 시작하면서 파니야스를 다스린 것으로 기록되어 있다. 알렉산더 얀네우스 때에는 파니야스에서 골란고원의 일부분까지 통치한 기록도 있다. 또한 이곳은 폼페이Pompey 장군이 이스라엘에 오기 전까지는 일부 지역을 하스모니안 왕가에서 계속 지배하고 있었다. 로마인이 이스라엘을 점령한 시기는 주전 63년경이다.

로마가 이스라엘을 점령한 후 많은 건축물에는 그레코-로만Greco-Roman 양식이 사용되었다. 로마 문화에 영향을 끼친 헬라의 그리스 문화는 신약시대까지 그대로 지속하고 있었다. 헤롯 대왕은 주전 37년경에 유대인의 왕이 되었으나, 파니야스를 통치하기 시작한 연대는 주전 20년경이다.

그전까지만 해도 로마 행정관이 파니야스를 직접 통치하고 있었다. 로마 황제 아우구스투스가 헤롯에게 파니야스를 선사하자 헤롯은 황제 아우구스투스에게 보답하는 대가로 그를 기념하기 위해 거대한 신전을 짓기 시작했다.

이때부터 파니야스는 눈부신 발전을 하면서 동시에 그레고—로만 건축양식을 꽃피우게 된다. 헤롯왕이 죽은 뒤 영토는 그의 세 아들에게 분

셀레우쿠스

배되었다. 파니야스를 포함하여 갈릴리 북부지역은 빌립의 몫이 되었다. 빌립은 주후 약 2년경에 이곳을 자신이 통치하는 수도로 정한 후 웅장한 건축물을 세우고, 로마 황제를 기념하기 위해 이곳의 이름을 파니야스에서 '가이사랴'로 개명한다. 하지만 아버지 헤롯이 건설한 지중해 해안의 국제적인 항구도시 '가이사랴'와 구별하기 위하여 그는 자신의 이름을 붙여 '가이사랴 빌립보'라고 명명했다.

헤롯 빌립은 왕권을 유지하기 위해 하얀 대리석으로 지은 아름다운 신전을 로마 황제를 위해 헌납했다. 이에 크게 감동한 황제는 그에게 더 큰 영토를 통치할 수 있는 권한을 부여하기도 했다. 빌립은 로마 황제를 충성을 다해 섬기다가 주후 34년경에 사망한다.

빌립이 사망하자 로마 황제 칼리쿨라Caligula(재위 주후 37~41)는 어릴 적부터 친구로 지내온 아그립바 1세Agrippa I(재위 주후 37~44)를 헤롯처럼 유대인의 왕으로 임명하여 이스라엘 전 국토를 다스리게 했다. 분봉왕 시대가 끝나고 다시 유대인의 왕으로 등용된 아그립바 1세는 전 국토를 통합하여 헤롯보다 더 넓은 영토를 다스렸다.

내실을 강화한 왕이라도 죽음 앞에서는 어쩔 수 없는 일인가 보다. 하나님 앞에 겸손하지 못했던 아그립바 1세는 재위 7년째 되던 44년에 갑작스럽게 사망한다(행 12:21-23). 아그립파 1세Agrippa I의 아들 헤롯 아그립파 2세(재위 주후 49~92)가 아버지의 뒤를 이어 가이사랴 빌립보를 다스리게 되지만, 그는 유대인의 왕이 아닌 한 지역의 군주(분봉왕)로 임명되었다.

아그립파 2세는 부친 아그립파 1세가 쌓은 공덕에 힘입어 가이사랴 빌립보를 주변에서 가장 큰 도시 중 하나로 발전시켜 나갔다. 새롭게 탄생된 이 도시의 이름은 가이사랴 빌립보 대신 '네로니아스Neronias'로 다시금 개명시켰다. 이는 새로 등극한 로마 황제 네로에게 잘 보이기 위한 아부의 방편이었다.

아그립파 2세는 도시를 잘 통치하였고 더 크게 발전시켰다. 그가 파니야스를 통치하고 있을 때 제1차 유대 반란이 일어난다(주후 66~70). 이 반란은 유대인들이 로마인들에 대항한 첫 번째 독립전쟁이었다. 파니야스는 이 전쟁의 치열한 싸움터였지만, 전쟁 후에는 주변의 경치가 좋아 로마군인들의 휴식처로 사용하기도 했다.

전쟁을 진압한 로마 장군 베스파시안Vespasian과 그의 아들 티투스Titus의 군대는 치열한 전쟁이 끝난 후 이곳에서 한가한 시간을 보내며 휴식을 취한 기록이 남아 있다. 특히 티투스는 이곳에서 종종 사색의 시간을 가졌다. 그는 이곳에서 쉬는 것을 좋아했다고 한다.

티투스 장군은 이곳에 머물고 있을 때 수많은 유대인 죄수들을 검투사로 만들어 서로 싸우다 죽게 만들었다. 티투스가 가장 즐기는 오락 중 하나는 검투 시합를 관람하는 것이었다. 티투스는 로마 황제가 된 후에도 검투 시합을 지나치게 좋아하여 많은 국고를 낭비한 인물이기도 하다.

신약시대 이후의 역사

신약성경의 가이사랴 빌립보는 단지 두 번 언급되어 있을 뿐이다(마 16:13-20, 막 8:27-30). 이곳 가이사랴 빌립보는 신약시대 전부터 외부에서 흘러들어온 이방인들이 살고 있었던 지역이었다. 초기 신약시대의 가이사랴 빌립보는 여전히 파니야스라는 이름으로 남아 있었다. 파니야스는 북쪽 이스라엘의 중요한 도시로 성장하면서 로마시대와 비잔틴 시대까지 이어져 갔다.

이 지역에는 주후 4~5세기까지만 해도 많은 기독교 공동체가 번성하고 있었다. 그러나 주후 7세기경 아랍의 침공으로 기독교인은 서서히 사라지고 대신 아랍인이 정착하게 된다. 아랍인이 정착하기 시작하면서 이곳은 바니야스Banyas로 또다시 개명되었다. 이스라엘 정부는 이곳에 국립공원의 이름을 선정할 때 아랍인이 사용했던 바니야스란 이름을 선택하여 지금까지 사용하고 있다.

아랍인들이 비잔틴제국을 점령하자 성지를 탈환하기 위한 운동이 유럽의 전 지역에서 일어났다. 십자군 전쟁이 시작된 것이다. 십자군은 베들레헴을 기점으로 성지를 탈환하기 시작했다. 결국 가이사랴 빌립보는 주후 11세기와 12세기에 십자군에 의해 수복되었다.

성지를 탈환한 십자군 용병들은 이곳을 새로운 군사적 요충지로 재건했다. 높은 고지에 있는 능선을 따라 방어벽을 쌓고 무너진 유적지를 복원하거나 새로운 건축물을 지었다. 오늘날도 이 성채의 유적이 남아 성지를 찾는 이들에게 그 모습을 뚜렷하게 보여 주고 있다.

Part 11

〈마태복음〉 16장 13-20절

〈마태복음〉 16장 13-20절 말씀

13절 예수께서 빌립보 가이사랴 지방에 이르러 제자들에게 물어 이르시되 사람들이 인자를 누구라 하느냐.

14절 이르되 더러는 침례(세례) 요한, 더러는 엘리야, 어떤 이는 예레미야나 선지자 중의 하나라 하나이다.

15절 이르시되 너희는 나를 누구라 하느냐.

16절 시몬 베드로가 대답하여 이르되 주는 그리스도시요 살아 계신 하나님의 아들이시니이다.

17절 예수께서 대답하여 이르시되 바요나 시몬아 네가 복이 있도다.

이를 네게 알게 한 이는 혈육이 아니요 하늘에 계신 내 아버지시니라.

18절 또 내가 네게 이르노니 너는 베드로라 내가 이 반석 위에 내 교회를 세우리니 음부의 권세가 이기지 못하리라.

19절 내가 천국 열쇠를 네게 주리니 네가 땅에서 무엇이든지 매면 하늘에서도 매일 것이요 네가 땅에서 무엇이든지 풀면 하늘에서도 풀리리라 하시고

20절 이에 제자들에게 경고하사 자기가 그리스도인 것을 아무에게도 이르지 말라 하시니라.

위 대화를 요약하면 다음과 같다.

① 질문자: 예수 그리스도
② 질문 장소: 가이사랴 빌립보
③ 질문의 대상: 예수님의 제자들
④ 질문의 내용: 인자를 누구라 하느냐?
⑤ 질문의 목적: 예수님의 정체성 공개

가이사랴 빌립보 바니아스에 오시기 전까지 예수 그리스도의 주된 사역을 종합해 보면, 예수님은 지금까지 인성 사람의 모습으로 오신 모습만을 보이시면서 주된 활동을 하셨다. 먼저 예수님이 행하신 사역을 순서대로 나열해 보자. 제자들을 부르시고, 각양각색의 병자를 치료하시며, 많은 비유를 말씀하시고, 기적과 이적을 나타내시며 사역하셨다.

이러한 사역의 모습은 인성으로 오신 예수 그리스도의 단면만을 보여

주고 있다. 다시 말해서, 신성 ^{하나님의 모습}의 모습과 성품은 아직 공식적으로 드러내 놓지 않으신 상태이다. 물론 기적과 표적을 나타내시는 그 자체만으로도 신성을 보여 주시기에 충분한 모습이다. 특히 오병이어五餠二魚 사건, 물 위를 걸으신 일은 인간이 할 수 있는 일이 아니다. 그 자체로도 충분히 신성을 입증할 수 있다. 그렇지만 예수님께서 친히 자신의 입으로 신성에 관한 공식적인 선포는 하지 않으셨다는 말이다.

이런 시각으로 보았을 때 예수님이 가이사랴 빌립보를 방문한 것은 분명 특별한 목적이 있어 보인다. 그러나 그 근본적인 목적이 어디에 있는지 성경은 분명하게 밝히지 않았다. 한 가지 확실한 것은 가이사랴 빌립보가 다른 지방과는 달리 신성한 분위기가 흐르는 곳이라는 것이다. 그러다 보니 그리스 ^{헬라} 시대부터 로마시대에 이르기까지 성스러운 곳으로 여겨 곳곳에 우상들이 들어서 있었다.

이러한 사실을 잘 알고 계신 예수님께서 자신의 신성을 알리시기 위하여 이곳을 선택한 것이 아니었나 싶다. 제자들에게 질문한 장소에 대해서는 학자마다 견해가 조금씩 다르다. 그러나 이보다 더 중요한 것은 예수님께서 제자들과 문답하신 내용이다. 예수님은 자신이 이 땅에 신성으로 오셔서 천국의 비밀을 제자들에게 가르쳐 주고자 했다.

그전에는 단지 인성으로 오신 자신의 모습만을 보여 주셨다. 하지만 이제는 하나님의 아들로서의 신성을 선포할 때가 온 것이다. 왜냐하면, 따르는 제자들에게 자신이 그리스도로서 피해 갈 수 없는 고난과 핍박, 죽음과 부활, 하나님의 아들로서 주어진 권세와 구세주의 본질에 대하여 가르쳐야 했기 때문이다.

바니야스는 다른 어느 곳보다 신성한 곳으로 여겨 신전이 많이 들어서 있는 곳이다. 따라서 이곳은 제자들에게 자신의 신성을 설명하고 이해시킬 수 있는 가장 적합한 훈련 장소로 여기신 것 같다. 〈마태복음〉 17장에서 예수님은 변화산 사건을 통하여 자신의 신성에 대한 본래의 모습을 보다 시각적이며 영적으로 표현하신다(마 17:1-13).

네 종류의 답변(14절)

① 더러는 침례 요한
② 더러는 엘리야
③ 어떤 이는 예레미야
④ 선지자 중의 하나

첫 번째, "더러는 침례 요한"이라는 답변이다.

예수님의 제자들은 3명씩 한 조가 되어 모두 4그룹을 형성하고 있다. 따라서 4종류의 대답은 그룹별로 답변하는 느낌을 준다. 예수님의 제자들 중에 한 그룹은 침례 요한이라고 대답했다. 침례 요한은 예수님 시대의 인물이다. 구약과 신약의 경계선을 긋는 예언자다.

그는 예수님 당시 가장 크게 활동했던 선지자였다. 많은 백성들은 그를 추종했다. 그가 참수를 당한 후에도 그의 제자들은 곳곳에서 선교 활동을 하고 있었다. 그 정도로 침례 요한의 영향력은 대단했다(행 19:3). 예수님과 침례 요한은 탄생 시기부터 매우 유사한 점이 많다. 사역의 내용 또한 비슷하여 어떤 사람은 예수님을 침례 요한으로 생각했던 것이다.

두 번째, "더러는 엘리야 어떤 이는 예레미야나 선지자 중의 하나라 하나이다."라는 답변이다. 제자들의 이러한 대답은 지극히 당연한 것이다. 예수님의 이미지는 엘리야, 예레미야 선지자나 다른 많은 구약의 인물들과 유사하게 느껴졌다. 이들은 예수님처럼 죽은 자를 살리고 자연의 힘을 통해 기적을 베풀었다. 각기 다른 질병을 치료하고, 기적과 이적을 행하였다. 어찌 이뿐인가, 심지어 모세가 행한 기적은 주님이 실행한 사건보다 더 많을 것이다.

구약성경은 이와 유사한 사건을 끝없이 다루고 있다. 예수님을 구약의 선지자 중 하나로 보는 견해가 있었던 것은 예수님께서 지금까지 인성으로서 사역하신 결과이기도 하다. 예수님 자신이 메시아적인 사역을 공개적으로 언급하거나 의도적으로 시도한 일이 이전에는 없었기 때문이다. 물론 요한복음에서는 말씀이 육신이 되어 오신 신성을 언급했지만 예수님의 제자들은 그 뜻을 깨닫지 못하고 있었다.

"너희는 나를 누구라 하느냐"(15절)

시몬 베드로가 이 질문을 듣고 있을 때 하나님의 신성령이 그의 마음을 크게 감동시키셨다(17절). 베드로는 성령의 감동에 따라 예수님을 그리스도로 또한 살아 계신 하나님의 아들로 선포하게 된 것이다. "주는 그리스도시요 살아 계신 하나님이 아들이시니이다."

예수 탄생 이후 처음으로 예수님을 그리스도 즉 메시아로 선포하게 되는 역사적인 순간이었다. 최초로 예수 그리스도의 신성을 선포하는 날

베드로의 고백 "주는 그리스도시요, 살아 계신 하나님의 아들입니다."

이기도 했다. 또한 예수님의 비밀이 만천하에 공개되는 것을 허락하신 날
이다. 예수님은 그리스도의 신성을 입으로 말한 바요나 시몬의 이름을 베
드로로 개명시켜 주신다. 동시에 반석 위에 교회를 세울 것과 음부의 권
세가 이기지 못하도록 성령의 권세를 보장해 주셨다(18절).

"주는 그리스도시오"의 '주'의 의미(16절)

여기서 '주主'라는 단어를 살펴보자. 한국 기독교인들은 예수님을 부를 때 '주님'이라는 용어를 자주 사용한다. 한국에서 쓰이는 기독교 용어 가운데 '주님' 뿐 아니라 '주일학교' 또는 '주일'이라는 표현도 있다.

영어는 이런 표현들을 잘 사용하지 않고 있다. 주일학교를 'Sunday School', 주의 날을 'Sunday'라고 할 뿐이지 주일학교를 'Lord School' 또는 주의 날을 'Lord day'라고 하지 않는다. 물론 주일을 'Lord's day'라고 표현하기도 하지만 잘 쓰지 않는 표현이다.

여기서 한국어로 예수님을 표현하는 '주'를 한자로 살펴보자. 한문의 '주主'를 살펴보면 매우 흥미 있는 뜻이 담겨 있음을 알 수 있다. '주'의 뜻을 바르게 이해하려면 먼저 '왕王'의 의미를 알아야 한다. '왕王'은 국가의 최고 통치자로 절대적인 권력과 힘을 발휘할 수 있는 최상의 권세이다. 왕은 모든 것을 결정하고 다스릴 수 있다는 뜻으로 절대 권력의 통치자를 의미한다.

또한 왕은 국가의 중요한 명령이나 법령을 공포할 때 합법적으로 공인되었음을 증명하는 옥새를 가지고 있다. 옥새는 '왕의 인장' 또는 '옥玉(Jade)'이라 한다. 옥玉의 한자를 보면 왕王자 옆에 점이 하나 있다. 이는 왕만이 옥을 소유할 수 있다는 의미이다.

하지만 왕도 인간인지라 신에게 머리를 숙일 수밖에 없다. 왕을 지배하거나 다스릴 수 있는 신의 존재가 동서고금을 막론하고 있었다. 그 위대한 신이라는 존재가 바로 '주主'라고 하는 한자의 뜻이다. 이러한 뜻이 담긴 '주'를 사용해서 우리들은 예수님을 '주님'이라고 고백하고 있는 것이다.

우리의 구세주요, 하나님의 외아들 예수 그리스도를 구세주로 섬기는 이유가 여기에 있다. 주主는 왕王을 지배하고 왕이 가지고 있는 절대 권한의 상징인 옥玉을 소유하게 된다. 따라서 주는 왕보다 위에 있다는 상징으로 점 하나를 왕 위에 갖고 있는 것이며 위에서 아래로 통치하고 있다는 뜻을 담고 있다. 따라서 주는 왕이 가지고 있던 옥까지도 자연스럽게 주主가 취하게 된다.

이런 의미가 있는 주의 한자의 뜻을 우리의 신앙생활에 접목시켜 보자. 주님은 우리의 구세주이다. 우리가 예수님을 부를 때 '주님'이라고 외치는 것은 주의 한자의 의미에서 살펴보았듯이 "나의 주인이시여"라는 뜻이 담겨 있다.

한마디로 말해 주님을 부르는 순간 우리는 왕과 옥을 소유한 주인을 만나고 있는 것이다. 그러나 우리들은 그 의미를 잘 모르고 사용하고 있다. 자발적으로 교회를 섬기며, 봉사하며, 희생하며, 때론 지나칠 정도로 헌신하나, 환란과 시험이 오면 그 좋았던 신앙이 너무나 쉽게 무너지는 경향이 있다.

우리의 믿음은 주님의 참뜻을 모른 채 물질과 권력 앞에서 빠르게 무너진다. 요즘은 물질을 하나님으로 여기는 사람들이 날로 증가하고 있다. 명예와 권력에 자신의 삶을 쏟아붓는 사람들이 많아진 것이다. 예수님을 섬기는 자체가 이미 권세와 물질을 얻은 것인데, 이 진리를 아직 잘 모르고 있나 보다.

예수님은 우리의 주인이시다. 주인을 잘 섬기면 권세나 물질 이상의 것을 얻게 된다. 이 모든 것을 얻기 위해 먼저 자신을 버리는 연습이 필요하다. 우리가 우리 자신을 버릴 때 예수님은 비로소 우리의 주인이 되신다.

처음 예수님을 자신의 구세주로 영접할 때 우리는 왕의 권력도 옥 같은 물질의 세력도 모두 내려놓고 오직 주인만을 위하여 살기로 결심한 종 Slave이 아니었던가? 그렇다면 주일을 기념하는 자세도, 주인을 기쁘게 하기 위한 헌신과 노력도, 심지어 세상에서 얻은 물질까지라도 모두 주인이 원하는 대로 되어야 할 것이다. 예수님 뜻대로 산다고 하면서도 우리의 고집대로 살며, 자신을 내려놓았다고 하면서도 모든 결정은 자기의 의지대로 하는 것은 무엇 때문일까?

"이 반석 위에"의 의미(18절)

그리스어로 바위라는 뜻을 가진 "베드로Petros"라는 단어와 "너는 반석"이라는 단어는 문자적으로 매우 유사한 뜻을 갖고 있는데 "이 반석 위에"라고 말씀하신 뜻은 무엇을 의미하는 것일까? 여기서 말씀하신 "이 반석"은 석회암 종류의 반석인데 베드로의 속성을 "이 반석"에 비유해서 하신 말씀 같다.

석회암은 반드시 물속에서 형성되어 지각변동에 따라 육지로 올라오게 된다. 물속에서 형성된 석회암은 강도가 약해 쉽게 부서지지만, 높은 열의 영향을 받으면 강한 대리석으로 변하는 성질이 있다. "이 반석"이라는 예수님의 말씀 속에 베드로의 성격과 자질, 미래의 사역까지 내포되어 있는 듯하다. 예수님을 만나기 전의 그의 모습이 마치 연석회같이 약하고 변덕스러웠기 때문일 것이다.

예수님의 제자가 된 베드로는 3년 6개월간 예수님을 따라 다녔지만 근본적인 성격 변화는 일어나지 않았다. 어부의 생활은 청산했으나 완전히 미련을 버린 것도 아니었다(요 21:3). 침례는 받았으나 생활 습관에는 별다른 변화가 없었다. 베드로의 근본적인 변화는 성령 체험 후에 시작된다.

예수님이 승천하신 후 오순절 날 불의 혀 같은 성령의 체험 후에야 비로소 온전한 제자로 다시 태어나는 모습을 발견할 수 있다(행 2:3). 약한 석회질이 뜨거운 불로 열처리가 되면 아름답고 단단한 대리석으로 변한다.

이처럼 성령의 불로 열처리된 베드로는 이제 순교의 길도 마다하지 않는 예수님의 제자로 변모해 간다. 결국 "이 반석 위에"란 말씀은 대리석처럼 견고한 신앙으로 다시 태어날 베드로의 신앙을 염두에 두고 하신 말씀처럼 보인다.

"내 교회를 세우리니"의 의미(18절)

성경에서 교회라는 단어가 처음 시작되는 순간이다. 지금까지 신구약 성경은 오직 성전과 회당만이 성경에 기록된 전부였다. 교회라는 단어는 예수님의 신성이 선포된 후 가이사랴 빌립보 지역에서 최초로 사용된다.

성전과 회당이 유대인 선민사상에서 시작되었다면, 교회는 유대인뿐 아니라 이방인과 세계를 향한 국제 선교의 시작으로 보아야 할 것이다. 이방인의 도시 가이사랴 빌립보는 일찍부터 헬라인과 로마인의 신전들이 성행했던 곳이다. 따라서 예수님이 이곳을 방문할 당시 파니아스란 도시는 이미 북 이스라엘을 장악하고 있었다.

"모든 길은 로마로"라는 말이 있듯이, 이곳에서 선포된 교회의 사명은 로마를 통해 전 세계로 순식간에 전파된다. 결국 예수님의 말씀은 베드로와 바울을 통해 이방인의 선교가 시작되면서 그리스와 로마를 넘어 지구촌에 확산되어 나간다. 이때부터 공식적으로 회당의 제도가 끝나고, 교회라는 새로운 세계가 열리기 시작했다. 바울이 안식일 날 회당을 찾았던 이유는 교회를 모르는 동족들에게 예수 그리스도를 전하려는 목적이 있었기 때문이었다.

회당은 반드시 안식일 날 모이기 때문에 사도 바울은 각 지역에 살고 있던 유대인들을 만나기 위해 회당을 찾을 수밖에 없었다. 그는 회당에서 십자가에 못 박히신 주님을 전도했으며, 안식 후 첫날 모여든 기독교 성도들에게 주일의 필요성에 대해 가르치셨다. 안식일이 회당을 상징한다면 주일은 교회를 상징한다. 회당이 성전 회복을 사모하는 자들이 모여드는 유대인 공동체자면, 교회는 구원받은 성도들이 모여 천국을 사모하는 공동체이다.

"음부의 권세"의 상징적 의미(18절)

가이사랴 빌립보는 헬라인들이 섬겼던 판 신Pan(목자의 신)의 신전이 있는 곳이다. 판 신이란 반은 인간이며 반은 염소의 모습을 지닌, 그리스 신화에 등장하는 한 신을 말한다. 헬라인들이 이곳 가이사랴 빌립보에서 가장 중요하게 여겼던 행사는 판 신에게 제물을 올리며 제사를 지내는 것이었다. 그 제사를 지내는 장소가 아우구스투스 Augustus 신전 뒤에 있는 어둡고 음침한 동굴이었다. 이 음침한 동굴 안에는 판 신의 제단이 있어 사제만이 양을 제물로 바치며 비밀스럽게 제사를 지냈던 곳이다.

그곳에는 깊이를 알 수 없는 심연이 숨겨져 있었다. 그 연못은 피를 삼킨다는 전설이 있는 곳이다. 피는 생명을 의미하며 생명을 빨아들이는 깊은 연못은 지옥의 문, 즉 죽음의 문을 뜻한다. 그 음침하고 어두운 비밀의식의 내용은 그곳에서 제사를 드렸던 사제 외에는 아무도 알지 못했다. 지금도 그 비밀은 풀리지 않는 미스터리로 남아 있다. 예수님이 말씀한 "음부의 권세"라는 이런 깊은 연못 즉 죽음의 문에 관한 속성을 은유적으로 표현한 것이 아닌가 싶다.

그리스인들과 로마인들이 믿고 따르던 제우스신이나 또는 판 신이 지배하는 음부의 권세라 할지라도, 예수님의 피로 세운 교회를 결코 이길 수 없다는 확언의 말씀이 아니겠는가?(행 20:28, 마 16:18) 이 말씀으로 하나님의 은혜와 능력으로 세워진 교회는 사단이 조정하는 음부의 권세에서 해방되어야 한다.

어둠의 권세와 악한 영들에게 붙잡힐 이유가 없기 때문이다. 그리스도의 부활과 성령의 능력이 담긴 말씀은 음부의 권세를 물리치고 이방인의 신전을 그저 부질없는 우상 덩어리나 허상으로 만들어 버릴 것이다.

혹시 최근에 교회를 개척한 목회자가 우리 주변에 있는지 살펴보자. 예수님의 뜻이 있어 교회를 개척했지만, 물질과 일꾼들이 없어 어려움을 당하고 있는 사역자가 있을 수 있다. 힘들고 어려울수록 예수님의 은혜는 상대적으로 크게 나타나는 법이다.

사단의 음부의 권세가 주의 피값으로 세운 교회를 삼키려고 어둠의 장막을 치고 있을지라도 "이 반석 위에 내 교회를" 세우겠다는 주님의 말씀을 의지해야 한다. 무슨 일이 있더라도 끝까지 영적 투쟁을 해야 할 것이다. 주의 보혈로 세워진 교회가 한낱 "음부의 권세" 앞에 굴복할 수 없기 때문이다.

Part 12
발굴된 유물들과 판 신전

신비한 동굴

가이사랴 빌립보의 유적지는 현재 텔 여리고보다 야 20배 정도 크다. 이곳은 로마 황제의 신전, 판 신전, 염소 신전 등을 비롯하여 크고 작은 신전이 무더기로 발굴된 지역이다. 이곳 거주민들은 신비에 가득한 그리스 문화에 영향을 받을 수밖에 없었다.

요단강 발원지 옆에 '파네이온Paneion'이라 불리는 곳에서 흐르는 물줄기, 화려한 신전, 풍요로운 자원은 이들의 마음을 사로잡고도 남았다. 이곳은 헤롯왕의 아들 빌립이 하얀색 대리석 신전을 건설하여 황제인 아우구스투스에게 헌납한 곳이다.

당시 이 신전 주변에는 신비스러운 동굴이 있었다. 요세푸스 플라비우스Josephus Flavius가 말하는 동굴의 모습을 보면, 그 동굴이 저승의 세계로 통하는 문이라는 것이다. "거대한 산자락이 끝나는 곳에 절벽이 있다. 절벽 아래 부분에 큰 동굴의 입구가 있다. 이 안에는 무한한 깊이를 지닌 구렁텅이가 있어 아무도 그 끝을 알지 못한다."라고 요세푸스는 기록했다.[*]

그리스 문학에서 쓰인 '구렁Chasms(깊은 틈)'이라는 단어는 "저승으로 통하는 심연"으로 알려져 있다. 이러한 자연환경과 신앙적 배경이 숨어 있는 장소에서 베드로가 신앙 고백을 했다는 것은 예수님의 구속사적인 사역과 신성을 공개적으로 선포하기에 가장 적절했던 장소였다. 이곳 주변 환경을 살펴보면 판 신전이 자리 잡게 된 이유를 보다 쉽게 이해할 수 있을 것이다.

이방인의 신전

가이사랴 빌립보에 이방인의 신전이 건설되기 시작한 것은 주전 약 300년경부터였다. 그리스인들은 이곳에 신전을 세울 때 주변의 아름다운 바위와 자연을 훼손시켰다. 그들만이 섬기는 농경의 신 판Pan을 위한 동굴과 신전을 만들기 위한 것이었다. 그리스의 신전이 건설되면서 이곳은 그리스인의 신성한 성지로 발전해 갔다.

---

[*] 플라비우스 요세푸스 저, 박정수 역, 『유대전쟁사 1』(나남, 2008)

많은 이스라엘 도시 중에서 이곳을 그들의 성지로 삼았던 이유가 있다. 바니야스 주변의 자연 조건과 환경이 판 신의 이미지와 너무나 잘 어울렸기 때문이다. 또한 생명을 상징하는 요단강의 발원지와 편리한 교통시설도 중요한 요인이 되었다. 그 후에 건설된 가이사랴 빌립보는 이러한 입지조건을 바탕으로 북쪽 지역에서 가장 큰 도시 중 하나로 성장한다.

예수님께서 가이사랴 빌립보를 방문하셨을 때 도시 건축양식은 그레코-로만 양식으로 지어졌다. 이러한 건축방식은 헤롯 빌립이 로마 황제에게 더 많은 환심을 사기 위해 도시 전체를 로마식으로 건설하는 데서 비롯되었다. 이 무렵 근동 지방이 로마의 지배 체제 아래에 들어서면서 로마의 속국들은 모두가 판 신과 로마 신들에 대한 종교를 받아들일 수밖에 없었다. 이곳의 울창한 숲과 활기찬 샘물, 거대한 바위와 절벽은 전형적인 로마 도시의 웅장한 모습과도 매우 유사했다.

고대 로마인이 이곳을 좋아했던 것도 바로 이러한 숲과 샘물로 구성된 자연환경 때문이었다. 아름다운 자연과 조화를 이루던 그리스 신전은 주전 약 3세기 중엽에 시작되어 주후 약 4세기 중반까지 유지한다. 하지만 끊임없는 이방인의 침입과 전쟁으로 인해 바니야스의 신전들은 조금씩 무너지면서 사라지고 만다. 결국 20세기 고고학자들이 이곳을 발굴하기 전까지 바니야스는 땅속에 묻혀 있어야 했다.

1988년에 이곳을 발굴하던 학자들에 의해 바니야스에 대한 중요한 단서가 밝혀지기 시작했다. 학자들의 말에 따르면, 그 당시 발굴 현장은 지진으로 무너져 버린 모습 그대로였다.

"로마의 건축양식으로 만들어진 기둥들이 여기저기에 흩어져 있었다. 반 이상이 흙 속에 묻혀 있는 모습이었다. 누워 있는 어떤 기둥은 약 50

폐허가 된 도시와 신전

톤 이상 되는 것도 있었다. 지진으로 인해 동굴이 무너져 있었고, 신전이 있던 자리에는 이름을 알 수 없는 잡초만 무성했다. 여기저기 바위 사이로 야생 오소리가 뛰어다니기도 했다. 전형적인 폐허의 모습이었다."

20세기에 들어서면서부터 자연보호 단체, 이스라엘 유물 단체, 아메리칸 대학협회가 약 200에이커(약 245,400평) 면적의 이 지역 옛 성채를 조사하기 시작했다. 1993년 말에는 로마의 바실리카(교회)와 당시 주변의 보조 건축물과 십자군 시대의 아치와 벽들이 발굴되었다. 1994년에는 주후 1세기의 로마 시대 건물을 발굴되었다. 이 건물은 아마도 궁전과 그 안에 있는 의료 시설로 추정된다. 길가 양쪽에 줄지어 서 있는 기둥의 모습은 로마 카르도Cardo 양식을 갖추고 있었다.

계속된 발굴 과정에서 고고학자들은 난관에 부닥치기도 했다. 요세푸스가 기록한 문헌집 외에 다른 고문서에서 가이사랴 빌립보에 관한 기록을 찾지 못한 상태에 있었기 때문이다. 요세푸스의 문헌집만이 유일한 단서였다. 요세푸스에 따르면, 주전 200년 전부터 이곳의 판 신전에서 제사를 올리며 숭배한 것으로 보인다. 학자들은 요세푸스의 기록을 참고로 발굴을 계속 진행할 수밖에 없었다.

그들은 지진으로 무너진 동굴 바깥쪽에 있는 절벽과 그 아랫부분을 발굴해 나갔다. 공사는 서쪽에서 동쪽으로 진행되었다. 발굴이 진행되면서 고대 건축양식 조각들이 조금씩 보이기 시작했다. 기대에 부푼 학자들은 작업을 계속해 나갔다. 이들의 노력으로 마침내 로마의 만신전과 같은 일련의 신전 터를 발굴하는 성과를 이루었다. 한때 약 250년간 지속되었던 그리스 종합 신전은 서에서 동으로 연결된 거대한 신전이었다.

첫 번째 신전은 동굴 입구에 세워져 있었다. 커다란 회랑(10m×18m)

을 포함한 이탈리아 건축양식을 따라 지었다. 역사학자 요세푸스는 이것이 주전 19년경에 헤롯왕이 로마 황제에게 아우구스투스라고 칭송하며 그를 위해 세워 헌납한 거대한 신전이라고 했다. 신전의 길이는 20m이며, 두 개의 두꺼운 벽은 10.5m 간격으로 세워졌다. 성전 뒤에 있는 동굴은 거룩한 판 신전으로 이어지는 통로로 사용되었다. 그 통로는 돌을 깎아 만든 동굴 통로로서 아름다운 장식이 수놓여 있었다.

이러한 기록은 동일 시대에 것으로 추정되는 동전이 출토되면서 명확하게 입증이 되었다. 동전에는 그리스인과 로마인이 섬기던 판 신의 유적지인 파니야스가 양각으로 새겨져 있다. 이 동전 중에는 판 신이 피리를 불고 있는 모습과 세 마리의 춤추는 염소를 표현한 것도 있다. 헤롯 빌립이 주조한 것으로 보이는 이 동전에는 네 기둥과 삼각형의 지붕, 그리고 아우구스투스 황제의 모습이 새겨져 있다.

두 번째 신전은 판 신과 님프 신에게 바쳐진 건축물이었다. 이 건축물은 세 단계로 구성되어 있었다. 그 건축양식(전체 너비 10m×15m크기)도 이탈리아 양식을 따랐고, 절벽 바로 아랫부분에 까지 연결되어 있었다.

주후 148년경에 이곳의 성지를 다녀간 빅토슨Victorson of Lysinachos이라는 성직자는 "이곳에는 판 신과 림프 신에게 드리는 두 개의 제단이 있다. 모두 바위를 깎아 파서 만들었는데, 신자들은 그 제단에 예물을 바쳤다."라고 했다.

신전 주변에는 절벽 중앙을 음각으로 파서 만든 벽감들이 있고(너비 3m×3m) 벽감 안쪽 윗부분은 반원형으로 되어 있었다. 이곳에서 출토된 토기들과 이탈리아 양식의 건축물을 살펴볼 때 종합 신전 터는 헤롯 대왕 시대부터 헤롯 빌립 또는 아그립파 1세Agrippa I(재위 주후 41~44) 때까지 이어지는 세월 동안 연속적으로 건축된 공사였음을 알 수 있었다.

판 신전의 동쪽으로는 이곳과 연결된 제우스 신전이 발굴되었다(크기 10.7m×16.65m). 정문에는 고린도 양식의 커다란 네 개의 기둥이 있었는데, 그 중 하나는 옛 모습을 그대로 간직하고 있다. 제우스 신전의 동쪽 벽은 그리스의 질투와 영의 신인 네미시즈Nemesis 신전과 연결시켰다(16.5m×14.3m의 크기). 네미시즈 신전에는 바닥을 아름답게 꾸며 포장한 광장이 있었다.

그리스어로 새겨진 헌당 문헌에 따르면, 판 신의 사제들이 네미시즈 신에게도 제물을 바친 내용이 기록되어 있다. 제우스 신전 동쪽 끝에 또 다른 신전이 있는데, 이는 염소 신에게 바쳐진 것이다. 염소 신에게 바쳐진 신전에는 3개의 방이 있었다(너비 18.9m×16.3m). 이 염소 신전의 중앙 홀에는 두 줄로 된 납골당이 있었다. 납골당에는 제사에 쓰인 염소의 뼈를 보관했던 것으로 보인다. 현재 신전 건물 주변의 도로는 초기 이슬람 시대 건축의 잔류물들로 덮여 있다. 신전의 석재와 대리석 석상의 깨진 파편들이 아무렇지도 않게 건축자재로 재사용되고 있는 모습을 볼 수 있다.

판 신의 정원과 그리스 로마 신화

판 신전 정원 뜰 앞 돌산 절벽 중간에는 인공적으로 오목하게 깎아 만들어 신상을 모시는 벽감들이 있다. 이곳에 판 신 석상과 다른 신상들을 두었다. 이 당시 이교도들의 신앙 형태는 그리스나 로마 신에게 제사를 지내고 현세의 구복을 하며 우상들을 섬기는 것이었다. 그 대상은 대부분 석조로 만들어진 석상들이었다. 주후 148년경에는 두 개 이상의 대형 벽감을 이 절벽에서 추가로 만들어진 것으로 보인다.

그리스의 비문에 따르면, 석공들은 가파른 절벽을 끌과 망치로만 깎아 이러한 벽감들을 만들었다고 한다. 이 벽감 중에는 에코Echo신을 조각한 것이 있는데, 이것은 산속의 요정과 판 신의 배우자를 위하여 만들어 놓은 것이다.

또 다른 벽감에는 판 신의 아버지인 헤르메스Hermes와 어머니 페넬로페Penelope가 있다. 헤르메스의 어머니인 마이아Maia의 신상까지 만들어 놓은 것을 볼 때 이 당시에 성행했던 지역민들의 다양한 신앙 형태를 엿볼 수 있다.

이 지역을 발굴했던 학자들은 바니야스의 성채가 주변 지역에서 채석한 돌만을 사용하여 성벽 전체를 축조한 것을 확인하였다. 또한 성안의 바닥은 당시 유행에 따라 검은색과 하얀색의 돌로 모자이크 형태를 만들어 포장된 것을 찾아냈다. 이것은 도시 전체의 부요함을 나타낸 것으로 당시 살았던 거주민들의 생활 수준과 주택 구조 등을 보여 주고 있다. 이러한 사실들은 고고학자들에 의해 보다 자세하게 밝혀졌다.

바니야스에서 발굴된 도수관을 통해 당시 이곳의 토목 기술 수준을 짐작할 수 있다. 도수관은 흙을 구어 만들었다. 이는 물을 끌어들이는 수로와 하수를 처리하기 위해 사용되었다. 주택 건물의 지붕은 둥근 형체로 되어 있었다. 바닥에서 지붕까지의 높이는 약 7.6m(25피트)에 이른다. 높은 지붕은 실내 공간을 시원하게 만들어 주었다.

철로 된 창틀과 창문은 건물 후방 벽 쪽에 있었다. 이러한 건축양식은

발굴 터와 출토된 유물

그 당시의 건축 기술이 실생활에 적용되어 현재에 뒤지지 않았음을 엿볼 수 있다. 학자들은 이곳에서 도자기 종류와 유리, 그 밖에 많은 동전과 무너진 건축물의 골조와 잔해들을 발굴해 냈다.

이곳에서 출토된 동전 속에 새겨진 그림들은 또 다른 정보를 제공해 주고 있다. 어떤 동전은 전통적인 그리스 건축양식에 따라 지어진 사각형의 신전 모습을 정면으로 보이도록 주조한 것도 있었다. 동전 속에 있는 신전의 모습으로만 보아도 당시 신전의 형태나 규모, 건축 기술 등을 알아볼 수 있다.

어떤 동전은 판 신이 나무에 기대어 있고, 또 다른 것은 피리를 부는 모습이 묘사되어 있다. 우리는 동전 속에 들어 있는 이런 모습을 보면서 당시의 시대상과 종교의 형태가 얼마나 우상숭배가 팽배해 있었는가를 알 수 있다.

판 신의 본거지

이곳에서 당시의 그리스인이 가장 중요하게 여겼던 신은 다름 아닌 판 신이었다. 학자들은 판 신을 숭배했던 신전을 연구하기 위해 모든 관심이 집중되어 있었다. 판 신은 들판과 숲, 양, 염소, 그리고 목동들로부터 섬김을 받아 온 그리스 신화에 나오는 목동의 신이다.

머리에 뿔이 달린 판 신은, 상반신은 사람이고 하반신은 염소의 모습을 하고 있다. 풍요한 유목생활을 기원하는 유목민들에게서 비롯되었다고 한다. 그러나 그 당시 우상숭배의 시대상을 더 깊이 들여다보면 로마인의 주된 관심사는 판 신보다는 분명히 판 신을 섬겼던 동굴에 있었다.

이 동굴은 아우구스투스 신전 뒤에 있었다. 그 동굴 속에 있는 깊은 연못의 물은 우스꽝스러운 판 신을 섬기는 예식을 집행하는 데 주로 사용되었다. 연못에 얽힌 전설에 의하면, 판 신의 제사를 주관하는 사제가 제사의 막바지에 양의 피를 받아 연못에 뿌린다.

희생양의 피가 연못에 떨어지는 순간 그 피는 물속으로 스며들어야 했다. 이러한 모습은 판 신이 예물과 제사를 흔쾌히 연납한 것으로 제사가 잘 진행된 것이다. 반면에, 연못에 떨어진 피가 소용돌이를 만들다가 연못에 스며들지 않고 다시 되돌아 나타나는 현상은 판 신이 노하여 제사를 거절했다는 뜻으로 받아들였다.

또한 동굴 입구 좌우와 위쪽 절벽에는 거대한 바위를 깎아 만든 벽감들이 많다. 이는 여러 종류의 신, 즉 만신들의 신상을 모시기 위하여 이름 없는 석공들이 오랜 시간 동안 공들여 만든 것들이다. 그 벽감마다 신상들이 세워져 있었다. 벽감 밑에 있었던 그리스어로 된 비문이 발견되면서 이러한 사실을 알게 되었다. 현재 남아 있는 대부분의 벽감은 판 신과 요정에게 헌납된 고대의 작은 신전(벽감)들이다.

알렉산더 대왕Alexander the Great(재위 주전 336~323)은 32세의 짧은 인생을 살았지만, 가장 위대한 업적을 남긴 인물 중 한 사람이다. 불과 13년 만에 헬라 문화를 지구촌 곳곳에 전파했다. 헬라 문명은 철학을 비롯한 정치와 문화, 종교에도 지대한 영향을 끼쳤다. 로마는 그리스를 정복했지만, 정치나 종교적인 면에서는 그리스 신화를 본받았다. 그들이 서방세계를 지배할 수 있었던 가장 큰 힘 중의 하나는 바로 종교였다.

이들은 유일신이 아닌 다신을 섬기는 민족들이었다. 심지어 황제를 신으로 추앙하여 받들기까지 하였다. 로마의 지배지를 넓게 펼쳐 나갈 수 있었던 것도 종교의 힘을 빌린 결과이다. 결국 황제는 무소불위無所不爲의 강력한 정치력을 행사했다. 황제가 원하는 것은 무엇이든지 행했다는 것이다.

헤롯과 그의 아들들도 왕권을 유지하기 위해서라면 무엇이든 수단과 방법을 가리지 않았다. 로마인에게 온갖 아부를 하면서 그들의 꼭두각시 주구 노릇도 서슴지 않았다. 그들에게는 양심의 가책도, 하나님을 향한 진실된 마음도 없었다. 그들의 오로지 정권을 위해서라면 어떠한 종교적 행위나 정치적 악행도 망설이지 않았다. 헤롯도 그랬고, 그의 아들들도 한결같이 그러했다. '가이사랴 빌립보', '네로니아스'라는 지명만 보더라도 이를 증명할 수 있다.

주님께서는 그리스와 로마인들이 오랫동안 신성하게 여긴 신전 앞에서 제자들에게 자신이 땅에 오신 참된 진리를 가르쳐 주셨다. 베드로를 통해 자신이 그리스도, 즉 메시아임을 선포하신 것이다. 이것이 오늘날 세계 복음화의 씨앗이 되었다. 또한 회당 중심에서 교회 중심으로 이동하는 전환점이 되었다. 주님께서는 이곳에서 '교회'라는 단어를 처음으로 사용하셨다.

3장 가버나움편에서 살펴본 회당의 역사를 되짚어 보자. 집회와 예배의 장소인 회당의 역사는 이곳에서 끝이 난 것이다. 예수 그리스도를 구세주로 고백하고 따르는 신자들의 공동체인 교회의 역사가 새롭게 시작되는 순간이다. 이처럼 그리스도 예수의 구속사, 주님의 신성, 세계 복음화, 교회의 시작은 이스라엘 최북단에 자리 잡고 있었던 가이사랴 빌립보에서 선포된 사건에서 움트기 시작했다.

TIP
성경이 보인다
기독교가 그리스와 로마에 미친 영향

고대에는 종교가 정치적 수단으로 이용된 경우가 많다. 그 중에 그리스와 로마는 종교에 대한 강요가 특히 심했다. 헬라인은 여러 신을 믿는 백성이다. 주신인 제우스를 비롯하여 무지개 신 이리스, 행운의 신 티케, 바다의 신 포세이돈 등 매우 다양하다. 공식적으로 나타난 신의 숫자만 해도 대략 100가지가 넘는다.

로마인은 자신들이 지배한 나라에 황제의 신상을 만들어 놓고 숭배를 강요하기도 했다. 또한 이들은 헬라인이 믿는 신들을 그대로 가져와 이름만 바꾸어 그리스 신화들을 섬겼다. 그리스인이 섬겼던 아프로디테Aphrodite를 로마인은 비너스Venus라 칭했으며, 제우스Zeus인 그리스 주신을 주피터Jupiter라고 불렀다.

로마인은 유대인에게 자신들의 신을 믿도록 강요했다. 유일신을 섬기는 유대인에게 이러한 강요는 죽음보다 싫은 일이었다. 강압적인 황제 숭배는 제1차 유대반란으로 이어지면서 예루살렘이 멸망하는 비극을 초래하기까지 했다.

주전 약 9세기경에 시작한 그리스 신화는 로마를 지나 전 세계로 확산되었다. 한때 전 세계의 약 4분의 1을 지배하며 신화의 자부심과 황제

숭배를 강요했던 대제국 로마는 주후 4세기 초부터 기독교 국가가 되기 시작한다. 그 이유는 무엇일까?

기독교 역사 가운데 가장 오래된 종파는 그리스 정교회, 아르메니안, 시리아, 콥트_{이집트}, 에티오피아, 그리고 로마 가톨릭 등이 있다. 모두 성경에 등장하는 나라의 이름을 가지고 있다. 이들은 언제부터 기독교를 받아들였을까?

예수님께서 자신의 신성을 제자들에게 선포하신 가이사랴 빌립보는 오래전부터 그리스인과 로마인에게 신성한 지역으로 여겨졌던 곳이다. 그러한 이유로 그들이 섬기는 신의 신전들이 이곳으로 모이게 되어 그리스와 로마 신들의 본거지가 되었다.

대신전이 있는 가이사랴 빌립보에서 예수님이 제자들에게 던진 질문 —"사람들이 인자를 누구라 하느냐?"— 은 결코 무심코 하신 말씀이 아니었다. 그것은, 세계를 지배했지만 올바른 신앙을 갖지 못하고 우상을 만들어 섬기던 그리스와 로마를 향한 구원의 선포인지도 모른다. 그토록 위대하다고 자부하던 그리스와 로마제국이 속국 중에서도 가장 작은 나라인 이스라엘의 유대 지방에서 시작된 기독교를 자신들의 국교로 받아들일 것이라고는 상상할 수 없는 일이었다.

예수님이 바니야스를 방문한 목적은 자신의 신성을 선포하는 동시에 인류를 구원할 계획을 내포하고 있다. 예수님은 33세의 젊은 나이로 세상의 모든 사역들을 완성하셨다. 예수께서 활동하신 사역 기간은 불과 3년 6개월뿐이다. 그 짧은 기간 중 단 한 번밖에 등장하지 않는 가이사랴 빌립보의 방문은 그리스와 로마를 향한 복음의 선포였나 보다.

그리스에 최초로 복음을 전한 인물은 사도 바울이다. 사도행전 17장

22절은 헬라인이 얼마나 종교심이 많았는지를 보여 준다. "… 아덴 사람들아, 너희를 보니 범사에 종교심이 많도다." 이토록 종교심이 강한 그리스(헬라) 지역에서 끝까지 포기하지 않고 복음을 전한 사도 바울의 깊은 뜻이 있었다. 그가 그리스 지방에 전도한 도시만 해도 9개 도시나 된다(네압볼리, 빌립보, 암비볼리, 아볼로니아, 데살로니카, 베뢰아, 아덴, 고린도, 겐그레아).

바울이 유럽에서 복음을 전할 때 공교롭게도 그리스 지역에서 최초로 기독교인이 탄생한다. 〈사도행전〉 16장 12-15절 말씀에 두아디라(현재 터키지역) 성에 살고 있는 옷감 장사꾼인 루디아란 여성이 최초의 유럽의 성도가 되는 장면이다. 옷감 장사를 했던 여인이 그리스 지역인 마게도냐 첫 성에 있는 빌립보에서 최초의 기독교인으로 탄생한 것이다.

루디아는 자주색 옷감을 취급했던 상인이었다. 자주색 옷감은 뿔고둥에서 추출하는 색료로 만든 보라색 옷감으로 황제나 귀족들이 즐겨 찾던 최고급 상품이었다. 한 벌의 의상을 만들기 위해 만여 개의 뿔고둥이 사용된다. 염색에 뛰어난 두아디라 지역의 사람들은 페니키아(시돈)에서 잡아 온 바다 뿔고둥에서 자주색 염료를 추출하여 옷감을 염색한 다음 유럽으로 내다 팔았다. 루디아는 옷감을 팔면서 전 유럽을 다니다가 그리스에서 바울을 만나 복음을 듣고 개종한 여인이다.

이렇게 시작된 그리스 지역의 복음 전파는 마침내 그리스 정교회(또는 동방교회)를 탄생시킨다. 예루살렘에서 시작된 그리스도교는 중동을 넘어 유럽 지역인 그리스에 정착하기 시작한다. 예수님은 그리스인과 로마인이 거주하고 있었던 가이사랴 빌립보에서 신성을 선포하셨고, 사도 바울은 헬라인에게 복음을 전했다. 이러한 복음의 전파 과정을 우연이라 말할 수는 없을 것이다. 초기 기독교 종파 중 하나인 그리스 정교회는 동로마 교회와 함께 성장하다가 로마가 정치적으로 분열되면서 홀로 독립하게 된다(주후 395년경).

　로마는 콘스탄틴 황제 때인 주후 313년에 기독교 탄압을 금하고 복음을 받아들였다. 로마에도 초대교회 성도들이 있었는데, 바울과 함께 사역한 브리스길라와 아굴라 같은 훌륭한 일꾼들이 그들이다(행 18:2). 한때 로마는 이스라엘이란 국가를 없애고 이스라엘을 로마의 한 주로 편입시키기까지 했다(주후 135년). 기독교라면 철저하게 박해했던 나라가 바로 로마제국이다. 오직 황제와 로마 신화만을 인정하는 사람들이었다. 예수님은 바로 이런 무리에게 처형당하셨다. 그토록 고집스런 로마인 손에 사형선고를 당한 예수님께서는 그들에게 죽임을 당하면서도 그들의 죄를 끝내 용서하셨다. 그들에게까지 구원의 손길을 내밀었던 것이다.

　결국 주후 1세기부터 시작된 기독교 문화는 화려한 헬레니즘을 넘어 세계로 전파되기 시작했다. 힘과 권세를 상징하는 로마제국에게 짓밟혔던 소수의 기독교 문화는 죽음을 넘어 새 생명을 로마인에게 전해 주었다. 주님의 죽으심과 부활은 막연한 유대 종교 속에 일어난 사건이 아니었다. 이는 그리스와 로마, 그리고 전 세계의 종교를 초월하여 구원을 상징하는 진리로 전파되어 갔다. 주님은 가이사랴 빌립보에서 말씀의 씨앗을 뿌렸고 그의 제자들은 그리스를 지나 로마에 복된 소식을 전해 주었다.

　예수님은 인성과 신성을 가지신 하나님의 아들이며, 인류를 구원하기 위해 오신 구세주라는 사실을 확증하면서 말이다. 그 결과 현재 그리스 인구의 약 98%가 기독교인이 되었다. 로마는 90%의 인구가 그리스도를 믿고 있다. 그리스와 이탈리아란 나라는 오래전 기독교를 국교로 승인했다. 어찌 인간의 힘으로 가능한 일이겠는가? 가이사랴 빌리보에서 선포된 주님의 복음은 민족과 이념을 넘어 전 세계로 선포되었던 것이다.

5

וחירי

여리고Jericho,
가나안의 첫 관문

여호수아 시대에 여리고 성이 무너진 것은 단지 이스라엘 역사 중 하나의 사건에 불과한 것이 아니다. 구약시대에 여리고 성이 무너진 것은 장차 나타날 예수 그리스도의 사역과 깊은 관련이 있다. 초기 예수님의 사역을 보면 여리고 주변의 시험산에서 사단의 유혹을 물리치셨고, 그 후 눈먼 소경과 삭개오를 구원한 사건을 통해 알 수 있듯이 억눌리고, 소외당하고, 병든 자들을 치유하셨다. 이와 같은 사건들은 주님의 구속사역과 직접적인 관련이 있다. 구약의 여리고가 무너진 것은 단순히 성이 무너진 것이 아니었다. 복음을 가로막고 있던 어둠의 세력을 무너뜨린 전초전에 불과한 것이다.

Part 13
여리고 이야기

Jericho

여리고는 신석기시대부터 유목민들이 정착함과 동시에 농사를 지으며 살던 곳이다. 자연과 기후 환경이 좋아 유달리 풍요로웠다. 이곳은 주로 야자나무과인 종려나무와 보리나 밀을 경작하고 염소, 양, 가젤(아프리카 영양의 일종) 등을 목축했던 곳이다.

여리고는 두 개의 평행한 단층으로 이루어져 있으며, 좁고 긴 요르단 계곡에 위치한 거대한 지구대의 하나이다. 사해에서 북쪽으로 약 12km(7.5마일) 떨어져 있고, 이곳에서 쿰란(사해사본) 까지는 약 16km(10마일)이다. 또한, 해발 약 243m(800피트) 아래에 자리하고 있는 독특한 지형적 특성을 지니고 있다. 여리고에서 성전산을 기준으로 한 예루살렘까

지의 높이는 약 983m(3,225피트)이다. 예루살렘에서 여리고까지의 거리
는 약 27km(17마일)인데, 예루살렘에서 북동쪽으로 가다 보면 여리고 성
읍이 나온다

여리고 성은 인류 역사에서 가장 오래된 거주 역사를 지니고 있는 곳
중의 하나라고 고고학자들은 말하고 있다. 지구상에 여리고 성의 실체가
드러나면서 이스라엘 민족이 이집트를 탈출한 연대를 산출할 수 있게 되
었다. 그 후로 이 지역에서 추가로 발굴된 무덤과 부장품들을 통해 주거
와 문화 등 여리고인들의 생활상이 밝혀졌다.

여리고는 물이 귀하고 황량한 유대 광야 사막 지역에서도 연중 물이
마르지 않는 샘을 여러 개 보유하고 있는 곳이다. 이곳은 마치 사막의 오
아시스를 그리기 위해 일부러 만들어진 도시처럼 보인다. 풀 한 포기 없
는 유대 광야의 황량한 모습과 대조를 이루어 멋진 풍경을 만들어 내고
있다.

하나님께서 약속하신, 젖과 꿀이 흐르는 가나안 땅의 첫 관문이 여리
고 성이었다. 가나안 땅에 들어가기 위해서는 반드시 정복해야 할 첫 번
째 도시가 바로 이곳이다. 여리고는 한 겨울에도 날씨가 온화하고 따뜻하
다. 헤롯왕은 이러한 천혜의 조건을 갖추고 있는 이 도시에 자신의 겨울
별장을 세웠다. 그는 이곳에서 오랫동안 머물러 지냈으며, 그의 마지막
삶도 여기서 마감하였다

지명의 유래

〈신명기〉 34장 3절에서 여리고는 "종려의 성읍 여리고 골짜기The Valley of Jericho, The city of palms" 라는 이름으로 소개되고 있다. 또는 '달의 성읍', '방향의 성읍', '종려의 거리'와 '향기' 라는 뜻도 있다. '달의 성읍'이란 이름은 다분히 메소포타미아 지역에 있는 우상들과 관련되어 있다. 달을 숭배해 왔던 갈대아 우르나 하란에서는 달신(난나르Nannar)을 농경의 신으로 섬겼던 역사가 있다.

이곳은 일찍이 아나톨리아(터키)나 메소포타미아, 그 밖에 이집트 문명과 밀접한 교류가 있었다. 따라서 여리고는 그들과 물물교환을 했을 뿐아니라 그들로부터 종교적인 영향을 받은 정황이나 증거가 뚜렷하다.

여리고의 위치

예루살렘에서 여리고로 내려가다 보면 길이 거칠고 험해 강도가 출연할 것 같은 분위기를 연출한다. 실제로 이곳에는 종종 강도 사건이 발생한다. 그러다 보니, 이곳을 지나다 보면 예수님이 말씀하신 여리고 강도의 예화가 자주 떠오른다.

"예수께서 대답하여 이르시되 어떤 사람이 예루살렘에서 여리고로 내려가다가 강도를 만나매 강도들이 그 옷을 벗기고 때려 거의 죽은 것을 버리고 갔더라(눅 10:30)."

현재 이스라엘 지형은 성경을 기록하던 시대와 별다른 차이점이 없어 보인다. 지명과 영토의 통치 관할에서 다소 차이를 보일 뿐이다. 물론 지진과 풍화작용에 따라 변화된 곳도 있지만, 전체적으로 보았을 때 국토 전체가 크게 변화되거나 달라지지는 않았다는 뜻이다. 여리고는 옛날이나 지금이나 강도 사건이 쉽게 일어날 수밖에 없는 특수한 지형을 가지고 있다.

예루살렘에서 여리고는 약 1,000m의 고도 차이가 있다. 예루살렘에서 여리고까지 내려가는 길은 거친 경사로로 이루어져 있어 자동차를 몰고 간다면 자동차의 기어를 중립으로 빼놓은 상태에서 끝까지 내려갈 수도 있을 정도이다. 꼬불꼬불한 경사지와 와디Wadi로 인해 험난한 길로 구성되어 있다. 간혹 예수님의 시대처럼 강도가 출몰하기도 하기 때문에 지금도 여간 마음을 단단히 먹지 않고서는 들어서기 어려운 곳이다. 간혹 용감한 여행객들이 예수님이 말씀하신 여리고 노선을 따라 예루살렘에서 여리고로 도보 여행을 하는 경우도 있다.

뜨거운 태양 아래 사막 같은 메마른 길을 도보로 여행하다 보면 도중에 더위를 피하기 위한 쉼터나 휴식 공간들이 필요하다. 하지만 이스라엘 정부는 아직까지 여행객들에게 그러한 편의 시설을 제공하지 못하고 있다.

도보 여행을 하는 사람들은 목적지인 여리고까지 쉬지 않고 부지런히 걸어가야만 한다. 도중에 그늘진 바위 밑이나 작은 계곡에서 쉬어갈 수도 있지만, 이 또한 위험하다. 그런 곳엔 독이 오른 전갈과 독사들을 비롯하여 간혹 사납고 배고픈 야생 짐승들이 잔뜩 도사리고 있다.

광야로 이루어져 있는 이런 곳을 지나다 보면 곳곳에서 양을 치는 베두인 목자들을 볼 수 있다. 이들은 지나가는 나그네를 형제처럼 대접하기도 한다. 다큐멘터리 방송 작가들의 경험담이나 여행 관련 잡지의 기사를 보면, 이들의 이미지는 매우 선하고 아름답다. 하지만 작가들의 경험이나 잡지의 내용을 액면 그대로 믿었다가는 예기치 못한 낭패를 당할 수도 있다.

조상 대대로 목축업에 종사해 온 이들은 겉으로는 순진하고 착해 보이지만, 때로는 무서운 살인이나 강도질도 서슴지 않기 때문에 주의할 필요가 있다. 또한 한번 원한이 생기면 은원관계恩怨關係가 분명한 중국인들보다 더 집요하고 무서운 것이 바로 이들이다.

필자는 이스라엘 생활 중 영혼이 갈급해질 때마다 아내와 함께 유대 광야 쪽에 있는 엔 파워En Power라는 계곡을 찾곤 했다. 그곳은 여리고를 풍요롭게 만들어 주는 물의 발원지가 있는 곳이다. 이곳에서 발원하는 간헐천의 물은 헤롯 시대에 도수관이 건설되면서 크게 유용하게 쓰였다. 따라서 이곳은 고대로부터 풍요로운 농경지로 발달할 수 있었다.

아무리 흉년이 들어도 마를 줄 모르는 이곳의 간헐천(샘의 원천)의 물은 신기하기만 하다. 일반 성지 코스가 아니기 때문에 잘 알려지지는 않았지만, 이스라엘에 살고 있는 한인들은 대부분 이곳을 잘 알고 있다.

이런 지역엔 절벽 바위틈에 집을 짓고 사는 사반이라는 동물이 서식하고 있다. 절벽에 집을 지어 맹수들로부터 안전하게 피하며 사는 사반은 다람쥐와 토끼의 중간쯤 되는 크기의 동물이다. 사반은 비록 작지만, 자신이 약하다는 것을 스스로 잘 알고 자신을 보호하며 살아가는 방법을 터득한 지혜로운 동물이다.

사반들이 노는 모습을 보며 솔로몬의 지혜를 생각하게 했던 엔 파워, 갈급한 영혼을 달래기 위해 자주 찾았던 곳이다. 엔 파워는 육체적으로 목말라 하는 우리 가족의 영혼을 적잖이 위로해 주었다. 기도하다 지쳐 버린 육신의 목마름을 적셔 줬던 엔 파워의 간헐천은 필자에게는 결코 잊을 수 없는 추억이 담겨 있는 곳이다. 그늘진 동굴에 들어가 기도하다가 우연치 않게 동굴 위를 보는 순간, 필자의 머리 위에 독사가 혓바닥을 날름거리며 응시하고 있어 혼비백산魂飛魄散하여 도망쳐 나온 일도 있었다.

예루살렘에서 여리고로 내려가려면 엔 파워 같은 와디를 만나게 된다. 험한 길이지만 빨리 갈 수 있는 지름길이므로 간혹 이곳을 이용하는 보도 여행객들이 있다. 필자는 어느 날 여느 때와 마찬가지로 아내와 함께 이곳을 찾았다. 평상시와 같이 엔 파워에서 물을 마시며 기도할 처소를 찾고 있었다.

기도 처소를 찾기 위해 막 내려가는 순간 이곳을 지키고 있던 관리인이 허겁지겁 우리에게 달려왔다. 그는 가쁜 숨을 내쉬며 얼마 전 바로 이곳에서 두 명의 여인이 변사체로 발견되었으니 와디로 가지 말라고 경고했다. 양을 치고 있던 베두인 소년들이 거친 와디를 걷고 있던 두 명의 여인들을 살해한 사건이 발생한 것이다.

그 후 필자는 더 이상 엔 파워를 찾지 않았다. 아무리 운동으로 단련된 몸이라지만, 강도들과 아무런 목적도 없이 일부러 대면하는 것은 무모하다고 생각했기 때문이다. 이처럼 메마른 유대 광야는 살기가 감도는 험악한 곳이다. 목마른 짐승들이 물을 찾아 헤매다 죽는 일이 수두룩하며, 버려진 폐차, 쓰레기, 때로는 동물들의 사체들로 늘 어수선한 곳이다.

여리고에서 동북쪽으로 약 9km(5.9마일)를 더 가면 요르단에서 이스라엘로 건너오는 길목에 알렌비 다리Allenby Bridge라는 검문소가 나온다. 이곳은 요르단에서 이스라엘로 넘어오는 3개의 국경 검문소 가운데 하나로 중간 지역에 자리 잡고 있는 체크포인트Checkpoint이다. 성지순례객들이 요르단에서 요단강을 건너 이스라엘로 넘어올 때 이용하는 곳이기도 하다.

이곳은 이스라엘 출입국 관리소Immigration Office가 아니라 국경 검문소Border Check Point이기 때문에 이곳의 모든 업무 처리는 일반 공무원과 이스라엘 군인들이 같이하고 있다. 이곳은 항상 긴장감이 흐르고 삼엄한 느낌을 준다.

알렌비 검문소같이 요단강을 건너 이스라엘로 들어가기 위한 길은 고대에도 있었다. 여호수아가 약 2백만 명의 이스라엘 민족을 이끌고 가나안의 첫 성인 여리고로 들어가기 위하여 요단강을 갈라내고 육지처럼 건넜던 길이었다. 현재 요르단에 속한 느보산에서 모세가 사망하자 여호수아가 백성들을 이끌고 가나안을 향해 이동했던 곳이다.

느보산에서 여리고까지의 정복 과정

이스라엘의 지도자 모세가 모압(요르단)의 느보산에서 사망했다(신 34:5-6). 그 후 여호수아는 백성들을 이끌고 가나안의 첫 번째 성 여리고를 정복하기 시작했다. 여호수아가 택한 여정은 예루살렘에서 여리고로 내려가는 것보다 더욱 어렵고 험난한 길이었다. 험준한 산길을 개척해야 할 뿐 아니라 앞에 놓인 요단강마저 범람하고 있었기에 결코 쉽지 않은 여정이었다(수 3:15).

강이 범람하고 있었다는 것은 계절적으로 늦은 봄날을 의미한다. 성경에서 언급하고 있는 이른 비는 빠르면 10월 말이나 11월 초에 내리는 비를 말하며, 늦은 비는 2월에서 3월 초에 내리는 비를 말하고 있다. 물이 범람한 원인은 늦은 비가 끝나고 헬몬산에 겨우내 쌓였던 막대한 양의 눈이 녹아내리면서 요단강으로 흘러들기 때문이다.

성경은 이 시기를 이렇게 말한다. "요단이 곡식 거두는 시기에는 항상 언덕에 넘치더라(수 3:15)."

이스라엘 백성이 요단강을 건널 때 가로막고 있던 강줄기는 평상시의 강의 너비와 다소 차이가 있다. 앞에서 언급한 바와 같이 헬몬산에서 흐르는 물줄기가 봄철에는 녹은 눈으로 인해 물의 양이 불어나 많은 양의 물을 동반하고 있었다.

여호수아 시대의 요단강의 너비는 위치에 따라 큰 차이를 보였다. 어떤 곳은 배를 타고 건너야 할 만큼 넓은 곳이 있는가 하면 매우 좁은 곳도 있었다. 하지만 시대가 변하면서 넓은 곳은 거의 찾아볼 수 없게 되었다.

세월이 흐르면서 강줄기의 역사도 함께 흘러갔다. 특히 로마가 팔레스타인을 지배할 때 요단강은 급격한 변화를 가져온다. 그레코-로만 건축양식이 발달하면서 각 도시마다 송수관을 설치하여 도시에 요단강 물줄기를 끌어들이기 시작했다.

현재는 과거에 비해 더 많은 양의 물이 줄어들고 있다. 물이 줄어든 가장 큰 원인 중 하나는 요르단 정부가 댐 건설을 한 후 일부 요단강의 수위가 확연히 줄어들었다. 요르단 쪽에서 흘러들어 오는 물줄기를 차단하여 요르단에서 관할하고 있기 때문이다.

현재는 요단강의 가장 넓은 곳이 평균 30~35m 정도이며, 가장 좁은 곳은 차를 타고 눈 깜박할 사이에 건너는 곳도 있다. 강폭이 좁고 깊기에

차를 타고 요단강을 건너기 때문에 금방 지나가는 느낌을 받는다. 이스라엘을 여행하다 보면, 생각했던 것과 달라, 실망하거나 낙담할 때가 자주 있다. 그 중 기대에 미치지 못하는 곳 중의 하나가 바로 이곳 요단강이다.

한국 찬송가 내용 중에 "그 요단강을 내가 지금 건넌 후에는" 또는 "요단강 건너가 만나리" 라는 가사들 때문인지 한국 성도들에게 비쳐진 요단강은 크고 넓은 강이며 아름답고 멋있는 강으로 인식하고 있다. 그래서 강가 옆에 앉아 시라도 한 편 읊고 싶은 곳으로 상상하며 이곳을 찾아오게 된다. 그러나 생각하고 상상했던 모습과 사뭇 달라 실망하는 경우가 많다.

영적 의미를 부여하지 못한 성지순례는 가는 곳마다 규모가 작거나 모습이 달라 실망스러울 때가 적지 않다. 생각 이상으로 기대가 커서인지 실망을 안겨 주는 장소는 이곳뿐만 아니라 다른 곳에도 나타난다. 따라서 작으면 작은 대로 초라하면 초라한 대로 볼 수 있는 믿음의 안목이 필요하다. 세월이 흐른 역사의 현장은 그 모습이 바뀌어 예전의 모습을 찾아보기 어려울 때가 있다. 순례자의 기대에 따라 좋은 경치나 거대한 장관을 찾아온 것이 아닌 역사적 사건의 현장이기 때문에 영적인 안목에 따라 순례하는 것이 바람직하다.

여호수아 시대의 여리고 맞은편에 있던 요단강은 보편적으로 넓은 강줄기에 속한 지역이었다. 하나님은 자신의 백성들을 이곳으로 인도한 깊은 뜻이 있었다. 약 2백만 이상 되는 대민족이 건널 수 있는 넓은 지역이 필요했던 것이다.

가나안 정복은 결코 단순한 영토 전쟁이 아니었다. 고달프고 힘들지만 하나님의 계획과 약속이 실현되는 원대한 여정이었다. 광야에서 지낸 세월이 어느덧 40년이 되었다. 백성들의 문제점은 눈앞에 놓인 요단강보다 지금까지 거쳐온 험난한 이동 경로와 지쳐 버린 일반 백성들의 심리 상태였다.

훈련된 군인들만 전쟁터로 나가는 것이 아니라 약자와 어린이들까지 돌보며 집단으로 이동해야 하기 때문에 어려움이 뒤따랐다. 또한 이동 중에 언제 어디서 적들이 공격해 올지 몰라 늘 긴장하고 경계를 늦출 수 없는 상태였다. 어떤 변수가 발생할지 아무도 예측할 수 없었다. 암담했던 이들은 하나님의 인도하심을 따라 앞으로 조금씩 전진하는 길만이 최선의 방법이었다.

만일 이런 상황에서 요단강이 갈라지지 않았더라면 이스라엘 백성들은 어떤 형편에 처하게 되었을까? 그들은 진퇴양난에 빠져들고 말았을 것이다. 그 중 가장 큰 원인은 긴 요단강 줄기가 이들을 가로막고 있었기 때문이다. 요단강은 북쪽 헬몬산에서 발원하여 남쪽 사해 끝까지 가로 질러 있었다.

헬몬 산기슭에서 시작하는 요단강 줄기는 훌라 호수Lake Huleh까지 내려와 담수하고 있다가 갈릴리 호수로 약 16km(10마일) 정도를 흘러간다. 갈릴리 호수에서 사해바다(호수)까지의 거리는 대략 167km(104마일) 정도이다. 요단강의 북쪽 발원지에서 사해바다까지의 직선거리는 약 251km(156마일) 정도이지만, 실제 강물이 흐르고 있는 거리는 약 323km(201마일)이다.

가나안 땅에 들어갈 수 있는 방법은 배를 타고 강을 건너든지, 아니면 남쪽으로 다시 내려가서 사해 밑 부분에 있는 에돔까지 내려가야 했다. 백성들이 떼를 지어 배를 타고 건널 수도 없고, 또다시 왔던 곳으로 돌아가는 것도 생각할 수 없었다. 이러한 절체절명의 순간에 오직 하나님만이 해결책을 가지고 있었다.

갈 바를 알지 못했던 믿음의 조상 아브라함을 인도하시고 수백만 명에 이르는 이스라엘 백성을 애굽에서 홍해를 갈라 이곳까지 인도하신 하나님이시다. 전지전능하신 분이 어찌 요단강에 가로막힌 자신의 백성들을 이곳에서 버려 두실까? 절대자를 의지한다고 하면서 지나치게 염려하는 것도 절대자에 대한 불신이다.

성경은 "사람이 감당할 시험밖에는 너희가 당한 것이 없나니 오직 하나님은 미쁘사 너희가 감당하지 못할 시험 당함을 허락하지 아니하시고 시험당할 즈음에 또한 피할 길을 내사 너희로 능히 감당하게 하시느니라."라고 언급하고 있다(고전 10:13). 사람의 염려는 불신을 일으켜도 믿음은 기적을 낳는 법이다. 이들은 오직 믿음만이 유일한 희망이었고 버팀목이었다.

홍해 앞에 가로막혀 있던 이스라엘 백성들(1세들)은 하나님을 원망했다. 이집트에서 출애굽한 것을 후회하기도 했다. 하지만 요단강 앞에 서 있던 2세들(이스라엘 백성들)이 하나님을 원망하거나 불평했다는 기록은 전혀 없다(출 14:11-12). 오직 순종하는 모습들만 보일 뿐이다(수 3:5-13).

순종과 믿음만이 가로막힌 요단강을 건널 수 있는 유일한 해결책이란 사실을 이들은 알고 있었나 보다. 순종이 제사보다 낫다더니, 막힌 요단강은 양처럼 순종하는 백성들(2세들) 앞에서 홍해처럼 갈라지기 시작했다(삼상 15:22). 요단강이 갈라진 것은 말씀에 순종한 백성들의 믿음의 결과라고밖에 말할 수 없다.

갈라진 강줄기는 북으로 약 27km(17마일)까지 멀리 떨어진 곳에서 멈추어 있었다. 여호수아 3장 16절의 말씀을 참고해 보자. "곧 위에서부터 흘러내리던 물이 그쳐서 사르단에 가까운 매우 멀리 있는 아담 성읍 변두리에 일어나 한곳에 쌓이고…."라고 기록됐다. 강물이 아담 성읍 변방에 쌓였다는 뜻은 그곳에 물이 막혀 밑으로 내려갈 수 없다는 뜻과 같다.

사르단에 가까운 아담 지역은, 오늘날로 말하면, 얍복강 어귀를 지칭한다. 이곳은 고대로부터 사람이 거주했던 지역으로 텔 다미아Tell Damieh 또는 다미아Damiya라는 곳이다. 고고학계에서 연구한 사실에 근거하면 텔 다미아는 여러 차례 지진이 발생하여 주변에 있던 산이 붕괴되면서 점차 쇠퇴된 도시로 밝혀졌다. 이곳에서 발굴된 도자기와 유물들은 말기 청동기와 초기 철기시대 유물들이다. 도시의 형태는 우물처럼 둥근 모양으로 비교적 작은 도시였다고 한다.

더욱 흥미로운 사실은 영어 단어 '댐Dam'이란 어원이 다미아Damieh 라는 아랍어에서 영향을 받아 유래되었다는 학설이 있다. 요단강 줄기가 느닷없이 멈췄던 것은 지진에 의해 붕괴된 산이 사르단 주변의 한 부분을 막고 있었다는 것이다.

아담 성읍, 즉 텔 다미아를 덮치면서 요단강에 일시적인 댐을 만들었다는 뜻이다. 요단강이 홍해처럼 갈라지는 기적을 목도하면서 이스라엘 백성들(2세들)은 가나안에 첫발을 디뎠다. 이들은 하나님 말씀대로 갈라진 요단강가에서 12개의 바위 돌을 취한 후 길갈에 기념비를 세웠다(수 4:3-7).

이집트에서 출애굽할 때 홍해가 갈라졌으나, 이스라엘 광야에서 태어난 2세들에게는 전설적인 옛 이야기와도 같았을 것이다. 다시금 하나님이 살아 계심을 상기시키는 장면이다. 요단강이 갈라진 것은 2세들에게 영원히 잊을 수 없는 하나님의 능력을 재확인시켜 준 사건이었다(수 4:23-24). 길갈에 정착한 이들은 가나안 땅에서 할례 의식을 거행했다(수 5:2-3).

가나안에서 맞이한 첫 번째 유월절도 길갈에서 지냈다(수 5:10). 유월절 이틀째 되는 날에는 가나안에서 나는 소산을 먹었다. 40년간 광야에서 이스라엘 백성들에게 양식이 되었던 만나가 이곳에서 수확한 소산을 먹기 시작했을 때 그치게 된다(수 5:11-12).

하나님이 이스라엘 백성들에게 약속한 언약이 성취되는 순간이다. 길갈에 진을 친 이스라엘 백성들은 이곳에 정착하면서 성막을 쳤다. 그 성막이 실로로 옮겨지기 전까지 약 14년간 길갈에 머물러 있었다(수 18:1).

인류의 역사에 대한 다섯 가지 학설

인류학자들과 진화론자들은 인류 역사의 시작을 약 300만 년 전으로 보고 있다. 그러나 지금까지 성서 고고학계에서 발굴한 유물들의 존재 시기는 약 1만 년 전에서 2만 년 전을 넘지 않는다. 여리고는 주전 약 1만 년에서 8000년경에 살았던 인류의 흔적들을 간직하고 있는 곳이다. 성서 고고학자들은 여리고 지역이 세계에서 가장 오래된 인류의 역사를 간직하고 있는 유적지 중의 하나라고 말하고 있다.

인류 문명이 시작된 유적지들은 한결같이 약 1만 년 전에서 약 3만 년 전 사이의 유물을 갖고 있다. 이른바 인류의 4대 문명의 발상지인 황하지역, 인더스, 메소포타미아, 이집트의 문명이 그러하다.

여기서 잠시 인류 역사의 연대기를 살펴보고자 한다. 어떤 신앙인들은 오직 한 가지 역사관을 가지고 있기에 단순한 관점에서 인류 역사를 이해하려고 한다. 가령 인류 역사가 수만 년 전 또는 수억 년 전이란 학설들은 도저히 믿으려 하지 않는다. 하지만 천지 창조설은 대략 다섯 가지 학설들이 있다.

인류 역사를 약 6,000년에서 7,000년으로 계산하는 기독교 창조협회의 연대 측정설이 있다. 하루 24시간을 기준으로 인류 역사를 추산하는 유대주의 사관 또는 탄소 연대 측정에 따라 유물을 측정하는 고고학계의 인류 역사관이 있다.

이들은 인류 역사를 약 1만 년에서 5만 년으로 산술한다. 추론과 가상에 의해 단서 하나만을 찾아서 추측하는 진화론자들의 인류 역사를 약 3백만 년 전으로 추론한다. 마지막으로 과학적인 접근 방법을 통해 인류 역사를 측정하는 빅뱅 이론은 약 2백만 년 전으로 계산하는 방식 등이 있다.

이 중에 기독교인들이 바라보는 다섯 가지 인류 창조의 정설이 있다. 창조협회가 주장하는 방식과 유대주의 사관이 있다. 고고학계에서 보는 14연대 측정법으로 계산하는 방식이 있다. 베드로 후서 3장 8절에서 언급한 하루가 천년 같고 천년이 하루 같다는 하루 천년설이 있다.

때와 기간은 하나님께 있으므로, 인류 역사의 정확한 수치를 알 수 없는 무기한 연대 측정설 등이 있다. 이와 같은 다섯 가지 정설은 교단과 신학의 노선에 따라 달리 주장된다.

Part 14
성경의 역사와 고고학

이스라엘 역사의 근본적인 기초는 성경이다. 하지만 현대인들은 이 사실을 의도적으로 부인하려고 한다. 현대인들은 과학적인 학문이 종교적 학문보다 우선되어야 한다고 믿고 있기 때문인 것 같다.

성경을 시대적으로 접근할 수 있는 과학적 학문은 고고학이다. 과학과 고고학은 성경의 역사들을 증명할 수 있는 도구 중 하나로 쓰이고 있다. 만일 일반인들이 여리고 성의 존재성 여부와 구약성경에 기록된 여리고 성의 관련성 여부를 확인하고 싶다면 이 두 가지 접근 방식을 권하고 싶다.

앞으로 여리고에 관한 역사성과 존재의 여부를 과학과 고고학적인 접근 방법을 통해 계속 살펴볼 예정이다.

밝혀진 성경의 역사

케넌과 가스탕, 그리고 그 외의 많은 학자들은 여리고를 끊임없이 연구해 왔다. 왜 이들은 성경의 역사적 증거를 학문적으로만 입증하려는 것일까? 성경은 오래전부터 많은 의혹들을 가지고 있었다. 즉, 소돔과 고모라의 재앙, 출애굽 사건에서 나타난 열 가지 재앙들, 갈라진 홍해바다, 여호수아 시대에 태양이 하늘 중천에 머물렀던 사건(수 10:12-13) 등등 헤아릴 수 없는 수많은 미스터리들이 있다.

고대로부터 지금까지 많은 학자들은 수학, 변증학, 과학, 공학의 발전에 힘입어 성경의 미스터리들을 계속해서 파헤치고 있다. 학문의 발전이 미약했던 시대에는 오직 믿음만이 신앙생활의 전부였다. 하지만 현대 기독교인들은 지식과 학문을 믿음의 도구로 사용하는 경향이 많아지고 있다.

현 시대는 믿음과 더불어 학문적인 지식도 요구되고 있는 시대이다. 학문적인 연구가 인간의 무지몽매함을 일깨워 주지만, 반면에 지나친 이론과 연구에만 집중하다 보면, 역사의 진실을 왜곡하는 잘못을 범할 수도 있다.

학자들의 연구는 신앙생활에 미치는 큰 유익이 있는가 하면, 때론 잘못된 점도 있다. 그러나 이들의 보편적인 연구는 부정적 이면보다는 긍정적인 면이 더 많았다. 예를 들면 '바다 속의 샘물'의 진실(창 7:11), '없어진 하루'의 발견(수 10:12, 왕하 20:10), '증명된 여리고 사건' 등이다. 수많은 과학적인 연구는 성경의 진실을 증명해 주고 있다.

하지만 제아무리 빠르게 성장하는 최첨단 과학의 힘으로 성경을 입증한다 할지라도 성경은 고대부터 지금까지 과학이나 여타 학문의 영향을 별로 받지 않는다. 다만 묵묵히 진실을 간직하고 있을 뿐이다. 그 이유는 성경이 시대 변천에 따라 바뀔 수 없는 하나님의 약속된 말씀이기 때문이라 생각된다.

여리고는 다른 성지들에 비해 학자들의 논쟁과 비평이 특별히 많았던 곳이다. 시대가 변하면서 학자마다 의견을 달리해 왔던 여리고의 역사는 앞으로도 누군가에 의해 계속 연구의 대상이 될 것이다.

여리고는 유구한 인류의 역사를 지켜왔으며, 인류 변화의 모습을 간직한 채 신비함을 보여 주고 있기 때문이 아닌가 싶다. 그래서인지 일부 학자들은 여리고 성이 불에 타거나 침략당한 흔적을 찾지 못한 채 여호수아 멸망설을 부인하려는 학자들도 있다. 그렇지만 성경은 그 사실 여부(여호수아 시대 멸망설)를 우리에게 정확히 가르쳐 주고 있다.

성경에서 증명하는 여리고의 진실은 어떤 것인지 그 명백한 대답을 여호수아서에서 찾아볼 수 있다. 먼저 고고학자들의 연구한 결과에 따르면, 여리고 성벽은 성안으로 붕괴되면서 무너진 것이 아니라 성벽 바깥쪽으로 무너졌다고 한다.

성벽이 바깥쪽으로 무너지면서 경사지를 만들어 주는 현상이 발생하게 된 것이다. 따라서 이스라엘의 군인들은 만들어진 경사지를 따라 성안으로 들어갈 수 있었으며, 그 안에 있는 모든 적들을 손쉽게 멸망시킬 수 있었다는 연구 발표이다.

성경은 학자들이 여리고를 발굴하기 오래전부터 이미 성벽이 성채 바깥쪽으로 무너졌다고 기록하고 있다. 〈여호수아〉 6장 20절에 "성에 들어가서"를 영어성경 킹제임스KJV 버전으로 보면 "went up into the city"

라고 되어 있다.

보다 자세히 내용을 살펴보면, 성을 공격하여 적을 물리치면서 성벽을 넘어 들어간 것이 아니고 성벽을 걸어서 넘어갔다는 말이다. 즉 무너진 성벽을 타고 도시 안으로 들어갔다는 뜻이다. 성경과 학자들의 주장이 명백히 일치되는 내용이다.

성경과 고고학의 일치성

성경을 자주 언급하는 이유는 성경의 우월성을 의도적으로 강조하기 위한 것이 아니다. 고고학자들이 발굴한 유물들을 통해 성경의 내용들이 사실로 입증되고 있기 때문이다. 여기서 성경과 고고학의 일치성을 살펴보자.

첫째, 성경에는 이스라엘 군인들이 외칠 때 성벽이 무너져 내렸다고 되어 있다(20절). 학자들 역시 성벽 밖으로 무너져 내린 성벽돌과 그 파편을 발굴했다. 둘째, 이스라엘 군인들은 성읍과 그 가운데 있는 모든 것을 불 질렀다고 되어 있다(24절). 역시 학자들은 불에 탄 곡식 창고와 집터, 성채들의 흔적을 성안 곳곳에서 찾아냈다. 셋째, 학자들은 여호수아의 활동 시기, 즉 여리고 성을 함락시킨 연대를 대략 주전 15세기 중반으로 설명하고 있다. 성경에서 그 사실을 명백하게 증명해 준다. 〈열왕기상〉 6장 1절에 "이스라엘 자손이 애굽 땅에서 나온 지 480년이요 솔로몬이 이스라엘 왕이 된 지 4년 10월 곧 둘째 달에 솔로몬이 여호와를 위하여 성전 건축하기를 시작하였더라."고 기록했다.

그렇다면 솔로몬은 언제 왕이 되었을까? 그 시기를 알면 보다 정확한 해답이 나올 것 같다. 정통 신학자들의 주장과 성경을 근거로 추산해 보면 솔로몬의 대관식은 주전 970년경에 있었던 것으로 추정된다. 왕이 되고 4년 후에 성전을 짓기 시작했다면 이는 주전 966년경이다. 즉 이스라엘 백성이 애굽 땅에서 나와 솔로몬의 성전 건축까지 480년과 주님 탄생에서 솔로몬의 성전 건축까지 966년을 더하면 주전 1446년이 된다.

잔 가스탕이 추정한 주전 1400~1450년과 거의 일치하는 것을 알 수 있다. 결국 성경과 고고학은 연도를 비롯하여 발굴된 유물, 그리고 무너진 성벽 속에 불에 탄 채 파묻힌 곡물들을 통해 분명히 일치하고 있음을 증명하고 있다.

발굴된 곡물들

무너진 텔 여리고에서 곡식 창고가 발굴되었다. 불에 타다 남은 항아리들을 한곳에서 무더기로 찾아냈다. 발굴된 곡물들은 막 수확하여 건조시킨 햇곡식이었다. 〈여호수아〉 3장 15절에 "곡식 거두는 시기"와 일치하는 내용이다.

고대나 지금이나 곡식은 매우 가치 있는 양식이었으므로, 정복자들에게 약탈당하는 일이 비일비재한 일이었다. 곡식을 역이용하여 곡물에 독약을 타서 적들을 죽게 하는 전술도 있었지만 여리고 백성들은 곡식에 독이나 약물을 탈 필요조차 없었다. 이스라엘 백성들이 자신들의 성읍을 결코 정복할 수 없을 것으로 믿었기 때문이다.

여리고 성의 거주민들은 어떠한 적이 나타나도 자신들을 방어할 대비를 잘 갖춘 상태였다. 또한 충분한 비축 식량과 풍부한 물이 넘쳐났다. 튼튼한 성곽이 버티고 있어 전쟁이 얼마나 오래갈지는 모르지만 전쟁에서 패할 것이라고는 생각하지 않은 것 같다. 반면에, 성 밖에 있는 적들은 이동하여 온 사람들이기 때문에 먹을 양식이 부족했다.

이스라엘 백성들이 식량 문제 등을 이유로 장기간 전쟁을 할 수 없다는 사실을 이들이 모를 리가 없었다. 따라서 여리고 백성들은 크게 염려하지 않고 적들의 행동을 관망하고 있었을 뿐이었다.

여리고 주민들이 볼 때 적들은 매일같이 이상한 행위를 반복하고 있었다. 성을 공격할 생각은 하지 않고 매일 하루에 한 번 이상하게 생긴 나무 상자를 메고 성 주변을 돌고만 있었다. 특별한 무기도 없이 성 주변을 돌고 있던 이들의 모습은 어리석을 정도로 우습게 보이기까지 했다.

하지만, 그들의 예상은 크게 빗나갔다. 예상치 못한 사건이 순식간에 발생하고 말았다. 뜻하지 않게 대지진이 여리고 전 지역에 일어난 것이다. 그 지진의 여파로 이상한 굉음과 함께 성벽이 무너져 내렸다. 성안에 있던 백성들은 순식간에 혼란에 빠져들었다. 너무 갑작스럽게 일어난 일이라, 여리고 백성들은 싸울 틈조차 없었다. 그 틈을 타고 침입한 이스라엘 백성들은 여리고 성을 단숨에 함락시켜 버렸다.

성안 쪽은 불바다가 되면서 곡식과 재산들이 불에 탄 것은 물론이요 거주민들 중 목숨을 부지한 사람이 없었다. 불에 탄 여리고 성은 가축들과 봄철에 수확한 곡식 창고의 곡식 단지를 비롯하여 그 어느 것 하나도 남김없이 모두 잿더미로 변해 땅속으로 묻히고 말았다.

광야에서 무려 40년간을 헤매며 살아온 이스라엘 백성들에게는 그 무엇보다도 추수하여 얻은 곡식으로 만든 음식이 그리웠을 것이다. 눈앞에 놓인 햇곡식들은 어쩌면 그들의 오랜 염원이었을지도 모른다. 그런데 그들은 그 많은 곡물을 하나도 손대지 않고 대신 은금과 동철만 취했다. 이는 현실적으로 이해할 수 없는 사건이었다. 부족한 군량미를 보충해도 부족할 판국에 햇곡물들을 취하지 않았다는 것은 쉽게 이해할 수 없는 일이었다. 도대체 그 이유는 무엇이었을까?

성경은 그 사실을 이렇게 밝히고 있다. "은금과 동철 기구들은 다 여호와께 구별될 것이니 그것을 여호와의 곳간에 들일지니라(수 6:19)." 이 말씀 속에 느낄 수 있는 뉘앙스는 하나님의 절대적 명령이 담겨져 있음을 발견하게 된다.

순종으로 살아온 이스라엘 백성들에게 하나님의 말씀은 유일하게 살아남을 수 있는 완벽한 무기와 같았다. 눈앞에 보이는 곡식은 백성들의 배고픔을 일시적으로 충당시킬 수 있었을 것이다. 하지만 은금과 동철은 피곤에 지친 백성들의 만족을 채울 수는 없었으나, 훗날 하나님의 성전을 세우기 위한 소중한 건축자재로 활용할 수 있었다.

요새를 점령하는 전술법

여리고 성은 결코 쉽게 무너질 수 없는 견고한 성이었다. 5십만의 군대가 성을 둘러쌓고 있어도, 나팔소리가 제아무리 크게 울려도 그런 것 때문에 무너질 수 없는 성이었다. 그래서일까? 하나님은 이스라엘 백성들에게 전쟁과 관련한 전술을 가르치지 않고 말씀에 순종하는 법을 먼저 가르쳤다. 여리고 성이 물리적인 힘에 의해 무너진 것이 아니라 하나님의 섭리에 따라 자연의 재해로 인해 무너진다.

여리고 성의 외벽은 자연 암석의 기초 위에 세워진 두께 3m의 벽이었다. 이 외벽과 5m 정도의 간격을 두고 내벽이 쌓여 있었는데, 내벽의 두께는 4m로 암석을 토대로 만들어진 벽과 — 흙으로 쌓은 벽 — 돌로 쌓은 벽 등으로 겹겹이 형성되어 있었다. 이렇게 견고하게 지어진 성은 결코 손쉽게 함락시킬 수 없었다. 그러나 고대의 전쟁들은 나름대로 이러한 견고한 성을 정복하는 다양한 방법을 사용하고 있었다.

긴 사다리를 타고 성벽을 넘어 공격하는 방법, 긴 통나무 앞머리에 철을 덮어 성문을 파괴하는 무기인 공성퇴(파성퇴)를 사용하는 방법, 오랫동안 성벽 주위를 둘러싸고 있다가 성안에 식량이 떨어지면 항복을 받아내는 방법이 있었다.

또 성벽 밑을 파서 벽을 무너뜨리든지, 굴처럼 땅을 파고 성안으로 침입하는 방법을 사용하기도 했다. 하지만, 여리고 성은 성벽을 타고 넘어갈 수도 없었고 땅을 파고 들어갈 수도 없었다. 외벽과 내벽 사이의 넓은 간격과 경사지가 침입자들을 적나라하게 한눈에 노출시켰기 때문이다.

또 성벽 사이에는 거대한 해자trench가 있어 쉽게 접근할 수 없었고 성벽 밑 부분을 파거나 땅속으로 굴을 만들 수도 없었다. 여리고 성은 고대의 전술 방법으로는 아니 인간의 힘으로는 도저히 무너뜨릴 수 없는 완벽한 요새와 같았다. 가나안 백성들은 여리고의 부요한 자원들을 이용하여 견고한 성채를 갖추었으나 성경은 그 난공불락의 여리고 성벽을 무너뜨리는 전술을 우리에게 소개하고 있다.

"이에 백성은 외치고 제사장들은 나팔을 불매 백성이 나팔소리를 들을 때에 크게 소리 질러 외치니 성벽이 무너져 내린지라 백성이 각기 앞으로 나아가 그 성에 들어가서 그 성을 점령하고 그 성안에 있는 모든 것을 온전히 바치되 남녀노소와 소와 양과 나귀를 칼날로 멸하니라(수 6:20-21)."

언뜻 보기에는 나팔소리와 큰소리로 인하여 성벽이 무너지는 듯한 느낌을 주고 있지만, 이와 동시에 발생한 사건이 하나 더 있었다. 그것은 다름 아닌 천재지변이었다. 이스라엘 군인들의 물리적인 힘으로 점령할 수 없다는 것을 잘 알고 계신 하나님은 자연 재난을 통해 교만했던 여리고 백성들을 무력하게 만드셨다. 하나님의 섭리는 인간의 이성과 철학적인 학문이나 과학의 힘으로 다 파악될 수 없다.

피조물인 인간이 어찌 조물주의 세계를 다 알 수 있으랴? 하나님의 절대적인 권한에 인간이 도전해서는 안 된다. 때론 순종이 과학의 힘이나 철학보다 위대한 역사를 창의할 수 있다는 것을 여리고 성을 통해 배워 본다.

여리고 성의 해자

여리고 성채는 해자를 비롯해서 두꺼운 이중벽으로 성 전체를 둘러싸고 있었다. 고대 여리고 성에 해자가 있었다니 참으로 믿기 어려운 사실이다. 해자에는 트렌치trench와 모우트moat의 두 가지 종류가 있다. 트렌치 해자는, 물은 없지만 깊은 도랑을 만들어 성채와 지면 사이를 떨어지게 파는 것을 말하며, 모우트 해자는 큰 도랑에 물을 채

위 : 트랜치, 아래 : 모우트

운 상태로 성곽을 보호하는 것을 말한다.

지중해 쪽에 있는 가이사랴에 가 보면 십자군 시대에 세운 모우트로 구성된 성채가 남아 있다. 가까운 이웃 나라 일본의 오사카 성채에도 모우트 형식으로 된 해자가 있다. 중세의 프랑스나 영국, 그 밖에 유럽이나 중동 어디에서나 트렌치나 모우트 성채들은 쉽게 찾아볼 수 있다.

가스탕은 여리고의 거대한 해자를 발굴하면서 놀라지 않을 수 없었다. 수천 년 전에 고대 건축기술의 스케일이 매우 웅장하고 정밀도가 높아 믿기 어려울 정도의 기술 수준을 확인했던 것이다. 대략 15m 이상의 깊이로 만들어진 거대한 해자는 신석기시대의 성벽보다 더 높이 올라와 있었다. 즉, 주전 1만~8천년경에 건설된 석조 탑은 해자가 있기 전에 형성된 건축물이었다. 주전 15세기에 만들어진 해자가 구석기시대에 세워진 석조탑보다 더 높게 올라와 있게 된 것이다.

다시 말하면, 신석기시대의 텔(인공 언덕)은 15세기에 세워진 텔보다 매우 낮은 지역에 있었기에 나중에 건설된 해자는 당연히 더 높게 올라올 수밖에 없었다. 이러한 해자를 만들기 위해 수고한 노역자들의 힘든 노동과 위험을 가히 짐작할 만하다.

세계에서 가장 오래된 여리고 성의 석조 탑

앞에서 언급한 석조 탑의 기능과 역할은 무엇일까? 신석기시대(주전 10,000-8000)에 거대한 방어 석조탑이 여리고에 세워졌는데 도대체 이런 건축양식의 발상은 어떻게 구상된 것일까? 여리고는 풀기 어려운 비밀스러운 사건들이 많이 있는 곳이다.

초기 신석기시대에는 토착민들이 살았는데, 이들이 어디에서 왔는지는 정확하게 알 수 없다. 여리고의 후기 신석기(Pre-Pottery Neolithic B) 시대는 아마도 아나톨리아(현재 터키지역)의 신석기 문화와 관련이 있어 보인다. 더 나아가 시리아 조상들의 문화와도 깊은 관련이 있는 듯하다.

그 후 주전 7500년경 새로운 사람들이 이곳에 나타났는데, 그들은 도시를 옛 성터보다 더 넓게 확장한 것으로 확인되었다. 석조 탑 옆에 있는 계단 안쪽 출입구는 지금도 잘 보존되어 있으며, 석조 탑으로 연결된 22개 계단이 지금까지 남아 있다. 발굴 당시에 계단으로 내려가는 통로는 큰 돌판으로 덮여 있었다. 계단에 남아 있는 흙 회석 벽에서는 지금도 미장이들의 손길이 느껴지는 것만 같다.

고고학자들이 탄소 동위원소를 이용한 연대 측정기로 이곳에서 발굴된 많은 유물들을 분석한 결과 주전 약 10,000년에서 8000년경에 이르는 유물들로 판명되었다. 고대 여리고 정착민들은 무엇 때문에 거대한 석조탑을 세운 것일까?

탑의 규모나 상태를 분석한 일부 학자들은 "분명히 이런 큰 건축양식은 그 당시 사회 구성원들과 관련된 권력의 중심을 반영해 주는 것이다."라고 말한다.

석조 탑은 요새를 방어하기 위한 망대의 역할과 출입구 역할을 했던 것으로 여겨진다. 망대의 역할을 해 왔던 석조 탑의 출입구는 견고한 기능을 갖추고 있었다. 이뿐 아니라, 성채 주변을 쉽게 접근할 수 없도록 석조 탑 주변에 해자까지 만들어 완벽한 구색을 갖춘 여리고 성의 건축 기술은 참으로 놀랄 만하다.

훗날 북이스라엘 왕 아합은 완벽한 여리고 성을 재건하려고 시도한 바 있다. 여리고 성의 건축양식을 모방하여 국력을 강화하고 남방의 경계 지역을 견고하게 하려는 의도가 아니었나 싶다.

조상숭배의 본거지

여호수아가 여리고 성을 점령한 후 다시는 이곳을 재건하지 못하도록 명했다. 왜 그랬을까? 그 이유 중 하나는 바로 우상숭배에 있었다. 이곳에서 발굴된 유물들이 이를 증명해 주고 있다. 여리고 토착민들의 장례 문화는 지금까지 발굴된 이스라엘 장례 문화 중에서 가장 독특한 면을 보여 주고 있다.

죽은 자의 유골이 집 마룻바닥에서 발굴되었는데, 자신들의 조상을 섬기기 위한 풍습으로 보인다. 초기 거주민들의 두개골은 다른 뼈들로부터 분리된 후 제사의 대상으로 섬겨졌다. 또한 영웅들의 죽음을 추모하기 위해 석회를 이용해 두개골의 틀을 뜨거나 칠을 하여 보관하였다.

주형으로 만든 두개골 10점이 가옥의 바닥에서 동시에 발굴되기도 했다. 그 중 어느 것은 조개껍질로 눈을 만들거나 조가비로 덮기도 했다. 어떤 두개골은 턱이 없는 것도 있고, 턱 대신 잇몸 위를 회반죽으로 덮어 턱의 형태로 만든 것도 있었다. 이러한 유물들은 당시의 여리고 거주민들이 죽은 조상을 섬기는 토템이나 샤머니즘 신앙을 가지고 있었다는 것을 의미한다.

젊은 여자의 두개골을 우상물로 만들어 숭배한 흔적들도 있었다. 그

여리고의 석조탑

우상숭배의 흔적들

시대에 살았던 사람들은 조상들의 얼굴이나 모습을 벽에 그리기도 했으며, 죽은 사람의 두개골을 방바닥에 매장하기도 했다. 또한 진흙으로 만든 여자의 형상, 동물 형상도 집터에서 발굴되었다. 이뿐 아니라 주거층에서 터키 지역에서만 생산되는 오석Turquoise으로 만든 신상 장신구도 발굴되었다.

　이런 유물들은 고대 여리고가 오래전부터 여러 민족들과 빈번한 무역교류가 있었다는 증거이다. 이들은 민간신앙으로 조상들을 숭배하고 타국의 종교마저 끌어들여 섬겼다. 여리고는 자신들의 부유함을 통해 우상과 조상 숭배에 깊이 빠져 있었다. 태양신을 상징하는 이집트의 말똥벌레 인장들과 그밖에 터키와 시리아에서만 볼 수 있는 유물들이 이를 명백히 뒷받침해 주고 있다.

정탐꾼을 살려 준 라합

우리가 알고 있는 라합은 누구일까? 킹 제임스King James Version(KJV) 성경은 라합을 매춘부Harlot로 소개하고 있다. 일반 개혁New International Version(NIV) 성경은 창녀Prostitute로 기록하고 있다. 위키피디아Wikipedia에는 요세푸스는 라합을 여인숙집 주인으로 소개하면서 하숙집 주인으로 표현하기도 했고, 중세 유대인 주석에는 라합을 음식을 파는 여인으로 기록하기도 했다. 심지어 일부 학계에서는 라합을 신녀로 주장하기도 한다.

성경에서 라합을 어떻게 소개하든지, 단순히 직업이 천하다 하여 사람도 천한 것으로 평가하는 우를 범해서는 안 된다. 어쩌면 그녀는 자신의 직업을 활용하여 보통 사람들보다 더 많은 사람을 만날 수 있었을지도 모른다. 그들과 친교하며 세상 돌아가는 중요한 핵심 정보들을 많이 얻을 수 있었을 것이다.

〈여호수아〉 2장 9-11절 말씀을 보자. 그녀가 얼마나 총명한 지혜를 가지고 있었는지 한눈에 볼 수 있는 내용들이다. 출애굽에서 약 40년간 이스라엘 백성들이 행한 사건부터 요단 저편에 있던 아모리 사람의 두 왕 시혼과 옥에게 행한 일까지 모두 낱낱이 알고 있었다. 그녀는 총명함을 가지고 있었을 뿐 아니라 깊은 신앙을 겸비한 여인이었다. "우리가 듣자 곧 마음이 녹았고 너희로 말미암아 사람이 정신을 잃었나니 너희의 하나님 여호와는 위로는 하늘에서도 아래로는 땅에서도 하나님이시니라 (수 2:11)."

라합의 직업이 무엇이든 간에 뛰어난 영성을 소유한 여인임이 틀림없다. 그녀는 두 명의 이스라엘 정탐꾼을 숨겨 주었다 (수2:8-15). 이 단 한 번의 선행으로 지상에서의 가장 큰 복을 받은 이방인 여인 중 한 사람이 되었다. 심지어 이방 여인이며 도덕적으로 문제가 있다고 평가를 받았음에도 불구하고 성경에 그 이름이 기록되는 최고의 영예를 얻게 되었다 (마 1:5).

인생을 살아가면서 선한 일을 하는 사람들이 수도 없이 많은데, 어떻게 단 한 번의 선행으로 이 같은 상을 얻을 수 있었을까? 물론 운이 좋다고 할 수도 있겠으나, 단순히 운으로만 돌리기에는 그녀에게 처해진 상황이 너무 급박했다. 이스라엘 정탐꾼을 숨겨 준 사실이 발각되면 처참한 죽음을 부를 수 있는 위험이 따랐기 때문이다.

그녀의 선택은 명백하고 단호하였다. "너희의 하나님 여호와는 위로는 하늘에서도 아래로는 땅에서도 하나님이시니라(수2:11)." 라는 신앙 고백으로 그녀의 깊고 신실한 믿음을 알 수 있다. 죄악이 넘쳐 멸망당할 수밖에 없는 세상 대신 영원한 천국을 택한 그녀의 지혜로움이 결국 성경에 그 이름을 올려 후대에 수천 년간 알리게 되는 영광을 얻은 것이 아닌가 싶다.

우리는 순간의 안목과 썩어질 재물에 눈이 어두워 하나님을 보지 못하고 세상 것만 추구하고 있지는 않은지 모르겠다. 일상사에서 매 순간의 선택도 항상 중요하지만, 구원의 선택은 우리의 일생과 그 이후의 영원한 생명을 좌우하는 중차대한 선택이라는 것을 결코 잊어서는 안 된다.

Part 15
신약시대의 여리고

우리는 더 이상 불쌍히 여김을 받지 않는다(막 10:46-52)

소경 바디메오는 예수님이 여리고를 방문하셨다는 소식을 듣고 소리쳐 주님을 부르기 시작했다. "다윗의 자손 예수여 나를 불쌍히 여기소서." 예수님께서 대답하시길 "가라 네 믿음이 너를 구원하였느니라." 신약시대에 많은 병자들과 백성들은 예수님을 부를 때 언제나 "불쌍히 여기소서." 라는 말을 사용한다. 이스라엘 백성들은 예수님을 구원자, 다윗의 자손, 선생 또는 랍비로 알고 있었다. 따라서 백성들은 불쌍히 여김을 받는 수동적인 상태였다.

하지만 주님의 사역이 완성되면서, 주님은 우리를 하나님의 자녀, 친구 그리고 제자로 성화시키셨다. 예수 믿는 성도들은 이제 더 이상 불쌍히 여김받는 존재가 아니라 사랑받는 자녀로, 부드러운 친구로, 아버지의 따뜻한 손길로 어루만져 주시는 존재로 신분이 바뀌었다. 우리는 더 이상 가련하고 불쌍한 피조물이 아닌 것이다. "우리는 다 택하신 족속이요 왕 같은 제사장들이요 거룩한 나라요 그의 소유된 백성이요 전에는 긍휼을 얻지 못하였더니 이제는 긍휼을 얻은 자니라(벧전 2:9)."

주님께서 이 땅에 오신 궁극적인 목적은 우리를 죄에서 구원하시려고 오신 것이다. 사망과 죽음, 질병과 고통에 얽매인 죄인들을 해방시키기 위해 오셨다. 베들레헴에서 양을 치는 목자들에게 기쁨의 좋은 소식을 통해 가장 낮은 자의 신분을 변화시키셨다. 여리고에서는 신체적으로 결함이 있는 소경마저 치료하시며 구원을 이루신다. 여호수아는 우상에 물든 여리고 성벽을 무너뜨렸으나 주님은 영육 간에 소경이 된 여리고 백성들을 구원하셨다. 구약시대에 무너진 여리고 성은 신약시대에 구속사를 이루기 위한 준비 과정으로 보인다. 주님의 마지막 사역은 여리고를 지나 예루살렘으로 옮겨가게 된다.

돌무화과나무(눅 19:1-10)

일명 '삭개오의 뽕나무 사건'이라 말할 수 있는 내용이 개혁성경 〈누가복음〉 19장 1-10절에 기록되어 있었다. 삭개오의 뽕나무 사건을 통해 우리가 잘못 사용하고 있는 기독교 용어와 단어에 대하여 잠시 살펴보고자 한다. "예수께서 여리고로 들어 지나가시더라. 삭개오라 이름하는 자가 있으니 세리장이요 또한 부자라(눅 19:1-2)."

삭개오라 이름하는 여리고의 부자 세리장이 예수님이 어떤 사람인가 궁금하여 사람들 사이에 끼어 예수님을 보려고 애를 썼다. 키가 작은 삭개오는 기필코 예수님을 보고야 말겠다는 생각으로 신분과 체면을 망각하고 "앞으로 달려가서 보기 위하여 돌무화과나무에 올라가니 이는 예수께서 그리로 지나가시게 됨이러라(눅 19:4)." 지금은 '돌무화과나무'로 번역되어 있지만, 새로운 번역본이 나오기 전에는 '돌무화과나무'를 '뽕나무'로 잘못 번역했었다.

예수님을 보기 위해 삭개오가 올라갔다는 돌무화과나무는 어떤 나무일까? 텔 여리고를 끼고 동쪽으로 내려오면 삭개오가 올라갔다는 돌무화과나무가 지금도 서 있다. 약 2000년 이상 된 돌무화과나무는 여리고 문화유산관리국에서 보호하고 있다. 돌무화과나무는 뽕나무과에 속한 나무이다. 돌무화과나무Sycamore를 한때 뽕나무Mulberry로 잘못 번역한 적이 있다. 〈아모스〉 7장 14절에 나오는 "뽕나무를 배양하는 자"란 뜻도 "돌무화과나무를 배양하는 자"로 잘못 번역했었다.

돌무화과나무는 뽕나무와 같은 과에 속하지만, 열매나 나무 모양이 서로 다르다. 돌무화과나무는 그 이름대로 열매가 돌처럼 딱딱하여 먹을 수 없는 열매를 가지고 있으며, 크게 성장할 뿐 아니라 단단한 목재로도 쓰인다. 특히 이집트의 미라를 만드는 관으로 많이 쓰이고 있다. 반면에 뽕나무는 열매를 비롯하여 뿌리(폐 기능 강화), 잎(동맥 경화증, 콜레스테롤 저하), 나무줄기와 열매에 이르기까지 모두 건강식품으로 쓰이며 목재로는 조각 무늬로 쓰이고 있다.

그런데 삭개오가 올라갔던 이 돌무화과나무를 아직도 뽕나무라고 말하는 사람들이 많이 있다. 우리가 무심코 사용하는 기독교 용어들 중에 반드시 삼가야 하는 표현들이 있는데, 이도 그것들 중의 하나라고 할 수 있겠다. 작은 것이라고 무시하면 성경이 계속해서 조금씩 왜곡될 수 있는 위험이 있다.

교회에서 예배가 한창 진행 중인데 대표기도를 할 때 "지금은 예배의 첫 시간이오니"라는 말을 서슴없이 한다. 대표기도는 이미 예배가 진행 중에 있을 때 하는 순서이지 묵도나 찬양처럼 첫 번째 하는 예배의 첫 시간이 아니다. 수요 예배나 주일 저녁 예배에서 "주기도문으로 예배를 마치겠습니다."라고 하는 인도자들이 있다, 언제부터 주기도문이 예배 폐회 선언문으로 바뀌었는지 알 수 없다.

또 주일 낮 예배를 대예배라 칭하는 경우가 있는데, 그렇다면 수요 예배나 저녁 예배는 소예배가 되는 것인가? 대예배, 소예배의 구분은 어디에서 근거하는 것인가? 주님이 주일 낮에는 큰 분이시고, 수요일에는 작은 분으로 바뀐단 말인가?

기독교인들이 무심코 사용하는 말 중에 "공수래 공수거", "옷깃만 스쳐도 인연인데", "예배 보러 가자", "목사님도 참 귀신같이 잘 아시네요", "저 집사님 신들렸나봐, 권사님!" "오늘 재수가 없으니 액땜한 셈 치세요" 등 조심해야 할 언어들이 많다. 삭개오의 돌무화과나무를 더 이상 뽕나무라고 하지 말자. 뽕나무가 아니라 돌무화과나무이기 때문이다. 사소한 단어 하나라도 잘못 사용하면 우리의 믿음도 변질될 가능성도 있다. 작은 것 하나라도 바르게 사용하는 좋은 습관을 기르자.

신약시대의 여리고는 소경과 삭개오처럼 영육 간에 소외당한 지역이었다. 엘리사는 물이 좋지 못하여 토산이 익지 못하고 떨어지는 것을 치료해 주었으나, 주님은 영적으로 죽어 가는 여리고 백성들을 치료해 주셨다. 부요한 삭개오는 백성들에게 소외당한 채 버림을 당하였지만, 주님은 소외당한 삭개오를 구원해 주셨다. 우상숭배가 소멸되고, 소경이 눈을 뜨고, 소외당한 자들이 구원을 받을 수 있었던 곳이 여리고이다.

불쌍히 여김을 받을 수밖에 없는 피조물이 주님의 거룩한 나라의 백성으로 거듭나는 곳이 바로 여리고이다. 구약시대에 여리고 성이 무너진 것은 단순히 물리적인 형상이 일어난 사건이 아니었다. 이는 장차 나타날 예수님의 복음 사역을 보여 주는 전조에 불과했던 사건이었다. 우상의 도시 여리고가 무너진 것이 하나님의 절대적 순종의 산물이라면, 신약시대의 소경과 삭개오가 구원을 받은 것은 예수님의 구속사의 완성을 보여 주는 대표적인 사례로 손꼽히고 있다.

성경의 역사적인 사실 여부를 놓고 학자들의 논쟁이 끊이지 않았던 여리고, 인류 역사에 결코 빠질 수 없는 유구한 역사의 현장 여리고는 예수님의 말씀을 통해 구원의 현장으로 이렇게 바뀌어 갔다. 여리고를 통과한 구원의 과정은 서서히 예루살렘을 향해 올라가기 시작한다. 제6부 성묘교회에서는 죽음으로 구원을 완성하신 고난의 현장을 살펴보면서 구속사의 완성을 소개하고자 한다.

TIP
성경이 보인다
무너진 성을 재건하면 재앙이라니?

이스라엘 백성들이 하나님의 말씀에 순종하자 견고해 보이던 여리고 성은 무너졌다. 오직 하나님의 절대적인 능력으로 일어난 사건이다. 인간의 전술로는 불가능했다. 하나님의 은혜로 여리고 성을 점령한 여호수아는 하나님께 은혜를 보답하는 마음으로 맹세하며 소리치며 예언한 사건이 있었다.

"여호수아가 그때에 맹세하게 하여 이르되 누구든지 일어나서 이 여리고 성을 건축하는 자는 여호와 앞에서 저주를 받을 것이라. 그 기초를 쌓을 때에 그의 맏아들을 잃을 것이요 그 문을 세울 때에 그의 막내아들을 잃으리라(수6:26)."

이런 저주가 또 어디 있으랴? 무너진 성을 재건하여 백성의 삶을 도모하도록 권면해야 할 판국에 성을 다시 세운다면 저주를 받아 아들들이 죽을 것이라니 이 무슨 해괴한 협박인가?

이런 무시무시한 예언에도 불구하고 어느 날 이 말씀에 맞선 용감한 사람이 나타난다(왕상16:34). 북이스라엘의 아합 왕이 벧엘에 살고 있는 히엘이란 사람에게 여리고를 다시 재건하라고 명했다. 히엘은 왕의 명령에 따라 자신의 기량을 발휘하며 거침없이 여리고 성을 재건해 갔다. 공사는 순조롭기만 했다. 여호수아의 불길한 예언은 아랑곳하지도 않았다. 히엘은 침착하게 기초를 다듬고 그 위에 터를 쌓아가고 있었다.

어느덧 여리고 성의 기초가 거의 완성되는 순간이 다가왔다. 히엘은 자신의 기량이 자랑스럽기도 했으며, 보람된 공사에 만족감을 느끼기도 했다. 가나안의 첫 번째 성인 여리고 성을 재건한다는 것은 가문의 영광이며, 이스라엘 역사를 회복할 수 있는 기쁨의 순간이 아닐 수 없었다. 그러나 그의 기쁨은 뜻하지 않게 오래 지속될 수만은 없었다. 성문의 기초를 완성하려는 순간 갑작스런 비보 한 통이 난데없이 날아들었다. 그토록 건강하던 히엘의 맏아들 '아비람'이 아무 연고 없이 죽었다는 소식이었다. 그것도 여리고 성의 기초가 세워지고 있던 바로 그 순간에 말이다.

원인을 알 수 없는 죽음이 자신의 맏아들에게 찾아온 것이다. 여호수아의 예언대로 성을 세우는 자의 집안에 저주가 시작되는 순간이었다. 하지만, 히엘은 아들이 죽은 것은 슬픈 일이었으나 여리고 성의 재건을 멈출 수는 없었다. 그는 장남의 죽음을 가슴에 앉은 채 공사를 계속 진행했다. 기초 공사가 끝나고 성벽이 재건되었다. 마침내 출입구에 문만 달면 모든 공사가 끝나는 날이 다가오고야 말았다.

기대하던 여리고 성이 재현되는 역사적인 날이 찾아 왔다. 왕과 백성들은 아비람의 죽음의 저주를 무시한 채 오직 새롭게 재건될 성문에만 모든 관심이 집중되었다. 일부 백성들은 흥분과 기대에 부풀어 있었다. 한편으로는, 여호수아의 예언이 그저 전설 따라 흘러온 옛 이야기처럼 완전히 무시되는 순간이었다. 일꾼들은 힘을 합쳐 거대한 문을 세우려고 전심전력을 다하고 있었다.

끝까지 포기하지 않고 왕의 명령을 완수한 히엘의 보람은 그 누구보다 컸다. 비록 이 공사로 인해 맏아들이 죽었지만, 그로 인하여 더 큰 위안을 받고 싶었는지도 모른다. 백성들의 환호가 그를 위로해 주었으며 왕으로부터 내려질 칭찬과 포상금이 기대되었다. 히엘에게 과거의 불행이나 고통쯤은 아무것도 아니었다. 하지만 그에겐 또 다른 비운이 어두운 그림자와 함께 자식의 저주를 몰고 오는 것을 눈치채지 못하고 있었다. 하나밖에 남지 않은 히엘의 막내아들 '스굽'이 죽었다는 비보가 또 다시 날아들고야 말았다.

여호수아의 예언은 사사로운 개인의 감정이나 억지에서 온 것이 아니었다. 그의 예언은 살아 있는 하나님의 말씀을 대행했던 것이다. 하나님의 말씀은 일점일획도 빗나가지 않고 완벽하게 성취되는 순간이었다. 여호수아의 예언을 무시한 히엘과 왕은 그 사실을 무시한 채 하나님의 뜻을 거역했었다. 여호수아의 저주는 결코 허언이 아닌 하나님의 살아 계신 말씀이었다는 것이다.

여리고 성을 재건하는 것은 우상의 부활과 샤머니즘의 재출발을 의미할 수도 있다. 우상의 본거지인 가나안의 첫 번째 성 여리고에 살던 사람들은 다신론자들이었다. 조상을 숭배하는 샤머니즘 신앙에 사로잡혀 있었던 무리들이었다. 그들은 가나안의 대표적인 우상숭배자들이었으며, 여리고 성은 하나님을 거역했던 이방인들의 본거지였다. 결국 여호수아는 이를 예견한 것인지도 모른다. 여호수아는 백성들의 영적인 지도자로서 그의 후손들에게 하나님 외에 다른 신을 섬기지 못하도록 훈계한 것이 틀림없다. 그러기에 그토록 엄격한 금지령을 선포한 것이리라.

우리들의 신앙 상태는 어떤 모습인지 히엘이 주는 교훈 속에서 자신들의 신앙을 비추어 보면 좋겠다. 우리들도 하나님 말씀의 예언을 잊은 채 세상의 일에만 몰두하고 있진 않은지, 아니면 나의 성공만을 위해 하나님을 배격하고 등지는 일을 하고 있지는 않은지, 히엘같이 인간에게 종이 되어 하나님의 말씀을 무시하고 사는 것은 아닌지 다시 한번 점검해 보자. 히엘이 주는 교훈은 과거에 있었던 전설 같은 얘기가 아니다. 성경에 기록된 사실들을 우리 후손들에게 입증해 주고 있는 역사적인 사건이다.

6

תיישנכ
רבקה
שודקה

예루살렘 성묘교회
Holy Sepulcher
죽음으로 완성한 구원

예수님께서는 이스라엘의 작은 마을 베들레헴에서 탄생하셨다. 조용하고 소박했지만 이름도 없이 초라한 곳이었다. 탄생부터 죽음까지 주님의 구속사적 행적은 한결같이 연약해 보이고 소박해 보인다. 인류를 구원하시려는 주님의 계획은 찻잔 속의 태풍처럼 그렇게 조용하고 미미하게 끝나는 듯했지만 인류사를 뒤바꾸는 역사를 이루었다. 성묘교회는 예수님이 죽음으로 구원을 완성한 곳이다. 또한 구속사의 마지막 흔적을 간직한 곳이기도 하다. 지금부터 구원을 완성하신 주님의 죽음과 구속의 속성을 정리해 보고자 한다.

Part 16
무덤의 위치와 모습

골고다 언덕은 신약시대에는 예루살렘 성 밖에 있었으나 지금은 성 안에 자리하고 있다. 예수님은 갈보리 산으로 알려진 바로 이곳에서 로마 병정들에 의해 처형당하셨다. 십자가형이라는 최고의 형벌을 받고 죽으신 것이다.

부자이며 산헤드린의 의원이었던 아리마대 요셉은 그의 동산에 있는 자신의 무덤 자리를 예수님에게 내주었다. 그리하여, 십자가 위에서 돌아가신 주님의 시신은 아리마대 요셉의 무덤 자리에 임시로 안치되었다.

이렇게 시작된 예수님의 무덤은 2,000년간 수많은 우여곡절 속에서도 잘 보존되어 왔다. 예수님의 무덤은 현재 예루살렘 성안에 있는 성묘 교회에 자리 잡고 있다. 성 밖에 있는 골고다 언덕이 시대의 변천에 따라 어느덧 예루살렘 성안으로 들어오게 된 것이다. 그 변천된 역사를 파헤쳐 보자.

무덤의 위치에 대한 논란

골고다 언덕이 예루살렘 성안으로 들어오게 된 과정을 살펴보면서 예수님의 무덤에 관한 역사도 같이 짚어보고자 한다. 학계에서는 예수님의 무덤은 예루살렘 성안에 있는 성묘교회가 아니라고 주장하는 부류가 있다. 일부 개신교 성도들도 이에 동조하여 의도적으로 이곳을 예수님의 무덤이 아니라며 부인하고 있다. '

그 이유 중 하나는 형식화된 종교 집단의 의식과 고전적인 종교의식을 거부하는 기독교 단체들의 편협한 시각으로 보이기 때문이다. 지나친 향냄새와 복잡한 분위기, 사제들의 의식화된 행위들이 개신교와 많은 차이를 보여 주고 있다. 이뿐만 아니라 주님의 무덤에 대한 논란은 시대에 따라 다르게 주장되어 왔다.

성묘교회에서 북쪽으로 조금만 가면 정원무덤Garden Tomb이라는 곳이 나온다. 일부 소수의 기독교인들은 아직도 그곳을 예수님의 본 무덤 자리로 믿고 있다. 잘 정돈된 정원무덤은 한적한 분위기와 조용히 사색하며 묵상할 수 있는 여유가 있고, 또한 주변에 해골 같은 바위의 모습은 고대의 골고다 언덕일 것이라는 연상을 하게 한다. 하지만 이곳이 예수님의 무덤이라는 근거는 찾기 힘들다. 이 정원무덤은 1883년경에 영국의 찰스 조지 고든Charles George Gordon이란 장군이 성지를 탐구할 때 발견한 무덤이었다.

현재 예루살렘 성문인 다마스쿠스 문Damascus Gate에서 북동쪽으로 조금만 가면 아랍 버스 정류장 쪽에 골고다처럼 보이는 암반석 언덕이 있다. 고든 장군은 아람어로 해골이라고 하는 갈보리산이 바로 이곳과 같을 것이라고 단정했다. 정원 주변에 있는 고대의 물 저장소와 포도 압착기를 발굴한 고든의 믿음은 더욱 확고해 갔으나, 그의 예상은 크게 빗나가고 말았다.

예루살렘에 있는 히브리대학 성서고고학 교수인 가브리엘Gabriel Barkay 박사가 고든의 예상이 틀렸다는 것을 밝혀냈다. 가브리엘 박사는 고든이 찾아낸 물 저장소를 면밀하게 재조사한 결과 십자군 시대에 물 공급을 위해 만들어졌다는 사실을 알게 되었다.

고든이 발굴한 무덤 또한 주전 8~7세기에 사용된 전형적인 무덤이었다. 이 무덤은 너무 오래되어 붕괴되었으나 후에 다시 재건된 흔적들도 보였다. 예수님이 누우신 무덤은 신약성경에서 언급했듯이 새 무덤이었다. "…동산 안에 아직 사람을 장사한 일이 없는 새 무덤이 있는지라(요 19:41)."

모르몬교(몰몬교)에서는 가든 정원(정원무덤)을 그들의 절대적인 성지로 공표하고 있다. 그들이 주장하는 예수님의 무덤은 오직 정원무덤뿐이라고 말한다. 또 어떤 학자는 히브리대학교Hebrew University of Jerusalem 옆에 있는 무덤들이 주후 1세기 무덤의 모습이라고 주장하며 예수님의 무덤과 유사하다고 설명하기도 한다. 성묘교회 터를 예수님의 제자 요한은 이렇게 기록했다.

"예수께서 십자가 못 박히신 곳에 동산이 있고 동산 안에 아직 사람을

장사한 일이 없는 새 무덤이 있는지라(요 19:41)."

그렇다. 골고다에 십자가의 처형장소가 있었고 그 옆에는 아리마대 요셉의 새 무덤(마 27:60)이 있었던 동산이었다.

이와 같이 성묘교회를 제외한 다른 곳을 예수님의 무덤이라고 주장하는 학자들도 있다. 그러나 예수님 무덤의 위치는 현재까지는 성묘교회가 다수 학자들의 정설로 인정되고 있다. 따라서 이 책에서는 이러한 정설을 바탕으로 무덤의 숨은 역사를 살펴보고자 한다. 과연 주후 1세기 초에 있었던 아리마대 요셉의 정원이었던 예수님의 무덤이 지금까지 어떻게 존재하게 되었는지 그 현장으로 직접 찾아가 보자.

동산 안에 있던 새 무덤

세월이 흘러도 이스라엘의 지형과 환경들은 크게 변하지 않았다. 그래도 시간이 흐른 탓에 성지를 방문하다 보면 신약시대 성경의 내용과 현지 상황들이 다소 다른 점들을 발견하게 된다. 대표적인 예가 예루살렘 주변에 있던 골고다 언덕과 주님께서 최후의 만찬을 베푸셨던 다락방이다. 예수님 무덤은 신약시대에 성 밖에 있었으나 지금은 성 안에 자리하고 있다.

최후의 만찬을 베푸셨던 다락방은 반대로 예루살렘 성안에 있었으나 지금은 예루살렘 성 밖에 있다. 시간이 흐르고 이지역의 통치자나 나라가 바뀔 때마다 관할하는 행정구역이 이해관계에 따라 변경되면서, 골고다는 성안으로 들어서게 된 것이며 다락방은 성 밖으로 나오게 된 것이다.

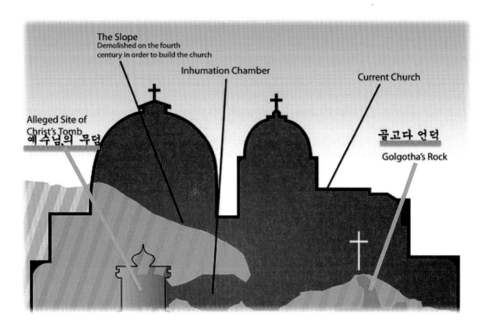

The Slope
Demolished on the fourth century in order to build the church

Inhumation Chamber

Current Church

골고다 언덕
Golgotha's Rock

Alleged Site of
Christ's Tomb
예수님의 무덤

동산 안에 있던 새 무덤

　　현 예루살렘은 고대와는 달리 네 개의 행정구역으로 분리되어 있는
데, 아르메니안, 유대인, 모슬렘, 그리고 기독교인이 관할하는 지역으로
나뉘어 있다. 다행히 성묘교회는 기독교 행정 지역에 안에 있다. 이 안에
살고 있는 기독교인들은 성묘교회를 '비밀스런 무덤'이라 부르고 있는 반
면에 아랍인들은 '알-퀴아마Al-Qeyamah'라고 부르고 있다.

　　교회 안에 있는 예수님의 무덤은 여러 기독교 단체들이 공동으로 관
리한다. 또한 성묘교회의 정문은 사다리를 타고 올라가서 열어야 한다.
교회 문을 열고 닫는 열쇠는 모슬렘 가족이 보관하고 있다. 아침저녁으
로 문을 열고 닫을 때마다 그리스 정교회, 아르메니안, 로마 가톨릭 사제

들이 돌아가면서 예배를 인도한다. 그 외에도 에티오피아, 이집트의 콥트 교회, 시리아 정교회, 프란시스칸 교회 등 모두 7개 종파가 함께 공존하고 있다.

이렇게 많은 기독교 단체가 이곳에 있는 이유는, 약 200년 전에 오스만 터키제국에서 이 단체들이 함께할 수 있도록 협상을 성사했기 때문이다. 지금은 평온한 시대를 맞이하여 모든 것이 평화롭고 순탄해 보이지만 실상은 긴 역사만큼이나 다툼과 투쟁의 사연이 많은 곳이다. 이들은 지금껏 말로 다할 수 없는 아픔을 간직하고 있다.

골고다의 현 위치

우측 사진은 헤롯 대왕 시대의 예루살렘의 모습이다. 번호 10의 자리가 성 밖에 있는 골고다(해골) 또는 갈보리 산이다(요 19:17, 41:2). 헤롯 대왕 시대만 해도 골고다는 예루살렘 성 밖에 있었으나 헤롯 아그리파Herod Agrippa가 주후 41~144년에 예루살렘 성벽을 확장할 때 골고다, 즉 성묘교회가 성안으로 포함되기 시작했다.

하드리안 황제 때 성벽을 새롭게 증축하면서 골고다 주변은 예루살렘 성안으로 들어오게 되었다. 본래의 설계도는 골고다를 성안으로 포함하지 않았으나 현장 감독의 권한으로 성안에 포함시켰다. 오토만제국의 쉴레이만 황제가 예루살렘을 점령한 후 무너진 성벽을 재건할 때도 역시 골고다는 성안에 있게 된다(1542년). 그때부터 갈보리 언덕은 성안에 남아 있게 된 것이다.

성 밖에 있던 고골다

성묘교회를 찾아

주후 1세기 초에 있었던 주님의 무덤은 이방인들의 침입으로 사라지게 된다. 기독교를 박해하기 시작한 로마인들이 주님의 무덤자리 위에 자신들의 신전을 세웠기 때문이다. 그 후 약 300년 후에 헬레나에 의해 예수님의 무덤이 새롭게 발굴되어 갔다. 과연 이러한 사실들을 얼마나 신뢰할 수 있을까?

성묘교회가 세워지기 전, 주후 135년경에 로마 황제 하드리안은 예수님의 무덤 자리 위에 아프로디테Aphrodite(그리스의 비너스)의 신전을 직사각형으로 세웠다. 또한 주노Juno(주피터의 아내이며 하늘의 여왕), 주피터 Jupiter(또는 제우스), 미네르바(의약·지혜·상업·공예·음악의 신)의 신전들도 세위 함께 헌납했다.

주후 326년경 니케아 종교회가 끝난 1년 후 콘스탄틴의 어머니 헬레나가 성지를 찾아와 예수님의 무덤을 발견한 후 교회건축을 시작했다.

성묘교회 공사는 로마 신전들을 모두 제거하고 주변을 새롭게 정돈해 나가는 것부터 시작되었다. 공사가 한창 진행 중일 때 한 기술자는 신전 주변에서 고대 채석장이 발견되었다고 헬레나에게 보고했다. 보고를 받은 헬레나는 동산 동쪽을 향해 심혈을 기울여 공사해 줄 것을 기술진들에게 당부했다. 그녀는 동쪽에 골고다가 있을 것으로 추측했으나, 그녀의 생각과는 정반대로 예수님의 무덤은 서쪽에서 발굴되었다.

가이사랴의 주교로 있던 유세비우스Eusebius of Caeasrea(263~339)는 로마 하드리안 황제가 세웠던 주피터 신전이 무너지고 그 위에 성묘교회가 세워지는 것을 직접 목격했다고 진술한다. "작업은 계속 진행되었고 겹겹이 쌓인 층들은 하나씩 벗겨지면서 거룩한 모습들이 드러나기 시작했다. 부활의 거룩한 기억과 존귀한 모습들이 다시 재현되는 순간이었다. 우리의 모든 소망을 담아 거룩한 모습들이 드러났다."

헬레나의 요청에 따라 콘스탄틴 황제가 보내 준 기술진들은 무덤 주변에 있는 거친 절벽들을 차례로 부수고 작은 모양의 석조 무덤을 조각하면서 본격적인 바실리카를 건설해 나갔다. 거대 암반석을 손으로 쪼개는 난공사였다. 공사가 끝난 후 성묘교회의 이름을 '아나스타시스Anastasis'라고 불렀다(주후 335년 9월 17일). 그 의미는 '부활'이란 뜻을 담고 있다.

사라진 골고다 언덕

　　유세비우스의 증언과 헬레나의 업적을 뒷받침해 주는 인물은 단 바핫Dan Bahat과 코르보Vergilio Corbo라는 학자들이다. 예루살렘에 살고 있는 고고학자인 단 바핫은 예수님의 무덤이 현재의 성묘교회 자리라고 단언하고 있다. 그 근거 중 하나는 그곳에서 고대의 채석장과 골고다가 발굴되었고, 예수님의 빈 무덤을 그 옆에서 찾아냈기 때문이라는 것이다.

　　두 번째 학자는 가버나움을 발굴할 때 큰 공을 세웠던 코르보란 학자이다. 그는 성묘교회 주변에 있던 거대한 채석장은 주전 7세기에 시작됐다고 주장하고 있다. 이곳에서 제2철기시대 도자기가 출토되었으며, 주전 1세기까지 계속 사용한 채석장은 예수님 무덤 주변에 있었던 것이 분명하다고 그는 말해 왔다.

　　주후 4세기 초, 헬레나가 발굴한 예수님의 무덤자리는 여러 학자들의 증언과 같이 고대 채석장 주변에 골고다 언덕이 있었다는 것을 부인할 수 없다. 하지만 현재 이곳에서 고대 채석장이나 골고다의 옛 모습은 찾아볼 수 없다. 황후 헬레나가 예수님의 무덤을 발굴할 당시 무덤을 제외한 모든 절벽과 채석장을 평지로 만들어 버렸기 때문이다John McRay, 『Archaeology and the New Testament』(Baker Book House, 1999)

　　그 당시 골고다 언덕을 평지로 다듬는 작업은 결코 쉬운 공사가 아니었다. 한마디로 거대한 프로젝트였다. 지금처럼 최첨단 장비를 사용한 것이 아니라, 순수한 인력만으로 단단한 바위를 정과 곡괭이 같은 도구로 쪼개야 했다.

골고다 언덕에 세워진 성묘교회

이렇게 쪼갠 바위 조각들을 직각으로 파헤쳐 갔다. 앞에서 언급한 것처럼 갈보리 주변에는 아리마대 요셉이 파놓은 무덤 자리에 동산이 있었는데, 갈보리에서 동산까지는 약 46m 정도 떨어져 있었다.Jacques Potin 『Jesus on his Homland』(Orbis Books, 1997)

이처럼 긴 거리를 모두 평지로 깎아내렸다. 주님의 무덤 자리만을 지키기 위해 주변 전체를 과감하게 없애 버린 것이다. 따라서 아리마대 요셉의 요청에 따라 예수님의 시신을 자신의 무덤에 잠시 안치시켰던 곳이 예수님의 무덤 자리로 영원히 남게 된다. 단지 십자가에서 처형당한 장소만을 남겨 놓은 채 말이다.

십자가가 서 있던 곳은 거칠게 깎여져 있던 골고다 언덕이었다. 이곳에 십자군 시대에 대리석으로 표면을 덮고 계단을 만들었다. 지금도 남아 있는 십자가 처형 장소는 비아 돌로로사(슬픔의 길)의 길 가운데 제10~13 장소로 지정되어 있다. 한때 악명 높은 로마 하드리안 황제는 이곳에 주피터 신전을 비롯하여 로마의 신전을 세웠지만, 훗날 헬레나 황후에 의하여 예수님의 무덤이 밝혀지게 되었다.

또한 의로운 아리마대 요셉의 믿음과 신앙은 우리에게 많은 의미를 시사하고 있다. "요셉이 시체를 가져다가 깨끗한 세마포로 싸서 바위 속에 판 자기 새 무덤에 넣어 두고 큰 돌을 굴려 무덤 문에 놓고 가니(마 27:59-60)." 자신의 소유물을 주님께 아낌없이 헌납했던 아리마대 요셉은 자신이 죽어 장사될 때에는 예수님의 무덤 옆에 묻히게 된다.

헬레나가 예수님의 무덤 주변을 깎아 평지로 만들어 버렸다. 원래의 형체는 영원히 사라졌지만, 무덤을 연구하는 학자들과 많은 역사적 자료들에 의해 무덤의 형태를 확인할 수 있게 되었다.

주후 1세기경의 일반적인 무덤 형태

특히 유세비우스는 하드리안 시대에 세워진 비너스 신전이 무너지는 것을 직접 목격했던 인물로서 그가 남긴 문헌들은 예수님의 무덤을 재구성하는 데 많은 참고가 되었다. 그 밖에도 제롬Jerom이나 사이릴Cyril Jerusalem(주후 315~386, 예루살렘 주교), 그리고 초창기 순례객들이 남긴 자료들을 통하여 보다 더 자세히 알 수 있다.

많은 자료와 증언들을 종합해 초기 무덤의 모습을 다시 재현할 수 있게 되었다. 아리마대 요셉의 무덤은 통 바위를 정으로 쪼아 만들었다. 거대한 바위에 무덤을 만들기 위해 동굴 형태로 깊고 길게 쪼개어 파서 계단식으로 만들어 갔다. 이 계단 층들은 약간 비스듬하게 만들어졌다. 긴 계단을 따라 동굴에 들어가면 유족들이 추모하는 장소(거실)가 있었는데,

그곳에서 향이나 촛불을 사용했다.

거실 옆에는 직사각형으로 된 본 무덤(돌판)이 있었던 것으로 여겨진다. 길게 다듬은 직사각형의 돌판 위에 시신을 안치 시킬 수 있었고, 천장은 둥근 돔 형태로 만들어져 있었다. 무덤의 입구는 바위를 둥글게 깎아 문을 만들었다. 이 둥근 바위 문 밑에는 홈을 파서 옆으로 굴릴 수 있도록 하였다.

특히 무덤 입구에 있는 둥근 바위 문의 규모는 결코 여인 한두 사람이 옮길 수 없는 크기였다. 따라서 성경은 이렇게 기록하고 있다. "서로 말하되 누가 우리를 위하여 무덤 문에서 돌을 굴려 주리요 하더니 눈을 들어 본즉 벌써 돌이 굴려져 있는데 그 돌이 심히 크더라(막 16:3-4)."[*]

예수님의 무덤을 초대 교부들과 학자들의 문헌을 바탕으로 재구성해 본 것이다. 주님의 무덤에 대해서는 더 이상 논쟁거리가 되지 않을 것 같다. 방송 등 다양한 언론 매체에서는 많은 돈을 들여 체계적이고 과학적인 접근 방법을 찾아내어 이곳이 예수님의 무덤자리였다는 것을 확인하였다. 그들은 산업용 내시경 카메라까지 동원하여 지하에 있는 고대 건물을 찾아냈으며 옛 건물의 축조 과정을 밝혀내기도 했다.

---

[*] Jack Finegan, *The Archaeology of the New Testament* (Princeton University Press, 1969)

Part 17
성묘교회의 사연들

최초의 성묘교회

해골이라 부르던 골고다는 사형수들을 처형하던 장소였다. 사람은 물론 동물들까지도 두려워했던 죽음의 장소였다. 하드리안 황제는 이곳에 비너스 신전을 세웠지만, 헬레나는 신전을 무너뜨리고 성묘교회를 바실리카 양식으로 세웠다.

이스라엘 성지의 교회 건물 중에 성묘교회만큼 수난을 당한 교회도 없을 것이다. 모슬렘들의 침입으로 인한 기독교 저항운동과 성지 탈환을 이유로 찾아온 이방인들이 폭도가 되어 저지른 횡포는 성묘교회의 아름다운 건물이 파괴되는 주된 원인이 되었다.

본래 헬레나가 세운 바실리카 양식은 둥근 모양으로 지붕을 만들었다
(동서 길이 50m×남북 너비 35m). 남서쪽 코너에는 아치형으로 된 건물을 지었
고, 그 옆에 붉은 지붕 건물은 침례(세례)용 탕으로 사용되었다.*

그뿐만 아니라 갈보리 언덕은 정원으로 모습을 바꾸었다. 종합 건축
양식으로 지어진 바실리카 옆은 돌기둥으로 늘어선 큰길이 있었다. 큰길
(카르도: 고대 로마의 거리)과 연결된 계단이 바실리카로 이어지면서 이곳의 이
용을 더욱 편리하게 했다.

그 당시부터 있었던 '카르도'라는 큰길은 지금도 당시 모습대로 보존
되어 있다. 카르도는 십자군 시대에 크게 확장되었으나, 아쉽게도 7세기
초 페르시안 크호스루 2세에 의해 자행된 대형 방화의 불길에 무너지고
만다(주후 614년 3월 6일).

끝없는 고난과 고통

비잔틴 문화의 찬란한 모습은 페르시안 크호스루 2
세가 주후 614년경에 성지를 점령할 때 대부분 무너져 버리고 말았다.
크호스루 2세는 성지에 있는 모든 교회나 회당들을 거의 빠짐없이 파괴
해 버렸다. 비잔틴의 황제 헤라클리우스가 성지를 다시 수복했지만, 대부
분의 문화재들은 이미 손괴되고 만 상태였다. 황제 헤라클리우스가 성묘
교회를 다시 세우기는 했지만 630년 화재로 소실되었다.

---

* Jone McRay, *The Archaeology and the New Testament*(Baker Book House, 1999)

유다 광야에 있는 압밧 수도원Abbot of the Monastery of St.원장 모데스투스Modestus가 불탄 교회를 목재를 사용하여 완벽하게 재건시켰으나, 이것도 갑작스런 지진으로 돔Dome에 금이 가고 뒤틀리는 손상을 입게 된다(주후 746년과 810년). 주후 966년에는 강도 무리가 출몰하여 약탈되는 과정에 목재 구조물이 불에 타고 말았다. 그 다음 해 부서지고 타 버린 원형 지붕과 건물을 또다시 복구해야만 했다.

심지어 성묘교회가 완전히 역사 속에 사라질 뻔한 사건이 발생하기도 했다. 1009년 이집트 칼리프 알-하킴Al-Hakim(재위 996~1021)이 성지를 점령하면서 그의 명령에 의하여 성묘교회를 무너뜨리고 그 자리에 모스크를 만들기로 한 것이다. 알-하킴은 다른 칼리프와는 달리 이스라엘에 있는 많은 교회와 수도원을 파괴했다.

성묘교회도 예외가 될 수는 없었다. 다른 곳에 비해 이곳은 그의 의도적인 계획이 철저히 숨겨져 있었다. 예루살렘 중심을 이루고 있던 이곳에 자신들만의 신전을 세우고 싶었기 때문이다. 성묘교회 철거 공사는 거침없이 진행되었다. 거룩하게 지켜 왔던 교회의 모습이 영원히 사라지는 순간 이었다.

그런데 철거 현장에서 뜻하지 않은 이상한 일이 발생했다. 어디선가 큰 돌덩어리가 난데없이 날아와 기술진들 발 앞에 떨어진 것이다. 현장은 순식간에 아수라장이 되어 버렸다. 큰 돌덩어리가 어디서 날아 왔는지, 어떻게 떨어진 건지 알 수가 없어 혼란에 빠졌다. 돌이 떨어진 장소 옆에 돔Dome처럼 생긴 건물이 있었다.

이상하게 생긴 건물에 호기심이 발동한 기술진들은 잡석에 덮여 있는 돔을 조금씩 파헤쳐 갔다. 정체가 드러난 건물은 철거 중에 덮여 버린 예수님의 무덤이었다. 모슬렘들이 성묘교회를 파괴하면서 버린 잡석에 예수님의 무덤이 묻혀 버린 것이다. 이곳이 주님의 무덤으로 확인되자, 파괴하려던 작업은 더 이상 진행하지 않고 중단되었다. 비록 모슬렘일지라도 예수님의 무덤에 대한 예의를 갖추었던 것이다.

그 후 주후 1048년 예수님의 무덤교회는 비잔틴 황제 콘스탄틴 9세 모나마처스Constantine IX Monomachus(재위 주후 1042~1055)에 의해 새롭게 재건되었다. 교회는 초기에 만들어진 기초를 바탕으로 증축해 갔다. 10개의 둥근 기둥과 두 개의 쌍둥이 기둥, 6개의 사각기둥이 추가되었다. 건축자재는 주로 목재를 사용되었고 지붕 중간은 개방식으로 지었다. 향나무 목재를 사용한 두 겹의 둥근 지붕은 하늘이 보이게 하였고, 세부적인 부분들은 납을 섞어 처리했다.

내부에는 예술적 표현을 위해 상아 장식과 스케치로 그림을 그렸다. 그 흔적의 일부가 지금까지 교회에 남아 있다. 1099년 십자군이 성지를 탈환한 뒤 성묘교회는 더욱 견고하게 보수되었다. 1149년에는 헬레나 채플실이 첨가되고, 지붕에는 종탑을 추가했다. 그러나 1808년 또다시 발생한 화재로 인해 둥근 지붕과 건물 전체가 붕괴되었고, 특히 목재로 지어진 부분은 전소되었다.

무덤도 큰 피해를 입었다. 손실이 너무 커 2년에 걸친 공사에도 조금밖에 회복할 수 없었다. 이 공사에 가장 크게 공헌한 단체는 그리스 정교회와 라틴 교단이었다. 이들의 끈질긴 노력에도 불구하고 교회가 여전히 붕괴의 위험에 처하게 되자, 터키와 러시아, 프랑스 정부에서도 재정적 지원을 해 주었다. 1836년 그동안 모인 후원금으로 무너져 가는 성묘교회를 새롭게 재건하였다.

오마르의 예언

　　　　　　모슬렘 지도자 가운데 오마르Omar or Umar 칼리프 (재위 주후 634~644)가 비잔틴 시대에 폐허가 된 솔로몬 성전 자리를 찾아 냈다. 오마르는 비잔틴의 헤라클리우스 황제가 성묘교회를 복원시킨 후 약 8년 뒤(주후 638년)에 예루살렘에서 비잔틴 황제를 몰아내고 모슬렘제 국을 건설한 인물이다.

　성지를 점령한 후 성묘교회를 방문한 오마르는 그곳의 교주로부터 교 회를 한번 방문해 달라는 청을 받았으나 단호하게 거절하면서 "만일 내 가 이곳을 방문한다면 당신들은 이 교회를 모두 잃어버리고 말 것이오. 왜냐하면 모슬렘들이 찾아올 때마다 이곳이 자기 선조들이 기도한 성지 로 생각하고 언젠가는 당신들을 강제로 몰아낼 것이오."라고 답변했다.

　그러나 다행스럽게도 그의 말과 같이 뒤를 이어 침입해 온 모슬렘들 은 이곳을 다녀가면서도 성묘교회만큼은 서로 약속이나 한듯 지켜 주며 보호해 주었다. 이렇게 지켜졌던 성묘교회가 뒷날 엘-하킴(미친자의 뜻)이 라는 잔인한 지도자로 인해 완전히 무너지고 만다.

　만일 오마르가 교회를 무너뜨리고 모스크를 만들었다면 엘-하킴(하 킴)은 그냥 교회만 방문하고 돌아갔을지도 모른다. 그러면 차라리 교회의 본 모습을 보호할 수도 있었을 것이다.

　앞에서 언급했듯이, 하킴은 교회의 모든 건물을 파괴시켰다. 네 곳의 벽 중에 동쪽과 서쪽 벽은 완전히 무너뜨렸으나 북쪽과 남쪽 벽은 그대로 두었다. 그곳에서 예수님의 무덤이 발견되었기 때문이다. 그 후로 예루살 렘 공동체는 파괴된 교회를 재건할 경제적 능력이 없었다.

1048년 새롭게 등장한 콘스탄틴 모나마처스의 지원이 있었으나 모든 건물을 보수하기에는 역부족이었다. 모나마처스가 보내 준 후원금으로는 정원과 기둥, 그리고 둥근 천장을 보수하는 데 그쳤다. 그 후 교회는 약 50년간 방치되었다.

1099년 첫 번째 십자군이 예루살렘을 탈환한 뒤 성묘교회를 보호하고 회복시켰다. 십자군은 조금씩 교회 건물을 회복하면서 로마네스크식 형태로 교회를 개조해 갔다(1112년경). 그들은 로마 바실리카 형식의 수도원과 같은 모습으로 건물을 건축했다. 예수님의 무덤도 다시 세워졌다(1119년).

십자군 병사들이 교회를 재건한 덕분에 예루살렘의 왕 풀크와 멜리센데Fulk of Anjou and Melisende(예루살렘의 왕 발드윈 2세의 딸)의 대관식도 이곳에서 성대하게 거행할 수 있었다(1131년 9월 14일).

Part 18
죽음으로 구원을 완성하다

영생을 꿈꾸던 황제들

위대한 업적을 남겼던 왕이나 황제들의 무덤을 살펴보면 그들이 살아서 추구한 바를 알 수 있다. 중국의 진시황, 이집트의 바로 왕들, 인도의 타지마할, 유구한 역사를 자랑하는 우리나라의 왕릉이 그렇다. 그들은 한결같이 영생을 추구했기 때문에 무덤은 죽은 이후의 또 다른 삶을 추구하는 모습을 보인다. 그러나 그들이 아무리 화려한 무덤을 만들더라도 죽음을 피할 수는 없었다.

예수님은 귀족이나 황제가 아니었다. 그는 죽은 이후의 또 다른 삶을 위하여 당시의 귀족이나 부유층처럼 화려한 무덤을 준비하지 않으셨다.

그저 반 평도 채 안 되는 어설픈 돌무덤에 잠시 머문 것이 그의 죽음의 전부였다.

그토록 영생을 추구하며 부활을 꿈꿔 왔던 왕들과는 달리 예수님은 죽음을 물리치쳤다. 작고 초라한 돌 무덤이었지만 화려하고 웅장한 무덤에 장사된 왕들과 황제들처럼 죽음에 사로 잡혀 있을 수도 없었다. 그 비결이 무엇일까? 영생이란 열심히 추구해서 얻어지는 인간의 노력의 대가가 아닌가 보다.

이스라엘 장례 문화는 우리 민족의 장례 문화와 많은 차이점이 있다. 이스라엘의 예루살렘 지역은 석회암으로 구성된 지형이기 때문에 사람이 죽기 전에 무덤부터 준비해야 하는 장례 풍습이 생겼다. 하루아침에 돌을 깎아 무덤을 만들 수 없기 때문이다.

예수님은 자신의 죽음을 미리 알고 계셨다. 제자들에게 여러 번 강조하시면서 죽음에 대해 가르쳤으나, 자신의 무덤은 결코 준비하지 않으셨다. 무슨 뜻이 있었을까? 인류를 구원하고, 만왕의 왕이 된다는 것은 아무나 할 수 있는 일이 아니다. 죽음을 면하려고 그토록 애썼던 황제들은 결국 죽음을 벗어나지 못했다. 반면에 예수님은 죽음을 자초하셨지만, 자신을 위해 무덤 하나 준비하지 않은 채 죽으셨다.

그럼에도 불구하고, 예수님은 죽음을 이기시고 부활하셔서 인류의 구세주가 되셨다. 그는 근본적으로 하나님과 같은 지위에 계신 분이시지만, 자신을 낮추고 낮추시어 인류의 노예나 종처럼 행하셨으며 죽음까지 맛보셨다(빌 2:6-7).

지상에서 사역하신 예수님은 단 한 번도 황제의 직위나 왕의 모습으로 영생을 준비하지 않았지만, 죽음을 이기시고 살아난 주인공이 되셨다.

중국에 있는 진시황의 무덤을 보았는가, 아니면 이집트에 남아 있는 피라 미드를 보았는가, 그 화려함과 웅장함은 그들의 불멸에 대한 소망을 잘 대 변해 주고 있으나, 그들은 모두 죽었으며 이제 아무 말도 할 수 없다. 화려 하고 웅장한 무덤들만이 그들의 헛된 망상을 대변해 주고 있을 뿐이다.

가상칠언이란 무엇인가?

성묘교회는 예수님의 마지막 말씀이 살아 있는 현 장이다. 예수님이 십자가에 달릴 때 나타난 4가지 큰 사건들이 있었다. 첫 번째, 오전 9시부터 정오까지는 원수를 용서하는 말씀과 강도를 초청 하는 장면, 자신의 정체성을 만민에게 선포하는 모습들이 등장한다. 두 번째, 정오에서 오후 3까지는 하나님의 아들이며 천지를 지으신 창조주 의 독생자의 죽음을 받아들이는 아픔의 시간들이다. 세 번째, 운명하는 순간에 마지막으로 남긴 말씀들이다. 즉 아버지께 대한 절규, 사역의 완 성 등이다. 마지막으로 성소 휘장이 찢어지며 바위와 무덤들이 열리는 초 자연적인 현상으로 끝을 맺는다.

가상칠언의 사건을 구체적으로 살펴보자. 오전 9시에서 정오까지 예 수님은 단지 세 번 말씀하셨다. 첫 번째 말씀은 자신의 원수인 제사장들 과 로마인들을 용서해 달라는 간청이시다. "아버지 저들을 사하여 주옵 소서(눅 23:34)." 두 번째 말씀은 죄인 된 강도를 용서하고 낙원으로 초청 하는 모습이다. "내가 진실로 네게 이르노니 오늘 네가 나와 함께 낙원에 있으리라(눅23:43)." 세 번째 말씀은 동정녀 마리아를 바라보며 만민에게 자신의 정체성을 확인시켜 주는 내용이다. "여자여 보소서 아들이니이다 (요 19:26)."

이 말씀이 끝나자 갑자기 천지가 변하면서 어두워지기 시작했다. 정오부터 오후 3시까지 일어난 일이다. 하나님 자신이 아들을 받아들이는 아픔의 순간들일까? 창조주의 아들이며 독생자 예수 그리스도의 마지막 순간들을 표현하는 장면들이다.

네 번째 말씀은 "엘리 엘리 라마 사박다니… 나의 하나님 나의 하나님 어찌하여 나를 버리셨나이까… (마 27:46)." 마지막 인성人性에 대한 절규이다. 다섯 번째 말씀은 인간으로서의 본질을 보여주는 장면이다. "내가 목마르다(요 19:28)." 여섯 번째 말씀은 끝까지 완성하신 인자의 승리를 선포하는 모습이다. "다 이루었다(요 19:30)." 죄의 길, 죽음의 길, 부활의 길 즉 구속사적인 사역을 완벽하게 다 완성하셨다는 뜻이다. 구약이 완성되고 신약이 새롭게 출발하는 순간이다. 구약은 신약의 그림자란 말이 있다. 구약시대에 있었던 사건들을 신약시대에 들어서면서 모두 완성한 것이다.

마지막 일곱 번째 말씀은, 아버지 하나님께 자신의 전부를 맡기는 지상의 마지막 순간을 보여 주는 장면이다. "내 영혼을 아버지 손에 부탁하나이다(눅 23:46)." 마지막으로 나타난 현상은 성소의 휘장이 찢어지는 장면이다(마 27:51). 희생 제물을 더 이상 받지 않겠다는 뜻이 아닐까 싶다.

지진으로 무덤들이 열려 잠자는 자들이 일어난 사건들은 초자연적인 하나님의 전지전능하심을 암시해 주고 있는 듯하다. 지금까지 가상칠언의 말씀을 살펴보았다. 성묘교회를 찾았을 때 가상칠언의 말씀을 기억하며 되새김질해 보자. 성경 공부나 설교 내용 중에 있었던 말씀들이 현실로 나타나도록 말이다.

헬레나가 찾아낸 십자가

최초로 예수님의 무덤을 발굴할 때 예수님이 짊어지셨던 십자가와 그 위에 3개 언어로 써진 '유대인의 왕'이란 나뭇조각, 양 옆에 강도들이 짊어진 십자가들을 포함하여 모두 3개의 십자가를 무덤 근처에서 발굴했다.

어떤 십자가가 예수님 것인지 처음에는 분별할 수 없어 한 병자를 데려와 3개 모두를 만져 보도록 시도했다. 그 중 어느 하나를 만지는 순간 그 환자의 질병이 사라졌다는 구전이 전해지고 있다. 어디까지 믿어야 할지는 확실치 않지만 예수님의 십자가는 지금도 풀리지 않는 미스터리로 남아 있다.

페르시안들이(주후 614년) 성묘교회를 파괴할 때 헬레나가 찾아낸 십자가를 가져가고 말았다. 헤라클리우스Heraclius 황제는 페르시안들에게 빼앗긴 십자가를 다시 되찾고(주후 630년) 무너졌던 교회 건물도 새롭게 재건해 갔다. 헤라클리우스 황제의 명령에 따라 공사를 책임진 담당자는 대주교 모데스투스Modestus였다.

그는 처음에 있었던 성묘교회와 똑같이 재건하려고 노력했다. 이렇게 재건된 교회는 지진과 화재 또는 파괴와 자연재해 등을 통해 수많은 사연 속에서도 현재까지 존재하고 있다. 하지만 헤라클리우스가 되찾아 온 십자가는 그 후 어디론가 사라지고 말았다.

오늘날 예수님의 진짜 십자가를 보유하고 있다는 박물관과 성당들이 여럿 있다. 심지어 미국 펜실베이니아Pennsylvania 주에 있는 피치버그Pittsburgh에 성 안소니 성당St. Anthony Chapel도 예수님이 지셨던 십자가

십자가를 찾아

조각을 보유하고 있다고 주장하고 있다. 주후 326년에 황후 헬레나가 찾아낸 십자가에 얽힌 사건들은 이 밖에도 무수하게 많다. 십자가에 얽힌 사연들을 몇 가지만 더 살펴보자.

죽은 자를 살리기까지 했다는 십자가는 두 조각으로 나뉘어, 한 조각은 예루살렘에 남아 있고 다른 한 조각은 콘스탄티노플Constantinople로 가져갔다. 주후 348년 초에 본격적으로 조각나기 시작한 십자가 파편들은 전 세계로 흩어지면서 저마다 교회나 박물관에 소장되어 있다고 한다. 주후 350년경에 예루살렘 주교였던 사이릴은 "온 세상에 그리스도의 십자가 조각이 가득 차 있다."고 말할 정도였다.

불과 4세기 때만 해도 주님의 십자가 조각이라는 유물들이 곳곳에 가득했던 것이다. 그런데 현재에는 얼마나 많은 십자가 조각들이 참된 예수님의 십자가 유물이라고 떠들어대는지 그 진실 여부를 알 것만 같다. 주님은 십자기에서 완전히 사망했으니 단 3일 만에 다시 부활하셨다.

십자가는 주님이 잠시 빌린 나뭇조각에 불과하다. 상징이며 하나의 도구에 불과했던 십자가로 인해 얽히고설킨 얘깃거리는 자칫하면 부활의 본질을 상실하게 만든다. 예수님의 죽으심의 본질은 인류의 죄값을 대속하기 위함이요, 사단의 죽음의 세력을 물리치기 위함이요, 죽음에서의 부활이요, 다시 오실 재림의 약속에 총괄되어 있어야 한다. 십자가 조각이나 성배 또는 로마 병정이 예수님의 옆구리를 찔렀던 창에 핵심이 있는 것이 아니다. 그러한 것들이 어디로 갔든, 어떻게 되었든지 크리스천들의 근본적인 대상이 될 수 없다. 기독교인의 관심은 오직 우리의 소망이며 믿음의 근원이신 예수 그리스도 우리 구세주에 모든 초점을 두어야 할 것이다.

히브리어로 '골고다' 라는 언덕은 예수님이 신성 모독죄와 국가 반역죄로 누명을 쓰고 사형에 처한 장소였다. 이러한 죽음의 현장에서 우리는 없어진 십자가에 초점을 둘 것이 아니라 주님의 용서와 순종을 배워야 한다. 아버지께 자신을 의탁하는 순종의 모습과 죄인들을 용서하시는 주님의 사랑이 있는 곳이기 때문이다.

결과적으로, 해골을 상징했던 골고다는 죽음의 현장에서 구원의 현장으로 바뀌고 말았다. 십자가의 죽음으로 죄에서 해방되는 은총을 받게 되고, 죄인이 의인의 길로 가는 자격을 얻게 된다. 긴 역사만큼이나 많은 사연을 갖고 있는 성묘교회는 우리가 겪어야 하는 믿음을 반영해 주는 것만 같다. 수많은 원수들이 그토록 파괴하려 했던 주님의 무덤은 생명만큼이나 강한 의지를 보여 주고 있다. 굽힐 줄 모르는 강한 의지는 그리스도의 죽음을 부활로 승화시킨다.

지금까지 베들레헴에서 탄생한 주님의 구속사적救贖史的속인 속성을 따라 성묘교회까지 여행해 보았다. 지나온 과정들을 상기해 보면, 모두가 한결같이 인류를 구원하고자 하신 주님의 깊은 뜻이 담겨 있다. 심지어 구약과 관련된 사건들이 신약시대에 와서는 그림자와 실체의 관계로 나타났다.

율법을 폐하러 오신 것이 아니라, 율법을 완성하러 오셨다는 주님의 말씀이 기억난다. "내가 율법이나 선지자나 폐하러 온 줄로 생각하지 마라 폐하러 온 것이 아니요 완전하게 하려 함이라(마 5:17)." 이 땅에 오신 주님은 율법을 폐하러 오신 것이 아니라 죽음과 부활을 통해 완성하러 오신 것이다.

걸어서 성경 속으로

성묘교회

성묘교회의 외부

사진의 왼쪽 아래에 성묘교회 입구가 보인다. 가장 큰 파란 돔은 예수님의 무덤 자리 위에 있는 카타리콘(지구의 배꼽이란 뜻)이다. 옆에 작은 파란돔은 그리스 정교회 총본부이다. 앞에 보이는 작은 하얀 돔이 갈보리의원래 위치와 가장 근접해 있었다. 그 뒤로 보이는 지붕 밑에 에티오피아교회가 있다.

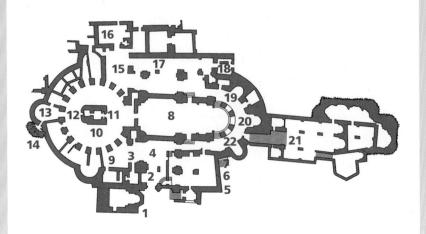

성묘교회 단면 조감도

1. 입구
2. 이슬람 안내소
3. 종부성사 돌(시신을 염한 돌)
4. 아담의 채플
5. 십자가에 못 박힌 곳(골고다)
6. 슬픈 성묘 제단(마리아의 가슴에 못이 박힌 곳)
7. 십자가 희생의 제단(십자가가 세워진 곳)
8. 동방교회(또는 그리스 성당)
9. 애곡하는 곳
10. 예수님의 무덤
11. 무덤입구
12. 콥틱교회

13. 야곱 채플
14. 요셉 아리마대 무덤
15. 막달라 마리아 제단
16. 프란시스칸교회
17. 동정녀 마리아 아치
18. 거룩한 감옥
19. 랑기누스의 채플
20. 예수님 성의를 찢어 나눈 채플
21. 성녀 헬레나 채플
22. 예수님을 조롱한 채플
23. 라틴 성가단상

에티오피아 교회 후문

교회 입구

비아 돌로로사(슬픔의 길)를 따라 올라오다 보면 성묘교회로 들어가는 길이 두 군데 있다. 하나는 에티오피아 교회 후문으로 사진에 보이는 지붕 옆을 지나 들어가는 길이고, 다른 하나는 성묘교회 앞마당으로 들어가는 길이다. 간혹 성지 순례객 중 비아 돌로로사를 따라 순례할 때 잠시라도 주님의 고통을 체험하고 싶어 스스로 직접 십자가를 지고 이곳까지 오는 분도 있다. 주님의 고난을 몸소 체험하고 싶은 심정에 성묘교회 입구까지 힘겨운 순례를 자초하는 모습들이다.

갈보리산에 있는 비아 돌로로사(10~12구역)

십자군 시대에 만들어진 골고다 언덕, 즉 갈보리산에 올라가는 유일한 길이 현재까지 남아 있다. 예수님이 죽음의 길을 걸었던 마지막 언덕이다. 본래 모습은 찾을 길 없으나 십자군 시대에 재건된 모습들은 아직

성묘교회 정문 입구

좌로부터 10 · 11 · 12 구역

까지 잘 보존되어 있다. 성묘교회 입구에 들어서면 2층으로 올라가는 계단이 있다(약 5m). 그 계단을 따라 올라가면 비아 돌로로사의 여정 가운데 제10번부터 12번까지 나란히 모여 있는 모습을 보게 된다. 제10구역은 골고다로 올라가는 계단을 말하며, 제11구역은 예수님의 옷을 벗기고 십자가에 못 박은 곳인데 현재 라틴(로마) 교회가 소유하고 있다. 제12구역는 십자가를 세운 곳으로 그리스 정교회가 관리하는 곳이다.

비아 돌로로사(13~14구역)

동정녀 마리아가 십자가에 매달린 예수님을 지켜보며 마음으로 아픔을 품고 있는 곳이 제13구역이다. 1778년에 포르투칼의 여왕 마리아 1세가 기증한 목상이 보관되어 있다. 올라왔던 계단을 다시 내려오면 예수님의 시신을 염한 곳이 나온다. 넓게 잘 다듬어진 석판이 제14구역인데, 이곳에서 주님의 시신을 염했다고 한다. 그 위에 걸려 있는 많은 등불들은 아르메니안, 콥트, 그리고 라틴교회에서 기증한 헌납물들이다.

위 : 마리아의 목상(木像), 아래 : 주님의 시신을 염한 장소

위 : 무덤의 입구, 아래 : 시신이 안치되었던 곳

주여, 우리가 갑니다.

예수님의 임시 무덤

성묘교회 안에는 예수님의 빈 무덤이 보존되어 있어 지금도 세계 각지 수많은 순례자들이 찾아오고 있다. 우측 위의 사진은 예수님의 빈 무덤 입구이며, 아래의 사진은 예수님의 시신이 잠시 안치되었던 곳으로 촛대가 있는 쪽으로 예수님의 머리가 놓여 있었다. 그 옆에 걸려 있는 배너는 부활절에 사용하는 것으로 "주님이 살아나셨다." 라는 글귀가 적혀 있다. 성묘교회 안에 있는 동방교회, 로마 가톨릭, 아르메니안 사도교회 모두는 예수님의 무덤에 관한 권한을 가지고 있다. 따라서 이들은 매일 돌아가며 예배를 드리고 있다.

무덤 안의 전체 면적은 약 $3.3m^2$(1평) 정도이며 4~5명이 들어갈수 있는 작은 공간이다. 그 중에서도 시신이 있었던 곳은 협소하다. 인류의 구세주이신 그리스도께서는 이처럼 누추한 곳에서 잠시 계셨다가 부활하셨다. 앞에서 언급했듯이 그에게는 무덤이 필요치 않았던 것이다.

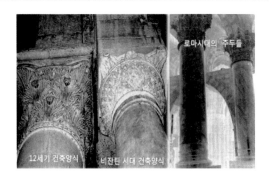

재활용한 고대 기둥들

　몇몇의 여인들은 돌아가신 주님의 시신을 돌보기 위해 무덤을 찾아왔지만, 예수님께서는 이미 그곳에 계시지 않았다. 여인들이 무덤에 찾아오기 전 이른 새벽에 죽음을 물리치고 부활하셨다.

　빈 무덤을 찾아온 여인들에게 천사들이 전해 준 메시지를 들어보자. "이를 인하여 근심할 때에 문득 찬란한 옷을 입은 두 사람이 곁에 섰는지라 여자들이 두려워 얼굴을 땅에 대니 두 사람이 이르되 어찌하여 살아있는 자를 죽은 자 가운데서 찾느냐(눅24:4-5)."

주후 2세기경에 성지 순례자들이 가져온 그림

　성 헬레나 채플 옆에 아메리칸 채플 성 브르탄Vartan 채플이 있다. 학자들이 1970년경에 이곳을 발굴하다가 그림 하나를 발견했다. 이 그림은 상선商船이 그려진 석판으로서 "주여! 우리가 갑니다." 라는 뜻의 라틴어가 새겨져 있다. 주후 2세기경 최초의 성지 순례자들이 가이사랴에서 예루살렘 성지를 찾아오면서 부푼 마음으로 새긴 문구이다. 현재 이 채플은 항상 문이 닫혀 있어서 안으로 들어가기가 어렵지만, 열쇠를 가지고 있는 사제를 만나면 들어갈 수 있다.

재활용한 고대의 기둥

앞의 사진에서 보이는 기둥은 비잔틴 시대에 둥근 지붕과 연결되어 정원을 받치고 있던 기둥들이다. 왼쪽은 12세기 때 막달라 마리아 채플을 받치고 있었던 기둥이고, 또 다른 두 개의 기둥들은 로마 시대에 사용되었던 머리기둥을 잘라서 다시 사용한 것이다.

에필로그

주님이 부활할 때 쪼개진 큰 바위

예수님이 운명할 때 바위가 터지고 무덤이 열렸다는 성경의 내용이 있다. "이에 성소 휘장이 위로부터 아래까지 찢어져 둘이 되고 땅이 진동하며 바위가 터지고 무덤들이 열리며 자던 성도의 몸이 많이 일어나되 예수의 부활 후에 그들이 무덤에서 나와서 거룩한 성에 들어가 많은 사람에게 보이니라(마 27:51-53)." 예수님이 운명할 때 쪼개진 바위는 지금도 성묘교회 안에 선명하게 남아 있다.

문명이 발달한 오늘날 같으면 바위 하나 쪼개는 것은 쉬운 일이겠으나 고대에는 어떤 방법으로 집채만 한 바위를 일직선으로 쪼갤 수 있었을까? 물론 이집트의 피라미드를 쌓기 위해 암반석을 쪼개어 바위들을 사각형 모양으로 채석하거나 거대한 석상을 만들기 위해 큰 암반을 조각하는 일들은 많았다. 하지만 약 3층 건물만 한 바위를 일직선으로 쪼개기란 결코 쉬워 보이지 않는다. 누가 어떤 방법으로 이토록 정밀하게 암반석을 쪼갤 수 있었을까? 많은 호기심이 생긴다.

성경 속에 숨어 있는 수많은 미스터리를 우리는 어떤 관점에서 이해해야 하는가? 그것에 대한 해답은 성경에서 찾아야 할 것 같다. 성경은 성경에서 풀어야 정확한 답을 찾을 수 있다. 예수님이 운명할 당시 쪼개진 암반석의 미스터리도 성경을 자세히 살펴보면 해답을 얻을 수 있다. 이미 제자들도 언급했듯이 예수님이 운명하는 순간 성소의 휘장이 찢어지고 무덤들이 열렸다는 것은 그 당시 갈보리산 주변에 엄청난 지진이 발생했었다는 증거이다.

쪼개진 큰 바위

인간이 인위적으로 바위를 쪼갠 것이 아니다. 전능하신 하나님이 아들의 죽음을 받아들이는 순간에 나타난 자연현상으로 보는 것이 가장 타당할 것이다. 그 당시 함께 찢어진 성소 휘장과 살아난 증인들은 두 번 다시 찾을 길은 없다. 하지만 유일하게 남아 있는 쪼개진 바위만이 갈보리의 구속사적인 사건을 우리에게 묵묵히 전해주고 있는 것만 같다.

성지순례란 역사의 현장을 찾아 떠나는 관광이나 여행이 전부가 아니다. 각자의 삶에서 하나님의 선포된 말씀을 확인하고 증명하기 위한 노력이 뒤따라야 한다. 앞으로 기회가 주어진다면, 이 책을 읽는 독자들과 함께 말씀의 현장을 직접 찾아갈 날이 오기를 기대해 본다.

참고문헌

1. LaMoine F. DeVries, *Cities of the Biblical World*(Hendrichson, 1997)

2. Prof. Wolfgang Pax, *With Jesus in the Holy Land*(Doron, 1979)

3. H. V. Morton, *In search of the Holy Land*(Dodd Mead & Co, 1979)

4. Fabio Bourbon·Enrico Lavagno, *The Holy Land*(Barnes & Noble, 2001)

5. Jenny Roberts, *Bible Then and now*(Chartwell Books, 2001)

6. Dr. Randall D. Smith, *Holy Land Journey*(DOKO, 1997)

7. Stewart Perowne, *Holy Places of Christendom*(Oxford University Press, 1976)

8. Woodrow Kroll, *Bible Country*(Back to the Bible, 1992)

9. Jack Finegan, *The Archaeology of the New Testament*(Princeton University Press, 1969)

10. Jone McRay, *The Archaeology and the New Testament*(Baker Book House, 1999)

11. Gaalyah Cornfeld, *Archaeology of the Bible: Book by Book*(Harper & Row Publishers)

12. Samu Awwad, *The Holy Land in Colour*

13. Amihai Mazar, *Archaeological of the Land of the Bible*(Bantam Doubleday Dell Publishing, 1990)

14. Harriet-Louise H. Patterson, *Come with Me to the Holyland*(The Judson Press, 1963)

15. *Everyday Life on Bible Times*(National Geographic Society)

16. Alma E. Guinness, *Mysteries of the Bible*(Reader's Digest, 1971)

17. Kaari Ward, *Jesus & His Times*(Reader's Digest, Fourth Printing, 1990)

18. Geoffrey Wigoder, *The Glory of the New Testament Jerusalem*(Jerusalem Publishing House, 1983)

19. James B. Pritchard, *The Harper Collins Concise Atlas of the Bible*(Times Books, 1991)

20. Jerome Murphy·Barry Cunliffe, *The Holy Land. Oxford*(Oxford University Press, 1997)

21. Carl Laney, *Concise Bible Atlas. Massachusetts*(Hendrickson Publishers, 1988)

22. Werner Keller, *The Bible As History*(Morrow, 1981)

23. Thomas H. Flaherty, *The Holy Land*(Time-Life Books, 1992)

24. Jacques Potin, *Jesus on his Homland*(Orbis Books, 1997)

25. Fabio Bourbon·Enrico Lavagno, *The Holy Land*(Barnes & Noble, 2001)

26. William Benton *Encyclopedia Britannica*(Publisher, 1972)